Frege
le nécessaire
et le superflu

DANS LA MÊME COLLECTION

BAILHACHE (P.) : *Essai de logique déontique*, 224 p.
BARBEROUSSE (A.) : *La physique face à la probabilité*, 208 p.
BARTHÉLEMY (G.) : *Newton mécanicien du cosmos*, 216 p.
BELNA (J.-P.) : *La notion de nombre chez Dedekind, Cantor, Frege*, préface de Cl. Imbert, 376 p.
BOOLE (G.) : *Les Lois de la pensée*. Traduction et introduction de S. B. Diagne, 416 p.
BRENNER (A.) : *Duhem, science, réalité et apparence*, 254 p.
CHARRAK (A.) : *Raison et perception. Fonder l'harmonie au XVIIIe siècle*, 320 p.
CHERNI (A.) : *Epistémologie de la transparence. Sur l'embryologie de A. von Haller*. Préface de F. Dagognet, 368 p.
DUCHESNEAU (F.) : *La dynamique de Leibniz*, 368 p.
– *Les modèles du vivant de Descartes à Leibniz*, 400 p.
DUHEM (P.) : *Sozein ta phainomena. Essai sur la notion de théorie physique de Platon à Galilée*, 144 p.
DUHEM (P.) : *L'Evolution de la mécanique* suivi de « Les théories de la chaleur », « Analyse de l'ouvrage de Ernst Mach : *La Mécanique* ». Introduction et établissement du texte par A. Brenner, Avant-propos de P. Germain, 474 p.
ELIE (M.) : *Lumière, couleurs et nature. L'Optique et la physique de Gœthe et de la Naturphilosophie*, 208 p.
GAUTHIER (Y.) : *La Logique interne*, 144 p.
GRANGER (G. G.) : *Formes, opérations, objets*, 400 p.
HERMANN (G.) : *Les fondements philosophiques de la mécanique quantique*. Introduction, présentation, postface critique par Lena Soler, traduit par A. Schnell en collaboration avec L. Soler, préface de R. d'Espagnat, 190 p.
HORIUCHI (A) : *Les mathématiques japonaises à l'époque d'Edo (1600-1868). Une étude des travaux de Seki Takakazu (?-1708) et de Takebe Katahiro (1664-1739)*, 400 p.
JOLY (B.) : *La Rationalité de l'alchimie au XVIIe siècle*, avec le texte latin, la traduction et le commentaire du *Manuscriptum ad Fridericum* de P.-J. Fabre. Préface de J.-P. Dumont, 408 p.
KISTLER (M.) : *Causalité et lois de la nature*, 318 p.
KOBAYASHI (M.) : *La Philosophie naturelle de Descartes*. Préface de J. Vuillemin, 144 p.
LARGEAULT (J.) : *Intuitionisme et théorie de la démonstration*, 568 p.
LARGEAULT (J.) : *Intuition et intuitionisme*, 240 p.
LEIBNIZ (G. W.) : La naissance du calcul différentiel : *26 articles des Acta Eruditorum*. Traduction, introduction et commentaire de M. Parmentier, 504 p.
LEIBNIZ (G. W.) : *La Réforme de la dynamique*. Texte latin établi, introduit et commenté par M. Fichant, 452 p.
LE RU (V.) : *D'Alembert philosophe*. Préface de M. Clavelin, 312 p.
MARTIN (Th.) : *Probabilités et critique philosophique selonCournot*, 362 p.
MICHEL (A.) : *Constitution de la théorie moderne de l'intégration*, 338 p.
PARROCHIA (D.) : *La raison systématique. Essai d'une morphologie des systèmes philosophiques*, 320 p.
ROBERVAL (G. P. de) : *Éléments de géométrie*. Textes réunis par Vincent Jullien, préface de J. Dhombres, 544 p.
SINACEUR (H.) : *Corps et modèles. Essai sur l'histoire de l'algèbre réelle*, 496 p.
VAN FRAASSEN (B.) : *Lois et symétrie*. Introduction et traduction par C. Chevalley, 520 p.
VERNANT (D.) : *La Philosophie mathématique de B. Russell*, 512 p.
VINCIGUERRA (L.) : *Langage, visibilité, différence. Histoire du discours mathématique de l'âge classique au XIXe siècle*, 370 p.
ZAHAR (E.) : *Essai d'épistémologie réaliste*, Avant-propos de A. Boyer, 192 p.

MATHESIS
Directeurs : Michel BLAY — Hourya SINACEUR

Ali BENMAKHLOUF

Frege le nécessaire et le superflu

PARIS
LIBRAIRIE PHILOSOPHIQUE J. VRIN
6, Place de la Sorbonne, V^e^

2002

Imprimé en France

ISSN 1147-4920

ISBN 2-7116-1544-8

Je tiens à remercier pour leur lecture attentive et instructive Pascal Engel, Joëlle Proust et Hourya Sinaceur. Ils m'ont permis d'améliorer dans une large mesure ce manuscrit grâce à l'extrême finesse de leurs arguments. Les imperfections restantes ne sont que de mon fait.

Je voudrais également remercier Jean-François Courtine, Alain de Libera, Anne Fagot-Largeault, Oliver Leaman pour l'intérêt et les remarques qu'ils ont portés à ce travail.

Les discussions menées il y a quelques années avec Jacques Bouveresse, Jean Mosconi, Jean-Claude Pariente, et plus récemment avec Jocelyn Benoist, Jan Sebestik, Antonia Soulez, Claudine Tiercelin, m'ont permis de préciser de nombreux points relatifs à la philosophie de Frege. Je leur exprime ici toute ma gratitude.

ABRÉVIATIONS

BS, *Begriffsschrift* (1879), Hildesheim, Georg Olms, 1993, tr. fr., *L'Idéographie*, Paris, Vrin, 1999. Ce livre a un titre complémentaire : *un langage formulaire de la pensée pure.*

Gg *Die Grundgesetze der Arithmetik, Begriffsschrift abgeleitet* (1893-1903), volume I, Iena, H. Pohle, 1893, rééd. avec le volume 2, Hildesheim, Georg Olms, 1962. Les lois fondamentales de l'arithmétique sont une idéographie corrigée qui intègre de nouveaux signes primitifs comme les signes des parcours de valeurs. La préface et l'introduction sont traduites en français et jointes en annexe au livre de J-P. Belna, *La notion de nombre chez Dedekind, Cantor, Frege*, Paris, Vrin, 1996.

Gl *Die Grundlagen der Arithmetik* (1884), Hamburg, Felix Meiner Verlag, 1988, tr. fr. de Claude Imbert, *Les fondements de l'arithmétique*, Paris, Le Seuil, 1969. Ce livre a pour sous-titre « recherche logique-mathématique sur le concept de nombre ».

KS *Kleine Schriften*, Hildesheim, Georg Olms, 1967 (première édition), 1990. Ce volume comprend de nombreux textes réunis et traduits par Claude Imbert dans *Ecrits logiques et philosophiques* (ELP, Paris, Le Seuil, 1971) parmi lesquels *Fonction et concept, Sens et signification, Qu'est-ce qu'une fonction ?, Compte rendu de la philosophie de l'arithmétique de E. Husserl, Recherches logiques* (*La pensée, La négation, La composition des pensées*). Mais les *KS* comprennent aussi de nombreux textes non traduits en français et que nous citons : *Über Formale Theorien der Arithmetik* (1885), *Kritische Beleuchtung eniger Punkte in E. Schröders Vorlesungen über die Algebra der Logik* (1895), *Über die Begriffsschrift des Herrn Peano und meine eigene* (1896), *Über die Grundlagen der Geometrie* (1903), *Über die Grundlagen der Geometrie II, Über die Grundlagen der Geometrie III.*

NS *Nachgelassene Schriften*, Hamburg, Felix Meiner Verlag, 1969, rééd., 1983, tr. fr., *Ecrits posthumes*, sous la direction de Philippe de Rouilhan et de Claudine Tiercelin, Nîmes, Jacqueline Chambon, 1999. Ces textes comprennent de nombreux articles sur la comparaison entre l'idéographie et d'autres langages formulaires (Boole, Peano), un dialogue sur l'existence, des précisions sur sens et signification, et de nombreux textes consacrés à l'exposé de la conception de la logique par Frege.

WB *Wissenschaftlicher Briefwechsel*, Hamburg, Felix Meiner Verlag, 1976. C'est la correspondance scientifique de Frege dont certains passages ont été traduits, comme la correspondance avec Husserl, TER, 1987, ou encore la correspondance avec Russell, E.P.E.L., L'unebévue, 1994.

INTRODUCTION

L'invention en logique du premier système formel, attribuée à Gottlob Frege (1848-1925), passe par un nouveau découpage de l'espace conceptuel: les questions d'ordre ontologique passent à l'arrière plan pour faire place à des questions d'ordre sémantique bien que beaucoup parlent assez facilement encore d'une ontologie fregéenne[1]; les questions épistémologiques laissent aussi la priorité à des questions logiques[2], et l'analyse psychologique est souvent écartée pour que le devoir être de la pensée ne soit pas confondu avec le fait de penser.

La logique modale et l'épistémologie nous ont habitués à la distinction entre le nécessaire et le contingent, le nécessaire et le possible, le nécessaire et le probable. Frege ne travaille pas avec les mondes possibles. Sa théorie de la quantification porte sur l'univers tout entier. C.I. Lewis[3] peut bien regretter que l'implication matérielle n'évoque aucunement le rapport de nécessitation entre la condition et la conséquence, mais a-t-elle à le faire compte tenu des buts qu'elle poursuit? Il ne semble pas. Il ne semble pas non plus que C.I. Lewis se soit réellement écarté de la nécessité logique au sens classique du terme, c'est-à-dire au sens frégéen : comme le

1. Voir en particulier la thèse de Tyler Burge, in *Frege on knowing the Third Realm*, Mind, vol. 101.404, octobre 1992, p. 633-650. Burge défend la thèse selon laquelle il y a bien chez Frege une ontologie mais il s'agit d'une ontologie qui manque de caractéristiques définies, car Frege ne thématise pas ses positions ontologiques; tout en disant qu'il y a un troisième monde, distinct de celui des objets physiques et des activités mentales, Frege ne qualifie pas « les entités atemporelles, indépendantes de nous », p. 638.

2. C'est en particulier la thèse de M. Dummett, avance dès 1973 dans son livre *Frege's philosophy of language*, Londres, Duckworth, 2e éd., 1981, introduction, p. XXXIII.

3. C.I. Lewis, *Survey on symbolic logic*, 1918. Lewis distingue entre l'implication matérielle du type (p→q) et l'implication stricte selon laquelle dans (p→ q) il est impossible que p soit vraie et q soit faux, ce dont il faut rendre compte par l'ajout d'un signe primitif dans le langage.

soulignent W. et M. Kneale, « *p* implique au sens strict *q* » ne peut valoir que si « *p* implique matériellement *q* » est une vérité de la logique :

> Le mérite de la logique modale [de Lewis] ne peut donc pas être, comme il semble pourtant le suggérer, quelque chose qui procure une méthode de raisonnement alternatif qui serait supérieure en quelque façon à celle de Frege, mais plutôt elle se rapporte explicitement à la notion de nécessité que tous les logiciens, y compris Frege, considèrent comme acquise[1].

Quelle est cette notion acquise de nécessité ?

La nécessité non modale

Les passages célèbres du chapitre 9[2] du *Peri Hermeneias* placent au centre du débat sur les futurs contingents la modalité du nécessaire. Nous savons que la solution d'Aristote est de dire que la nécessité n'est pas dans l'événement qui se produira ou non mais dans le fait qu'il aura ou n'aura pas lieu ; cet « avoir lieu » peut être contingent mais non le fait d'avoir lieu ou non. Nous ne nous intéresserons pas à ce type de nécessité qui, comme beaucoup l'ont souligné (Russell, Quine) n'a pas sa place en logique classique. Dans la cinquième conférence de *La Philosophie de l'atomisme logique* (PLA)[3], Russell indique que le nécessaire, le possible et l'impossible ne se rapportent qu'aux fonctions propositionnelles, c'est-à-dire aux expressions dont certains constituants sont indéterminés. Les fonctions propositionnelles sont nécessaires quand elles sont toujours vraies, possibles quand elles sont quelquefois vraies, impossibles quand elles ne sont jamais vraies :

> Dans toute la philosophie traditionnelle on trouve une rubrique "modalité" où l'on dispute du nécessaire, du possible et de l'impossible en tant que propriétés de propositions, tandis qu'en fait il s'agit de propriétés de fonctions propositionnelles. Les propositions ne sont que vraies ou fausses[4].

La forme de nécessité dont nous parle Russell ici est celle qui est liée à la déduction ; c'est celle que prend en compte la logique fregéenne et qui n'a

1. W. et M. Kneale, *The development of logic*, Oxford, Clarendon Press, 1962, 1991, 11e éd., p. 555.

2. Voir la traduction qui est donnée de ce passage par J. Vuillemin ainsi que l'analyse qui lui fait suite, dans *Nécessité et contingence*, Paris, Éditions de Minuit, 1984, p. 149-187.

3. B. Russell, « The philosophy of logical atomism », *in* R.C. Marsh, *Logic and knowledge, Essays 1901-1950*, New York, Capricorn Books, G.-P. Putnam's Sons, 1956[1], 1968[4], p. 177-281.

4. B. Russell, *op. cit.*, p. 231, tr. fr., in *Écrits de logique philosophique*, Paris, PUF, 1989, p. 391.

pas été omise par Aristote; il s'agit de la nécessité avec laquelle nous obtenons le conséquent: « Si A appartient à tout B, et C à tout A, alors nécessairement C appartient à tout A ». Lisons ce que dit Lukasiewicz, dans l'interprétation formelle qu'il fait d'Aristote :

> Si Aristote emploie le signe de la nécessité dans le conséquent d'une implication vraie, c'est afin de souligner que l'implication est vraie pour toutes les valeurs de variables qui interviennent dans l'implication ... le signe aristotélicien de la nécessité syllogistique représente un quantificateur universel[1].

Dans la *Begriffsschrift*, § 4, Frege note qu'il n'y aura pas d'expression pour la modalité parce que celle-ci n'affecte pas le contenu conceptuel; or seul ce qui importe à la déduction, c'est-à-dire ce qui modifie d'une quelconque façon le contenu conceptuel doit pouvoir trouver son expression dans la langue formulaire. Les propositions nécessaires ou possibles sont des suggestions de contenu mais non des expressions de contenu. Par une proposition nécessaire, on suggère la généralité du jugement; par une proposition possible, on suggère soit la particularité du jugement, soit la difficulté propre à tel locuteur, en tant que sujet parlant, à pouvoir juger, n'ayant pas toute la connaissance requise pour le faire. Dans les deux cas, on se ramène, pour l'essentiel, aux propriétés du contenu jugeable que sont la négation, la conditionnalité et la généralité. Ces trois fonctions primitives du jugement expriment le contenu de celui-ci et doivent trouver leur expression dans la langue formulaire. En revanche, les distinctions du nécessaire et du possible, à l'instar des distinctions de l'*a priori* et de l'*a posteriori* se rapportent à la recherche des justifications – pas même objectives, mais subjectives – du jugement et non à l'exploration de son contenu :

> Le jugement apodictique diffère du jugement assertorique en ce que l'apodictique suggère l'existence (*das Bestehen*) de jugements généraux desquels la proposition peut être inférée, alors que dans le cas de l'assertorique, un telle indication manque. Quand je désigne une proposition comme nécessaire (*notwendig*), je donne un avis sur mes raisons de juger. *Mais puisque par là le contenu conceptuel n'est pas affecté, la forme du jugement apodictique n'a pour nous aucune signification*[2].

Ceci donc pour la forme nécessaire. A propos de la forme possible des jugements, Frege indique, à travers deux cas, les situations que nous sommes susceptibles de rencontrer. L'un des deux cas se ramène au jugement affirmatif particulier qui, nous aurons à le voir, constitue l'origi-

1. Lukasiewicz, *La syllogistique d'Aristote*, tr. fr., Paris, Armand Colin, 1972, p. 23.
2. *BS*, § 4, p. 4-5, tr. fr., Paris, Vrin, 1999, p. 18, l'italique est de Frege.

nalité la plus saillante de la *Begriffsschrift*, il a donc son expression dans la langue formulaire moyennant cette modification d'appellation ; l'autre cas, entendu comme une suspension de jugement, présente un propos sans assertion, comme étant "possible", au sens d'un propos qui n'est ni infirmé, ni confirmé :

> Si une proposition est présentée comme possible, soit le sujet parlant réserve son jugement en suggérant qu'aucune loi n'est connue de lui et de laquelle suivrait la négation ; soit il dit que la négation de la proposition dans sa généralité est fausse. Dans le dernier cas, nous avons un jugement affirmatif particulier selon la désignation habituelle. "Il est possible qu'une fois la terre entre en collision avec un autre corps céleste" est un exemple du premier cas, et "un refroidissement peut entraîner la mort" est un exemple du second [1].

Les jugements possibles et nécessaires ne sont donc pas retenus. L'analyse des modalités n'est pas l'orientation prise par la *Begriffsschrift*. Celle-ci réduit le jugement nécessaire à l'assertorique pour lequel la langue formulaire inventera un signe : la barre verticale mise devant un contenu jugeable pour indiquer qu'il s'agit d'une assertion. Il ne sera pas non plus question des jugements possibles que Frege réduit au jugement affirmatif particulier ou à l'expression d'un contenu jugeable (*beurteilbarer Inhalt*), celui pour lequel nous n'avons pas encore tous les éléments pour juger mais qu'il faut proposer, sous forme affirmative, négative ou interrogative à la réflexion.

Reste que toute question sur la nécessité n'est pas écartée. Les réquisits de la déduction sont qualifiés par Frege de "*nötig*" (ce dont on a besoin, ce qui est requis). Ce terme ne se confond certes pas avec le terme de "*notwendig*" (nécessaire) qui est employé pour désigner la nécessité logique, même si, comme nous aurons à le voir, il arrive à Frege de parler de « nécessité linguistique » (*sprachliche Notwendigkeit*) [2] ou de « nécessité naturelle » (*Naturnotwendigkeit*) [3].

La recherche de ce qui est requis se ramène à la recherche de ce dont nous avons besoin pour déduire, ce qui est exigé pour qu'il n'y ait pas de lacunes dans la conduite des preuves, pour qu'il y ait donc une continuité dans la chaîne des inférences :

1. *BS*, § 4, p. 5.
2. *KS*, p. 177.
3. *BS*, préface, p. XII.

> tout ce qui est requis (*nötig*) pour une déduction correcte sera entièrement exprimé, mais ce qui n'y est pas requis (*nötig*), n'est le plus souvent pas indiqué, rien n'est laissé à deviner[1].

Le système formel proposé par Frege dans la *BS* est une première formalisation pour la logique élémentaire. Le requis, rapporté au système formel, renvoie à l'explicitation entière des propositions primitives ou axiomes. Ce système est

> destiné à produire toutes les propositions "valides" seulement, c'est-à-dire dans le langage de Leibniz, les propositions vraies dans tous les mondes possibles. Le théorème de complétude de Gödel, découvert exactement un demi-siècle plus tard, prouve que le système de Frege remplit bien l'intention initiale[2],

autrement dit les propositions qui sont vraies dans tous les mondes possibles peuvent être démontrées dans le système fregéen ; le système est alors dit "complet". Les tautologies du calcul propositionnel sont un bon exemple de ces propositions vraies dans tous les mondes possibles et l'article « Composition des pensées », dont la rédaction (1923-1925) est quasi-contemporaine de la parution du *Tractatus* de Wittgenstein (1921), fournit une caractérisation de ces vérités logiques.

Il y a plusieurs textes où Frege parle du requis et du superflu comme d'un couple notionnel. Par exemple, le passage de 1884 du *Dialogue avec Pünjer sur l'existence* où apparaît la notion de prémisse superflue, faisant écho au passage des *Premiers Analytiques*[3] où Aristote indiquait ce qui est formellement requis pour déduire, de façon syllogistique ou non syllogistique, et où le stagirite liait explicitement le thème de la prémisse requise à celui de la prémisse inutile comme le fait Frege dans ce passage où le requis est du côté du parler sérieux et le superflu du côté des prémisses redondantes sur l'existence :

> Les règles de la logique présupposent toujours que les mots utilisés ne sont pas vides, que les propositions sont l'expression de jugements, que nous ne jouons pas avec de simples mots. Dès lors que « Sachse est un homme » est un jugement réel, le mot « Sachse » doit désigner quelque

1. *BS*, § 3, p. 3, tr. fr., p. 17.
2. Hao Wang, *Kurt Gödel*, tr. fr., Paris, Armand Colin, 1990, p. 178.
3. Aristote, *Premiers Analytiques*, I, chap. 32, 47a15-22, tr. fr. J. Tricot, Paris, Vrin, 1971 : « Parfois, en effet, en avançant l'universelle, on néglige de prendre la prémisse contenue en elle, aussi bien quand on écrit que quand on interroge ; ou encore on avance ces prémisses, mais on passe sous silence celles dont celles-ci sont la conclusion, et on demande que d'autres soient concédées sans nécessité. Nous devons donc nous demander si nous avons pris quelque chose d'inutile ou laissé de côté quelque chose de nécessaire, et poser l'un et rejeter l'autre jusqu'à ce que nous soyons parvenus aux deux prémisses ».

> chose et je n'ai alors pas besoin d'une prémisse supplémentaire pour inférer « Il y a des hommes ». La prémisse « Sachse existe » est superflue (*überflüssig*), si elle doit signifier quelque chose d'autre que cette présupposition qui va de soi pour toute notre pensée [1].

L'intervention du couple requis/superflu a lieu aussi dans un autre contexte : le contexte relatif aux définitions dans la polémique engagée avec Hilbert. Si l'on pense que les signes en usage dans la langue ou même dans les sciences pourraient nous dispenser de définir, alors la définition pourrait apparaître comme superflue ; cependant l'exposition systématique de la science exige comme un réquisit indispensable une définition nouvelle sans fluctuations linguistiques :

> si la définition, à la manière d'une élucidation, ne devait servir que la compréhension mutuelle et la communication de la science, alors elle serait dans ce cas superflue. Mais c'est là un avantage que l'on ne gagne qu'incidemment. La réelle importance de la définition réside dans la construction logique à partir d'éléments primitifs. C'est pourquoi même dans ce cas, nous ne devons pas l'abandonner. L'examen de la structure logique qu'elle permet n'a pas de valeur uniquement en lui-même mais il est aussi une condition pour l'examen de l'enchaînement des vérités. Une définition est un constituant du système de la science [2].

La construction d'un langage formel où sont présents définitions et axiomes prend la mesure des inadéquations de la langue naturelle aux exigences de la déduction. Les distances prises avec les signes en usage dans la langue sont l'une des multiples facettes de l'anti-psychologisme de Frege. La critique du psychologisme sera abordée ici du point de vue d'une usurpation de la nécessité logique. La représentation des objets, fût-elle organisée par une aperception transcendantale, n'est pas, comme la tradition kantienne le laisse penser, ce par quoi s'effectue la liaison nécessaire propre au jugement. Prétendre réduire la double nécessité de la pensée et du jugement à la nécessité de la représentation, c'est confondre le subjectif et l'objectif, ou bien encore donner au subjectif les apparences de l'objectif. Usurper la nécessité est le propre de « l'idéalisme épistémologique » [3], qui est lui-même une conséquence du psychologisme. En écartant ce type d'épistémologie, Frege rompt, selon M. Dummett, avec une longue tradition philosophique qui met au départ de la réflexion les questions relatives à notre pouvoir de connaître et aux limites de celui-ci. H. Sluga pense en revanche que Frege reste attaché à la tradition épistémologique nourrie des

1. *NS*, tr. fr., p. 76.
2; « Über die Grundlagen der Geometrie », in *KS*, p. 289.
3. *NS*, p. 155.

travaux de Leibniz et de Kant, ou comme dit Frege lui-même de « Leibniz et ses successeurs »[1]. Certes notre logicien parle de la raison *(dieVernunft);* mais les questions qu'il soulève ne sont pas celles du pouvoir de la raison mais celles qui se rapportent aux exigences propres à la pensée *(der Gedanke),* et à son pouvoir déductif. La double orientation du mot "*Bedeutung*" – référence et signification – indique que la logique, orientée de part en part vers les questions de la référence distingue entre ce qui importe pour déduire, c'est-à-dire ce qui prend la forme de l'inférence valide, et ce qui est superflu du point de vue de la déduction.

H. Sluga souligne que Frege se rattache à la grande tradition épistémologique orientée vers les questions de la justification du savoir; or pour Frege il s'agit de justification logique non de justification épistémologique. Il suffit de voir le transfert que Frege opère des notions kantiennes de l'*a priori* et de l'*a posteriori*, du domaine du contenu particulier du savoir à celui de sa forme et de sa valeur :

> Les distinctions entre l'*a priori* et l'*a posteriori* ne concernent pas à mon avis le contenu du jugement mais la justification du jugement rendu. Là où celle-ci fait défaut, la possibilité de faire ces distinctions s'évanouit[2].

L'usage qui est fait des principes leibniziens et des distinctions kantiennes semble donc un usage orienté vers des fins logiques et non vers des fins épistémologiques. H. Sluga dit que Frege est un rationaliste; il faut peut-être préciser, comme le souligne A. Coffa, que c'est d'abord un conceptualiste :

> Le conceptualisme est défini par un ennemi, un but et une stratégie : l'ennemi est Kant, le but est l'élimination de l'intuition pure de la connaissance scientifique, et la stratégie est la création de la sémantique comme discipline indépendante[3].

Il est vrai que Frege fut réfractaire à la philosophie transcendantale même si la philosophie kantienne, par certains aspects qui n'ont pas échappé à Trendelenburg[4], présente une crypto-sémantique. Il reste que la logique fregéenne s'affirme indépendamment des questions épistémologiques traditionnelles du type « que savons-nous ? » ou « que pouvons-nous savoir ? » ou « comment savons-nous ce que nous savons ? ». M. Dummett[5] note que la révolution que fut l'introduction maîtrisée de la quantification

1. *NS*, p. 273, tr. fr., p. 299.
2. *GL*, § 3, tr. fr., p. 127.
3. A. Coffa, « Kant, Bolzano and the emergence of Logicism », in *The Journal of philosophy*, 74, 1982, p. 679.
4. Voir *infra*, note 1, p. 23.
5. M. Dummett, *Frege philosophy of language*, introduction, p. XXXIII, *op. cit.*

en logique a permis à Frege de mettre cette science au point de départ de la philosophie, détrônant ainsi l'épistémologie :

> par sa pratique, [Frege] a démontré que la logique peut être abordée indépendamment de toute substructure philosophique antérieure[1].

Le rapprochement fait par Sluga[2] entre Lotze et Frege a-t-il plus de sens pour ce qui est la théorie de l'objectivité ? H. Sluga a le mérite de montrer que Frege était bien plus concerné par des enjeux relatifs à l'objectivité et à la validité que par ceux relatifs à l'ontologie :

> La théorie fregéenne de l'objectivité des nombres, des parcours de valeurs, des fonctions, etc., n'a jamais été voulue comme une théorie ontologique. Elle devrait plutôt être comparée avec la théorie de la validité de Lotze, de laquelle elle peut être historiquement dérivée[3].

Toujours selon Sluga, Frege doit à Lotze, dont il a suivi les cours, la caractérisation formelle de la notion d'objet ainsi que la distinction entre réalité et objectivité[4]. La question de la référence n'est pas simplement une question ontologique mais elle est aussi une question sémantique. De même le concept d'existence est analysé dans le sens d'une nouvelle sémantique et non dans celle d'une nouvelle ontologie. D'où la proximité des travaux de Frege et de ceux de Bolzano, tous deux préoccupés par l'émergence d'une sémantique. Leurs vues sur les notions de sens, de réalité et d'objectivité présentent de nombreuses affinités : 1) le sens appartient à un univers qui n'est ni physique (le sens ne s'observe pas), ni psychique (le sens n'est pas le résultat d'un processus de pensée) ; 2) le réel (*wirklich*) doit être distingué de l'objectif (*objectiv*) ; le réel est ce qui est « capable d'agir directement ou indirectement sur les sens »[5] ; l'objectif est « le régulier, le conceptuel, le jugeable, ce qui peut être exprimé en mots »[6]. Le nombre est objectif sans être réel. La recherche de l'objectivité est aussi responsable de la mise à l'écart de l'intuitif.

Frege a bien suivi les cours de Lotze à Göttingen en 1874 et ne pouvait qu'acquiescer à la séparation du logique et du psychologique mise en avant par celui-ci. L'un des thèmes récurrents chez Frege est que la psychologie porte préjudice à la logique. Penser ne consiste pas à associer des représentations :

1. *Ibidem*.
2. H. Sluga, « Frege as a rationalist », in E.D. Klemke éd., *Essays on Frege*, University of Illinois Press, 1968, p. 29.
2. *Ibidem*.
4. *Idem.*, p. 37.
5. *Gg*, p. XVIII.
6. *Ibid.*

lorsqu'on pense, on ne connecte pas à proprement parler des représentations, mais des choses, des propriétés, des concepts, des relations[1].

Par ailleurs, le langage ordinaire masque les connexions logiques : l'opposition du *sprachlich* et du *sachlich* est sans cesse présente dans les écrits de Frege ; elle met en lumière les superfluités de la langue quand il s'agit de voir quelle est « l'amande logique » de nos pensées. De ce point de vue, il y a un changement de perspective quant à ce qui est requis quand on passe de la logique traditionnelle (d'Aristote à Stuart Mill) à la logique symbolique (à partir de Frege) : la logique traditionnelle, du fait de son rapport direct à la langue ordinaire, considère comme requis de dégager les règles selon lesquelles nous devons penser mais reste sans cesse tributaire des pensées effectives, Kant en est un bon exemple ; la logique symbolique, étudiant des systèmes formels en faisant des opérations sur des symboles, rompt avec les pensées effectives et reste au plus près de la nécessité des règles selon lesquelles nous *devons* penser.

Cela dit, on ne peut pas faire sans le langage, car pour nous autres humains, c'est par lui que nous sont données les pensées ; aussi y a-t-il bien des nécessités linguistiques (*sprachliche notwendigkeit*)[2], mais il faut reconnaître qu'elles portent préjudice à la logique, comme par exemple le fait de parler d'un concept en nommant un objet, « le concept *cheval* » est une expression qui semble désignative alors qu'en réalité rien ne lui correspond. Certains ont voulu rompre les injonctions du principe occamien en faisant correspondre à ces expressions des entités dites « concepts-corrélats ». Frege semble avoir préféré le maintien d'une difficulté plutôt que l'adoption de solutions coûteuses.

Accessoires et pensées annexes

Mais ce qui est superflu ou nuisible en logique ne l'est pas ailleurs : coloration et éclairage de la pensée conviennent au cadre de la communication linguistique. Ce qui est superflu en logique ne l'est pas dans l'ordre psychologique, celui des intentions des locuteurs. Les accessoires de la pensée (*Beiwerke*)[3] parmi lesquels figurent les intentions des locuteurs, les raisons pour lesquelles ils tiennent un contenu pour vrai, accompagnent les pensées et ont une efficace persuasive.

1. G. Frege, « Kernzätze zur logik », in *NS*, p. 189.
2. Voir fin de l'article « Concept et objet », in *KS*, p. 177, tr. fr., p. 140.
3. *KS*, p. 388, tr. fr., *ELP*, p. 227.

Dans l'article « Composition des pensées », on voit comment ce qui peut être considéré comme superflu du point de vue de la logique est nécessaire du point de vue de la langue ordinaire et l'inverse tout aussi bien : les rapports logiques, une fois explicités déroutent ceux qui s'en tiennent à l'usage ordinaire des mots et qui confondent une explicitation logique avec une redondance inutile. Ainsi, dans le premier cas, le superflu en logique prend la forme de « pensées annexes » [1] (*Nebengedanken*). Dans la composition de pensées suivante : « Frédéric le Grand fut vainqueur à Rossbach ou deux est plus grand que trois », la pensée annexe consiste à se demander : « Qu'a donc à voir la victoire de Rossbach avec ce non-sens que deux est plus grand que trois ? ». Avec cette pensée annexe, le domaine de la logique se trouve perturbé, car au lieu de s'en tenir au rapport de vérité entre les deux propositions reliées par "ou", on cherche à mettre à jour un rapport de cause à effet ou une raison quelconque qui nous fait soutenir un tel propos. Toutes ces pensées annexes sont superflues du point de vue du noyau logique (*logischen Kern*), de la composition de pensée exprimée. Par ailleurs, du point de vue, cette fois-ci de la langue, on peut trouver superflu d'exprimer la seconde proposition puisque l'expression de la première suffit pour établir la vérité de l'ensemble ; la seconde n'aurait finalement le rôle que de perturber la vérité enfermée dans la première. Confondant fausseté et non-sens, le locuteur qui se place du point de vue de la langue, rejette la proposition « deux est plus grand que trois », en la considérant comme un superflu nuisible au sens et à la vérité de l'ensemble :

> si le locuteur s'était contenté de la première proposition, il aurait dit plus avec moins de mots. Pourquoi ce luxe de mots (*Aufwand von Worten*) ? Ces questions sont elles mêmes l'écho de pensées annexes. Quels que soient les intentions et les motifs du locuteur en disant ceci et en ne disant pas cela, cela ne nous concerne pas, seul importe ce qu'il dit [2].

Comme on le voit les pensées annexes sont ce qui n'est pas exprimé mais qui prétend fonctionner de façon enthymématique pour rétablir le raisonnement. On sait depuis Aristote le poids des syllogismes enthymématiques en rhétorique ; ce sont des syllogismes où l'on fait l'ellipse d'une prémisse pour emporter plus facilement l'adhésion, vu que la prémisse omise est souvent sujette à caution. Certes pour des besoins de brièveté et d'économie dans la conduite des preuves, on peut user de l'enthymème, mais dans ce cas, à la manière d'Euclide, on se doit de donner les prémisses

1. *KS*, p. 384, tr. fr., *ELP*, p. 222.
2. *KS*, p. 385, tr. fr., *ELP*, p. 222.

omises dans la marge, ou comme le fait Frege, dans la *Begriffsschrift*, noter à gauche d'une formule le numéro des formules précédentes qui ont servi à l'obtenir. Mais quand l'ellipse devient un implicite structurel, pour lequel il n'y a aucun repère sinon l'intention du locuteur, la logique ne retrouve plus l'expression des lois nécessaires à la déduction.

L'invocation de cette forme d'implicite intervient dans l'exemple de la proposition disjonctive suivante: «Frédéric le Grand fut vainqueur à Rossbach ou deux est plus grand que trois», et cela de deux façons : d'une part pour briser les inférences explicitement données et prétendre reconstituer le raisonnement sur la base de l'usage linguistique ordinaire; d'autre part pour ôter telle ou telle partie exprimée et jugée superflue alors qu'elle porte avec elle l'expression d'un rapport logique réel mais considéré comme étrange ou dénué de sens pour l'usage ordinaire. Le travail de Frege sera double: rétablir les rapports logiques pour lesquels la langue n'a pas d'expression ou qu'elle ne juge pas utile d'exprimer, extraire le noyau logique des pensées qu'accompagnent des "accessoires" (*Beiwerke*) pour que ne subsistent pas dans le domaine de la logique de pensées annexes.

Concernant le premier point, à savoir la présence de lacunes dans le raisonnement, Frege considère que même quelqu'un comme Euclide n'est pas suffisamment explicite. Il y a certes le raisonnement enthymématique auquel nous avons fait allusion; dans la mesure où Euclide donne en marge les prémisses manquantes, il réalise une économie de place et de temps pour conduire les preuves et ne peut en tant que tel être critiqué[1]. En revanche le raisonnement qui se présente comme complet et qui repose cependant sur des «présuppositions tacites»[2] oblige à recourir à un langage du type de celui de l'idéographie pour que «les conditions nécessaires (*notwendigen Bedingungen*) à la validité de la conclusion» soient toutes données. Après avoir rappelé l'omission de trois propositions nécessaires à la démonstration de la proposition 19 du livre I des *Eléments*, Frege note qu'«elles semblent spontanément tenir de si près aux lois même de la pensée qu'elles sont utilisées comme ces lois elles-mêmes»[3]. Par cette assimilation de propositions requises dans une démonstration aux

1. Leibniz, *Nouveaux essais sur l'entendement humain*, livre IV, chap. XVII : «Et peu s'en faut que les démonstration d'Euclide ne soient des arguments en forme le plus souvent; car quand il fait enthymèmes en apparence, la proposition supprimée et qui semble manquer est suppléée par la citation à la marge, où l'on donne le moyen de la trouver déjà démontrée; ce qui donne un grand abrégé sans rien déroger à la force», Paris, GF-Flammarion, 1966, p. 425.

2. *Über die wissenschaftliche Berechtigung einer Begriffsschrift*, p. 107, tr. fr., *ELP*, p. 65.

3. *Ibid.*

propositions primitives, on perd de vue que ces propositions doivent être en petit nombre; on perd également de vue qu'elles puissent constituer un système formel complet. Il convient donc dans le cas des langues scientifiques, de bien identifier les propositions de base.

Pour ce qui est du langage ordinaire, il va de soi qu'on ne pourrait y exprimer toutes les formes requises pour la déduction car on aurait alors affaire à une « insupportable prolixité »[1] qui nuirait à la communication humaine. L'allusion et l'implicite sont requis par l'usage ordinaire du langage; en revanche il ne peut y avoir un transfert de ces réquisits aux langages de la science pour lesquels l'explicite et les pas déductifs doivent être nécessairement formulés. Mais la prolixité n'est pas plus supportable dans la langue formulaire qui doit pouvoir combiner perfection logique et brièveté. La réduction des modes d'inférence au seul *modus ponens*, le petit nombre de lois primitives sont au service de cette économie recherchée.

La révision de la table des jugements

L'idéographie entend rendre de nombreuses rubriques par lesquelles la tradition logique et philosophique a distingué les jugements, totalement superflues: jugements hypothétiques, disjonctifs, négatifs, sont explicitement désignés comme superflus. La reconnaissance de cette superfluité est toujours accompagnée chez Frege d'une reconnaissance d'une faute de l'ordre soit méthodologique (Peano), soit proprement logique (Boole). Les jugements hypothétiques laissent place à une fonction primitive du contenu jugeable: la conditionnalité, qui est pour nous aujoud'hui la constante logique de l'implication. Les jugements négatifs sont également écartés pour cause de confusion entre la négation comme pôle opposé à l'affirmation et la négation comme force de rejet, symétrique de l'assertion.

Nous partirons des réquisits d'un langage formulaire pour débrouiller les liens du nécessaire et du superflu, puis nous aborderons la révision de la table des jugements avant de conclure sur la distinction entre les nécessités logiques et les superfluités linguistiques. La ligne de démarcation entre ces deux registres n'est pas toujours aisée à établir. Comment distinguer entre ce qui est suggéré et ce qui est asserté? Comment séparer de la pensée ce qui en est l'annexe ou l'accessoire? Comment restituer explicitement ce qui est enthymématique? Le repère donné par le langage formulaire et par « les lois de la pensée » est certes un moyen de répondre à ces questions. Mais

1. *Ibid.*

ces lois, elles-mêmes porteuses de ce moyen de démarcation, comment les découvre-t-on ? Certes, elles s'appliquent, et les multiples occasions fournies par ces applications sont un signe de leur efficace. Mais comment faire place à la notion d'application, en évitant le double écueil empiriste et formaliste ? Plus précisément, dans le cas des nombres, comment donner un statut à la notion d'application sans faire crédit à l'empirisme ou au formalisme ?

CHAPITRE PREMIER

LA NÉCESSITÉ LOGIQUE

> « L'exploration de la logique signifie l'exploration de tout ce qui est soumis à la loi », Wittgenstein, *Tractatus logico-philosophicus*, 6.3.

LES LOIS DE LA PENSÉE

Un langage formulaire

L'idée d'un langage formulaire était débattue chez les philosophes allemands depuis le début du XIXe siècle. Trendelenburg [1] attire l'attention sur les travaux d'un néo-kantien, Ludwig Benedict Trede, qui, en 1811, écrivait *Propositions pour une théorie nécessaire du langage*. Frege n'a probablement pas lu Trede, mais il connaissait Trendelenburg qu'il cite dans la préface de la *BS*; et c'est bien, sur une double base leibnizienne et kantienne, qu'émerge l'idée d'un langage formulaire pour la pensée. Trendelenburg note [2] qu'en distinguant nettement entre forme et matière de la pensée, Kant a rendu celle-ci plus consciente d'elle-même; ce qui a facilité la création d'un langage de signes (*Zeichenschrift*) qui réfléchit

1. « Über Leibnizens Entwurf einer allgemeinen Charakteristik », in *Historische Beitrage zur Philosophie*, vol. 3, Berlin, 1867.

2. A. Trendelenburg, *op. cit.*, p. 26, cité par H. Sluga, *op. cit.*, p. 51 : « Lorsque Kant suit Leibniz en distinguant nettement entre la forme et la matière du penser, et fait de la connaissance complète de la forme qui est liée à l'esprit l'essence de sa philosophie critique, la réalisation de la caractéritique qui se limite à l'aspect formel du penser, est devenue plus effective ».

instantanément la pensée : « l'idée d'une logique formelle commence avec Kant, et a été reçue par Herbart en un sens kantien »[1]. Il est tout à fait probable comme le soulignent à la fois H. Sluga et G. Patzig que Frege ait emprunté l'expression de « *lingua characterica* »[2] soit à Trendelenburg – cette expression étant introuvable chez Leibniz – soit à J.E. Erdmann, l'éditeur des œuvres de Leibniz que Frege cite à maintes reprises dans les *Gl*[3]. Toutefois les similitudes entre les analyses de Trendelenburg et de Frege à propos de la « justification scientifique » (*wissenschaftlische Berechtigung*) d'un langage formulaire sont fortes. Comme le note H. Sluga : « ce qui fut pour Trendelenburg le sujet d'un essai historique devient pour Frege l'*impetus* et la justification pour la construction d'une *Begriffsschrift* »[4].

Sans effacer cette différence de projet, les deux passages suivants – l'un extrait de l'article de Trendelenburg portant sur le projet leibnizien d'une langue universelle et l'autre de Frege extrait de son article justifiant l'usage de l'idéographie – indiquent une grande convergence sur l'apport que constitue le recours à un langage formulaire. Voici le passage de Trendelenburg :

> A travers le signe, les idées qui, autrement seraient diffuses, sont séparées et deviennent, en tant qu'éléments séparés, une possession permanente que le penseur peut utiliser. A travers le signe, les distinctions sont posées, ce qui est distingué est fixé, et ce qui est fixé peut être dans de nouvelles connexions. A travers le signe l'idée se détache de l'impression sensorielle ... et peut s'élever au général. Ainsi, à travers le signe verbal, le penser devient d'une part libre, d'autre part défini[5].

Le passage de Frege que l'on peut mettre en regard est celui-ci :

> Sans les signes nous nous élèverions difficilement au penser conceptuel. En donnant le même signe à des choses différentes, nous ne désignons pas à proprement parler, la chose individuelle, mais ce qui est commun : le concept. Et nous possédons d'abord ce concept en le désignant; car

1. A. Trendelenburg, *Logische Untersuchungen*, p. 35, 3e éd., Leipzig, 1870, vol. 1, p. IX, cité par H. Sluga, *Gottlob Frege*, London, Routledge & Kegan Paul, 1980, p. 49.

2. On trouve des occurrences de cette expression dans *NS*, p. 9-10, tr. fr., p. 17-19; voir également *Über den Zweck der Begriffsshrift*, p. 98, tr. fr., p. 71. Ce dernier article pose explicitement le problème du *skopos* de l'idéographie et souligne ainsi la dette de Frege à l'égard de la culture aristotélicienne dominante des philosophes du milieu du siècle dernier parmi lesquels Trendelenburg est une figure de proue.

3. *Gl*, § 6 notes 1 et 2, § 10 note 1, § 11 notes 1 et 2, § 15 notes 1 et 2, § 17 note 1.

4. H. Sluga, *op. cit.*, p. 52.

5. Trendelenburg, *op. cit.*, p. 1, cité par H. Sluga, *op. cit.*, p. 50.

comme il n'est pas lui-même intuitif, il requiert un représentant intuitif pour pouvoir nous apparaître. Ainsi le sensible ouvre-t-il le monde du non sensible (*Unsinnlichen*)[1].

La similitude de ces deux passages réside dans la mise en évidence : 1) du pouvoir libérateur du signe à l'égard du sensible, signe qui a lui-même, en raison de sa matérialité, une composante sensible ; 2) de l'accès à la pensée conceptuelle par l'usage du signe. Le double argument de la stabilité et de la délimitation des signes, présent dans le passage de Trendelenburg, se trouve également chez Frege dans ce même article de 1882. Les deux philosophes sont animés par la recherche d'un langage où le lien entre le signe et la pensée est organique et interne. Ce lien fait souvent défaut dans le langage naturel ; aussi faut-il construire un langage où « la forme du signe soit dans un contact direct avec le contenu du concept »[2], mais cela n'est possible que dans la mesure où une analyse des concepts est menée ; d'où la notion de *Begriffsschrift*, ou, littéralement, « écriture conceptuelle ». Beaucoup plus tard, Frege reconnaîtra le caractère inadéquat d'une telle expression, car elle semble mettre en avant les concepts, alors qu'en réalité ce sont les contenus jugeables, ou ce qu'il appellera plus tard (1892) les pensées, qui sont l'objet premier du langage formulaire. En effet, en 1919, dans les *Notes pour Ludwig Darmstaedter*, Frege prend ses distances à l'égard de « Leibniz et [de] ses successeurs »[3] pour indiquer que « en dépit du nom »[4] de *Begriffsschrift*, ce sont bien les pensées et non les concepts qui fournissent le point de départ de l'analyse.

Mais en 1879, la tradition de « Leibniz et de ses successeurs » est encore forte, et c'est sur la base de celle-ci que se construit le premier système formel. Cependant, il est à noter que Frege parle déjà à défaut des pensées, des lois de la pensée ; si le mot "concept" figure dans une partie du titre, il engage moins son auteur à parler des concepts que de « contenu conceptuel », de « contenu jugeable » et de « lois de la pensée ». Frege justifie l'introduction d'« expressions artificielles »[5], nombreuses dans la *BS*, par l'exigence de trouver une expression adéquate aux lois de la pensée :

> En toute science, là où il s'agit éminemment de la conformité aux lois, on doit toujours chercher quelles expressions artificielles sont

1. *Über die wissenschaftlische Berechtigung einer Begriffsschrift* (1882), p. 107-108, tr. fr., p. 64.
2. Trendelenburg, cité par Sluga, *op. cit.*, p. 50.
3. *NS*, p. 273, tr. fr., p. 299.
4. *Ibidem*.
5. « Recherches logiques, la négation », in *KS*, p. 369, tr. fr., p. 204.

requises(*nötig*) ou au moins utiles (*nützlich*), pour exprimer avec exactitude les lois de cette science. Ce qui ne résiste pas à cette épreuve doit être rejeté aux ténèbres[1].

Leibniz a voulu peindre les pensées, non les mots ; il faut continuer sur le même chemin en s'encourageant des essais faits ici ou là dans les sciences comme la chimie qui n'hésite pas à inventer des « expressions artificielles ». Il faut reprendre le projet leibnizien d'une caractéristique.

Une « *lingua characterica* » : ce n'est pas un pléonasme, une expression où "*characterica*" serait une simple reprise de "*lingua*". Le passage de l'expression leibnizienne « langue universelle » à l'expression « langue caractéristique » est pleinement justifié[2]. Il y a certes des similitudes avec Leibniz : 1) donner une structure logique et objective de la pensée et non celle d'un processus mental quelconque ; 2) représenter les pensées (*lingua characterica*) par des « figures signifiantes par elles-mêmes »[3] et les dériver (*calcul ratiocinator*) ; 3) proposer des signes primitifs, inanalysables, simples, indéfinissables.

Mais si Leibniz a souligné les limites de l'algébrisation de la pensée en substituant la notion de formule à celle d'équation[4], Frege radicalise ce point de vue en substituant la notion de « contenu jugeable » à celle de formule. Il cite librement Leibniz au § 15 des *Gl* pour lui faire dire que « les bénéfices de l'algèbre sont dus à un art plus élevé qui est la vraie logique »[5]. Dans le même esprit, Frege note l'une des grandes méprises sur son écriture conceptuelle : elle vient de ce que celle-ci apparaît comme un langage algébrique, un langage par formules[6] ; en réalité c'est de contenus jugeables qu'il s'agit. Frege veut se démarquer nettement de Boole et de ses formules algébriques pour que la comparaison entre les deux langages, celui de la *BS* et celui de Boole – comparaison que beaucoup de logiciens comme Schröder ont tenté dans leurs recensions de la *BS* – cesse. La relation de subsomption et le jugement d'existence sont deux exemples d'expression de contenu et de relation logique non atteints par les formules de Boole. Une algèbre de 0 et de 1 ne correspond qu'à une logique de "aucun" et de "tout" ; non à une logique du "quelque". Par ailleurs, une *Begriffsrechnung* n'est pas une *Begriffsschrift*, le jugement n'est pas une équation. Une équation peut être traduite sous forme de jugement, l'inverse

1. *Ibidem*.
2. Cf. A. Benmakhlouf, *Frege logicien philosophe*, Paris, PUF, 1997.
3. *Nouveaux Essais*, IV, 6.
4. L. Couturat, *La logique de Leibniz*, Hildesheim, G. Olms, 1985, p. 288-289.
5. *Gl*, § 15, p. 29, tr. fr., p. 142.
6. *Sur le but de l'idéographie*, tr. fr., p. 70-71.

n'est pas vrai : Boole est traductible en Frege mais non l'inverse. Schröder prétend cependant traduire Frege en Boole ; dans son compte rendu de la *BS*, il effectue quelques-unes de ces traductions, mais selon Frege, il commet des fautes logiques car il opère une réduction des propositions conditionnelles aux propositions catégoriques, oubliant de ce fait la spécificité des conditionnelles.

Peano, en revanche parvient à constituer son formulaire comme une langue caractéristique mais cette fois c'est l'aspect *calculus ratiocinator* qui lui fait défaut ; Peano n'a pas assez mis l'accent sur l'expression des modes d'inférence : il néglige notamment le rôle de la généralité dans l'inférence en la mêlant de façon hasardeuse à la conditionnalité ce qu'évite la *BS* : Frege parle à ce sujet de

> faute méthodologique. Il serait correct d'établir en premier la signification du signe de déduction, et dans un deuxième temps de façon totalement indépendante d'établir comment la généralité est désignée par des lettres indiquant de manière indéterminée [1].

Peano propose trois explications du signe $\supset$ qui, sans être unifiées, jettent la confusion sur la notion de déduction. « Cette triade me semble être une profusion (*Überfluss*) et cette profusion un défaut » [2] avance Frege. Tant que *a* et *b* sont des jugements, le sens du signe $\supset$ ne fait pas problème, mais si ce sont des propositions, il faut, nous dit Peano, avoir recours à trois explications.

La première d'entre elles interprète le signe $\supset$ présent entre *a* et *b* comme voulant dire « "la *b* est conséquence de la *a*". Si *a* et *b* sont des propositions exprimant chacune une équation, que faut-il alors entendre par « "3+7=10" est une conséquence de "2^2 =4" » ? Pourquoi faut-il faire abstraction du sens particulier des propositions ? La seule notion de "conséquence" ne suffit pas à justifier une telle mise à l'écart du sens.

La seconde explication de ce signe, proposée par Peano, ne fait pas justice aux lettres qui indiquent de manière indéterminée. Au § 14 du *formulaire* cité par Frege, on lit ceci :

> si *a* et *b* sont des propositions contenant des lettres indéterminées *x* et *y*, ..., c'est-à-dire sont des conditions entre ces lettres, la déduction $a \supset b$ signifie "quelles que soient les valeurs de *x*, *y*, ... pourvu qu'elles satisfassent la condition *a*, elles satisferont aussi la condition *b*" [3].

1. *KS*, p. 229.
2. *Idem*, p. 228.
3. Cité in *KS*, p. 229.

Ce cas ne prévoit normalement pas celui où il n'y a pas de lettre indéterminée. Or selon Peano, qu'il y ait ou non de lettre indéterminée, le cas est le même : « si *a* et *b* sont des propositions qui ne contiennent pas de lettre indéterminée, la déduction $a \supset b$ signifie toujours "si *a* est vrai, *b* est aussi vrai" ». Par cette réduction d'un cas à l'autre, du cas déterminé au cas qui ne l'est pas, Peano nous met de nouveau devant la situation de non sens donnée par l'exemple suivant : « s'il est vrai que 2 est plus grand que 3 alors il est aussi vrai que le carré de 7 est 0 ». En manquant l'inférence du cas général au cas particulier, en réduisant l'un à l'autre, Peano a rendu sa seconde explication du signe confuse.

La troisième explication, seule, devrait en réalité suffire; les deux autres sont superflues et, comme on l'a vu, embarrassantes, voire confuses. Cette troisième explication établit les règles de l'implication matérielle telle que le § 5 de la *BS* les avait déjà données :

> $a \supset b$ signifie : ou *a* est vrai et *b* est vraie, ou *a* est fausse et *b* est vraie ou *a* est fausse et *b* est fausse, et l'on exclut le seul cas "*a* est vrai et *b* est faux"[1].

Par cette explication les perplexités des deux autres éclaircissements sont dissipées et les deux exemples qui nous paraissaient à l'instant incongrus et dépourvus de sens, en recouvrent un. Seulement si cette troisième explication lève les perplexités concernant les exemples d'analyse, elle ne permet pas de rendre compte du jugement hypothétique du type « $(x>2)\supset(x^2>2)$ », où apparaissent des lettres indiquant de manière indéterminée. En clair, elle est satisfaisante quant à l'implication et ne dit rien de la généralité :

> La procédure correcte est d'abord d'établir la signification (*Bedeutung*) du signe de déduction (*Deduktionszeichen*) puis de manière totalement indépendante d'indiquer comment la généralité est désignée au moyen de lettres indiquant de manière indéterminée[2].

Si l'on manque l'expression distincte de ces deux fonctions primitives que sont la conditionnalité et la généralité, on perd de vue ce qui est requis et on tombe dans les facilités et les embarras du superflu.

Les conditions nécessaires qui sont données par les lois gouvernant l'usage de la généralité sont considérées par Peano comme "abstruses", d'où le fait qu'il les néglige au point de mêler dans une même désignation l'expression de la généralité et celle de la conditionnalité. Dans l'exemple suivant, les indices de généralité *x* et *y* qui accompagnent la conditionnalité

1. *Ibidem*.
2. *KS*, p. 229.

devraient en droit recevoir une symbolisation autonome : $(\phi(x) \supset_x \psi(x, y) \supset_y$ $X(y)$, ce qui n'est pas le cas. Peano justifie le caractère indiciel de la généralité par la volonté de donner des exemples plutôt que des lois :

> les indices au signe ⊃ satisfont à des lois qu'on n'a pas encore suffisamment étudiées. Cette théorie déjà abstruse par elle-même, le devient encore plus si l'on n'accompagne pas ces règles par des exemples. Le mieux à faire c'est d'examiner le rôle de ces signes et leurs transformations dans les formules et les démonstrations de Mathématique [1].

On sait que Frege préfère la méthode qui consiste à donner les lois nécessaires à celle qui exhibe des exemples. Evoquant le travail effectué dans la *BS*, il note : « J'ai déjà indiqué pour ma désignation de la généralité toutes les lois dont on a besoin de façon que rien de fondamental n'échappe à l'examen » [2]. En particulier Frege a distingué non seulement les signes relationnels comme le signe ⊃ du signe de la généralité, mais au sein même de la généralité, l'expression de la généralité restreinte (lettres gothiques) de celle qui ne l'est pas (lettres latines) [3]. Procéder par des exemples plutôt que par des lois données une fois pour toutes, oblige à avoir recours en permanence à des « stipulations requises » [4] (*nötigen Festsetzungen*) qui menacent la complétude du système axiomatique.

Si la notation de Peano prend effectivement moins de place que celle de la *BS*, c'est parce qu'elle manque, comme on vient de le voir de perfection logique; non seulement elle a recours à des profusions de signes qui se révèlent être des défauts, mais de plus elle néglige les réquisits d'une écriture formulaire. En effet, Peano renonce de façon gratuite à« un des avantages principaux de l'écrit sur le parlé » [5] : la bidimensionnalité. Celle-ci permet d'articuler les propositions, en disposant l'un sous l'autre l'antécédent et le conséquent et en indiquant à leur gauche au moyen d'une combinaison de traits (trait de négation, trait de condition) « la relation logique à travers laquelle l'ensemble vaut » [6]. Certes, le formulaire de Peano est un progrès par rapport à la notation booléenne mais pour avoir considéré à tort comme "abstruses" [7] les lois logiques, Peano n'a pu échapper à quelques incohérences. Frege en souligne trois : 1) tantôt Peano

1. Cité en français in *KS*, p. 231.
2. *KS*, p. 231-232.
3. Voir et appendice p. 207.
4. *Idem*, p. 232.
5. *KS*, p. 222.
6. *Ibidem*.
7. Peano : « Les indices au signe ⊃ satisfont à des lois qu'on n'a pas suffisamment étudiées. Cette théorie déjà abstruse par elle-même, le devient encore plus si l'on n'accompagne pas ces règles par des exemples » cité par Frege, in *KS*, p. 231.

considère comme sujet l'expression « quelques nombres » dans « quelques nombres sont premiers », tantôt il sait la traiter comme une expression fonctionnelle ; 2) tantôt il considère que la notion de "classe" est primitive tantôt qu'elle est dérivée de celle de "concept" ; 3) tantôt il considère le signe d'identité comme valant entre des objets, tantôt entre des pensées vraies, sans prendre soin de distinguer les pensées de leur référence.

L'expression des modes d'inférence justifie à elle seule la construction d'une langue artificielle étant donné que l'imperfection des langues ordinaires ne tient pas tant à la présence d'expressions ambiguës qu'à la profusion de modes d'inférence composites et fluctuants. Or les besoins d'une science déductive sont avant tout ceux de « formes fixes d'inférence » [1] dont il faut donner, avec les lois primitives, la justification logique. Seules ces formes fixes permettent de considérer comme complet un système formel.

Ce système, en même temps que complet, est organique. Là encore Trendelenburg ainsi que Wundt exercent leur influence : « dans l'organique tout est développement (*Entwicklung*), ce n'est que dans le travail artisanal qu'il y a de la juxtaposition (*Zusammensetzung*) » [2] souligne Trendelenburg ; l'articulation s'oppose à la juxtaposition comme le nécessaire à l'arbitraire, la *Logique* de Wundt est évoquée par Frege dans son article intitulé « La logique calculatoire de Boole et l'idéographie » comme confirmation de sa façon de voir le contenu jugeable comme articulé organiquement et non une juxtaposition d'un sujet et d'un prédicat :

> Ainsi au lieu d'obtenir le jugement en assemblant un individu comme sujet avec un concept déjà tout formé comme prédicat, nous décomposons à l'inverse le contenu jugeable pour obtenir le concept. Sans doute faut-il que l'expression d'un contenu jugeable, pour pouvoir être ainsi décomposée, soit en elle-même articulée. On peut alors en inférer qu'au moins les propriétés et relations dont on ne peut poursuivre plus loin la décomposition doivent avoir une désignation élémentaire propre. Mais il ne s'ensuit pas que les représentations de ces propriétés et relations sont formées indépendamment des choses ; au contraire elles prennent naissance en même temps que le premier jugement par lequel elles sont attribuées aux choses. Par conséquent leurs désignations ne se présentent pas dans l'idéographie à titre séparé, mais toujours dans des combinaisons qui expriment des contenus jugeables. Je pourrais comparer cela avec le comportement des atomes, dont on suppose qu'on n'en trouve

1. *KS*, p. 221.

2. Trendelenburg, *Recherches logiques*, Berlin, 1840, t. II, p. 71, cité par J. Proust, *Questions de forme*, Paris, Fayard, 1986, p. 220.

> jamais un isolé, mais seulement dans une combinaison avec d'autres, qu'il ne quitte que pour entrer aussitôt dans une autre [1].

Suit une note où Frege écrit ceci : « Wundt a utilisé cette image dans sa *Logique*, à ce que j'ai vu depuis, de façon comparable ».

Ce caractère organique n'affecte pas seulement le contenu jugeable mais il se réfléchit aussi dans l'univocité de la notation pour permettre de fonder le langage des prédicats sur le langage propositionnel : On peut passer de « soit tout habitant est européen soit tout habitant est asiatique » à « tous les habitants sont soit européens soit asiatiques » en gardant le même symbolisme. L'avancée majeure de la *BS* est bien la possibilité d'exprimer les connecteurs dans la portée des quantificateurs et les quantificateurs dans la portée des connecteurs. C'est un langage de logique des prédicats ; un langage où les énoncés atomiques sont formés de constantes individuelles, d'expressions fonctionnelles primitives, de prédicats et d'expressions relationnelles et les énoncés complexes sont formés au moyen d'opérateurs propositionnels définis par des fonctions de vérité, et de quantificateurs de type et de niveau fixés.

La nécessité de la pensée (Denknotwendigkeit[2])

Boole en 1847 avait déjà le projet de fonder « les mathématiques de l'intellect humain »[3]. En 1854 paraît l'*Enquête sur les lois de la pensée*. Pour Frege les lois logiques sont des lois de la pensée car elles sont d'une grande généralité :

> Les lois de la logique méritent à juste titre le nom de "loi de la pensée" seulement si l'on veut dire par là qu'elles sont les plus générales, qu'elles prescrivent absolument sans restriction la façon de penser là où quelque chose de général est pensé [4].

La pensée dans sa grande généralité n'est pas algorithmique, il est donc inutile de prétendre enfermer notre pensée dans la machine : la nécessité de pensée ne se réduit pas à la nécessité mécanique ; elle a une finesse qui passe largement celle des procédés mécaniques. Certes elle suppose le procédé algorithmique de transition d'une formule à une autre, mais ce procédé répond à des lois logiques qui ne se réduisent pas à celle de l'addition ou de

1. *NS*, p. 18, tr. fr., p. 26-27.
2. L'expression apparaît dans la préface de la *BS*, p. XII.
3. Boole, *Mathematical analysis of logic*, 1847, Oxford Blachwell reprint, préface, p. I.
4. *Gg*, préface, p. XV.

la multiplication. Avant la critique par Wittgenstein[1] des certitudes mécaniques, nous avons chez Frege, à l'occasion de la critique du langage algébrique de Boole, une critique de la mécanisation de la pensée :

> le langage formulaire de Boole ne représente qu'une partie de notre pensée ; l'ensemble ne pourra jamais être exécuté à l'aide d'une machine, ni remplacé par une activité purement mécanique[2].

Les deux dernières parties de l'idéographie ont pour but de réduire le nombre de lois primitives (objectif absent chez Boole) et de démontrer que le peu qui reste est suffisant[3] ; ce peu restant est en même temps d'une très grande généralité ; il ne se réduit pas à un quelconque algorithme. La façon de penser agrégative donne lieu à une conception de la logique comme computation ; cette conception manque de finesse et relève du pur procédé mécanique :

> Je suis frappé par la grossièreté de la conception qu'on a du nombre lorsqu'on dit de l'acte de compter que c'est une pensée par agrégation qui procède mécaniquement[4].

Ce qui ruine les mathématiques c'est de confondre l'idée d'un langage formulaire qui figure directement les pensées avec l'autonomie de procédés mécaniques de calcul :

> Certes on peut utiliser mécaniquement les figures numériques, tout comme on peut parler à la manière d'un perroquet; mais on pourrait difficilement appeler cela penser. Tout au plus pourrait-on admettre que la pensée effective a constitué le langage symbolique des mathématiques, en sorte que, comme on dit, il pense à notre place. Mais ceci ne prouve pas que les nombres sont construits mécaniquement, comme un tas de sable avec des grains de quartz[5].

Boole et Frege ont une conception normative de la logique, ce qui les met tous deux à égale distance du psychologisme ; pour les deux, la nécessité naturelle n'est pas de même ordre que la nécessité logique ; les lois logiques comme les lois des nombres sont « les lois des lois de la nature »[6] ; la loi naturelle sert pourtant de schème pour comprendre la loi de pensée même s'il y a une dissymétrie entre ces deux types de loi ; les lois de

1. § 11-12 de la septième partie des *Remarques sur les fondements des mathématiques*, tr. fr., Paris, Gallimard, 1983, p. 297-298.
2. *NS*, tr. fr., p. 45.
3. *NS*, tr. fr., p. 48.
4. *Gl*, introduction, p. 4-5, tr. fr., p. 117.
5. *Ibidem*.
6. *Gl*, § 87, tr. fr., p. 211.

la nature régissent des événements (*Geschehen*) ou des processus naturels, alors que les lois de la pensée régissent un être (*Sein*)[1] ; cette différence fait que les unes sont tributaires d'expériences qui peuvent les compléter au fur et à mesure qu'elles sont faites, tandis que les autres ne souffrent d'aucune dépendance.

Frege qui fait plus d'une fois preuve de sa connaissance de Platon semble s'être souvenu de ce passage du *Timée* où Platon dit ceci :

> Si un dieu a pour nous inventé le présent de la vue, c'est afin que contemplant au ciel les révolutions de l'intelligence divine, nous en fassions application aux circuits que parcourent en nous les opérations de la pensée; ceux-ci sont de même nature que celles-là, mais elles sont imperturbables, eux toujours perturbés; grâce à cette étude nous avons part aux computs naturels dans leur rectitude, et à l'imitation des mouvements divins, absolument exempts d'erreur, nous pouvons donner une assiette à ceux qui sont en nous[2].

De même que la nécessité logique ne devrait pas se confondre avec la nécessité naturelle (voir *infra*), de même elle ne devrait pas se réduire à une nécessité algébrique. Frege dénonce dans la préface de la *BS* la similarité artificielle entre les signes arithmétiques et les signes algébriques ; ailleurs il critique la transposition en algèbre de la logique des opérations d'addition et de multiplication. Boole serait revenu, sous forme de remords, sur la confusion entre ces deux formes de nécessité :

> j'imagine qu'il y a peu de gens qui ayant connu mon travail, n'ont pas ressenti comme je le ressens moi-même, qu'aussi curieuses et exactes que furent les analogies formelles entre la science de la logique et celle de l'algèbre limitée (aux nombres 0 et 1), il eût été souhaitable que la première trouvât un développement indépendant[3].

Dans le compte rendu que Frege fait de l'algèbre de la logique de Schröder, l'essentiel de la critique porte sur la distinction non effectuée par Schröder entre la notion algébrique comme l'inclusion et la notion logique comme la subsomption,

> le domaine-calcul (*Der Gebietkalkul*), dans lequel la relation fondamentale est celle de la partie au tout, doit être entièrement séparé de la

1. *Recherches logiques*, tr. fr., *op. cit.*, p. 170.
2. Platon, *Timée*, 47 c.
3. G. Boole, *Logic and reasoning*, cité par S.B. Diagne, *Boole, l'oiseau de nuit en plein jour*, Paris, Belin, 1989, p. 171.

> logique. Les diagrammes d'Euler ne sont pour la logique qu'une analogie boiteuse[1],

car ils ne sont pas adéquats pour exprimer la différence entre une subsomption d'un individu sous un concept et la subordination d'un concept à un autre concept.

L'enjeu de la critique adressée aussi bien à Boole qu'à Schröder est donc bien d'indiquer qu'en logique on ne peut prendre appui sur une nécessité autre que celle de la pensée; dans le cas de la physique et de la mécanique, à côté de la nécessité de pensée (*Denknotwendigkeit*) il y a la nécessité naturelle (*Naturnotwendigkeit*[2]). Le langage formulaire ne repose en dernier lieu que sur la pensée elle-même sans l'auxiliaire de « la nécessité naturelle » ou de l'intuition. Il n'est pas une *Wortsschrift*[3], c'est-à-dire un langage de mots « sans garantie suffisante »[4]. La question se trouve posée explicitement au début de la troisième partie de la *BS:* Comment la pure pensée peut-elle produire des jugements qui à première vue ne semblent possibles que sur les bases de quelque intuition ?[5] C'est la question même que pose le logicisme, qui passe progressivement du statut d'une hypothèse probable[6] à celui d'une certitude relative[7], sans jamais paraître totalement s'imposer; un doute subsistera toujours sur la valeur de l'axiome V des *Gg* comme nous aurons à le voir, mais voyons pour l'heure ce que Frege entend par « nécessité naturelle ».

La nécessité naturelle

La distinction entre arithmétique et logique d'une part, géométrie et mécanique de l'autre donne lieu chez Frege à des nécessités différenciées selon qu'il s'agisse de la nécessité logique ou de la nécessité naturelle. Frege parle de l'exigence pour une loi naturelle d'être universelle et avance dans la *Begriffsschrift* l'idée qu'il y a bien une « nécessité naturelle ». Dans l'avant-propos de la *BS*, Frege envisage l'extension de son langage

1. *KS*, p. 210.
2. *BS*, préface, p. XII.
3. *Über die wissenschaftliche Berechtigung einer Begriffsschrift* (1882), p. 109, tr. fr., p. 65.
4. *Ibid.*
5. *BS*, § 23, p. 55.
6. *FuB*, tr. fr., p. 89-90, « l'idée que l'arithmétique est le développement de la logique, (...) semble avoir désormais un nombre croissant de partisans ».
7. Frege dit confirmer (*bewähren*) cette hypothèse, non en démontrer le contenu, *Gg*, introduction, p. 1.

formulaire à différents domaines du savoir; parlant de la mécanique et de la physique, il écrit :

> Dans ces derniers domaines où règne à côté de la nécessité de pensée, la nécessité naturelle, on est en droit de prévoir que la notation se développera avec les progrès de la connaissance[1].

Que faut-il entendre ici par « nécessité naturelle » ? La "prescription" présente derrière l'expression de *Gesetzmässigkeit der Natur*[2] implique qu'une loi est donnée mais celle-ci a-t-elle dans l'esprit de Frege le sens d'une simple régularité comme cela est le cas pour les lois de la nature du point de vue d'un empirisme constructif comme celui de David Hume ou plus récemment de Van Fraassen ? Ou bien s'agit-il d'une nécessité, ce qui impliquerait un saut dans un réalisme fort ?

Que signifie une « nécessité naturelle » à côté de la nécessité logique ? Wittgenstein, et bien avant lui Ernst Mach, pensait qu'il n'y avait de nécessité que logique. « *Es gibt nur eine logische notwendigkeit* » note Wittgenstein[3] et Mach avant lui disait qu'« une nécessité autre que logique, quelque chose comme une nécessité physique, n'existe pas même »[4]. Quelle est la position de Frege ?

Pour aborder cette question, il faut cesser d'opposer nécessité et conventionnalisme et reconnaître plutôt, que d'un point de vue sémantique, « ce qui apparaît de l'extérieur comme conventionnel est nécessaire de l'intérieur »[5]. A. Coffa montre, à propos de Poincaré, qu'il n'y a de paradoxe entre nécessité et conventionnalisme que d'un point de vue ontologique, non d'un point de vue sémantique; or Poincaré, en considérant les axiomes de la géométrie comme des définitions, adopte clairement un point de vue sémantique. Il en va exactement de même pour Frege quand celui-ci aborde la question des lois de la nature. Pour parvenir à l'expression la plus simple des lois de la nature, nous devons choisir des définitions ou des stipulations appropriées car « toutes les stipulations ne sont pas appropriées si nous voulons exprimer les lois de la nature succinctement »[6].

Il peut sembler étonnant que Frege mette en avant un conventionnalisme proche de Poincaré et de Duhem, position qu'on ne retrouve pas

1. *BS*, p. XII, tr. fr., p. 101.

2. « Über das Trädeheitsgesetz », in *KS*, p. 122.

3. L. Wittgenstein, *Tractatus*, 6.375 : « de même qu'il n'y a qu'une nécessité logique, il n'y a qu'une impossibilité logique ».

4. Extrait de la *Wärmelehre* et cité par J.M. Monnoyer dans sa traduction de l'*Analyse des sensations*, introduction, p. XXIX, Nîmes, J. Chambon, 1996.

5. A. Coffa, *in* W. Demopoulos, éd., *Frege's philosophy of mathematics*, Londres, Harvard University Press, 1995, p. 39.

6. *KS*, p. 118.

dans la construction de son système axiomatique pour la logique. Le statut des axiomes chez Hilbert est bien plus en conformité avec la position conventionnaliste que celui de Frege, tributaire de l'hypothèse logiciste que nous aurons à développer. Frege a voulu maintenir une distinction franche entre les lois de la logique et les lois de la nature. Alors que pour les premières la nécessité est absolue, pour les secondes, la nécessité est relative à tel ou tel système d'hypothèses. Les exigences dans les deux cas sont distinctes; les définitions ou stipulations de sens, dans le cas de la logique, fixent le sens et la référence des expressions de façon telle que les définitions finissent par jouer, en raison de leur fécondité dans les démonstrations, le rôle de jugements analytiques dont la vérité ne fait pas problème. Les définitions ou stipulations élaborées dans la science physique n'ont pas du tout ce statut là, elles ne fixent pas un sens une fois pour toutes, mais dépendent du système de référence dans lequel sont formulées les lois de la nature. Dans cet esprit, Frege indique que « la question de la réalité du mouvement risque de dégénérer en conflit de mots »[1]. Les distinctions qui importent sont celles qui existent entre un mouvement accéléré et un mouvement non accéléré :

> Ces distinctions entre différentes sortes de mouvement sont réelles au même sens où la constance d'une longueur est dite réelle (par exemple un bâton-mètre standard à une température inchangée). Nous avons dans les deux cas des stipulations arbitraires, mais des stipulations si étroitement liées aux lois de la nature (*Gesetzmässigkeit der Natur*), qu'elles sont particulièrement distinguées par là de toutes les autres stipulations qui sont mathématiquement ou logiquement également possibles[2].

Les stipulations ou définitions logiques sont donc bien plus libres que les stipulations utilisées en physique; les premières n'ont pas de valeur axiomatique contrairement aux secondes qui sont des axiomes déguisés ou plus exactement des hypothèses ou des conventions. L'autre différence de taille entre les deux domaines, logique et physique, est que les conventions ne sont « à proprement parler, ni vraies, ni fausses, mais utiles ou inutiles »[3]; Frege semble aller ici jusqu'à admettre que le principe du tiers exclu n'est pas opératoire en physique, comme le pensent aussi les physiciens Poincaré ou Duhem. Dans la ré-interprétation que Frege fait de la loi d'inertie, on a une position conventionnaliste proche de celle de Poincaré.

Frege part du constat suivant: la formulation de la loi d'inertie est incomplète car dire que « sans l'action d'une force extérieure, un corps au

1. *Ibid.*, p. 121.
2. *Ibid.*, p. 122.
3. *Ibid.*, p. 118.

repos reste au repos, et un corps en mouvement reste en mouvement » c'est dire en somme qu'il y a un mouvement et un repos en soi. Or nous savons que tout corps *a* est seulement en mouvement relativement à un corps *b* considéré comme en repos. Mais nous ne pouvons pas faire mieux en spécifiant dans la formulation de la loi, tel ou tel mouvement, car alors quel corps servira-t-il de référent? « Le sens de la loi d'inertie interdit la référence (*die Bezugnahme*) à un corps quelconque, parce qu'il n'y en a pas un qui mérite cette distinction »[1]. La difficulté est de taille car la conséquence de cette incomplétude de la loi est bien l'inintelligibilité du mouvement. Il est vrai que pour des objectifs pratiques – mais sans résoudre le problème théoriquement –, nous parvenons facilement à contourner cette difficulté, puisque nous pouvons prendre les étoiles fixes comme éléments de référence de quelque chose en repos, mais, nous savons que ces étoiles « sont en repos les unes vis-à-vis des autres seulement en apparence, et que cette apparence est due au manque de précision de nos observations » sans compter que « la référence à des corps déterminés entre en conflit avec l'essence d'une loi de la nature qui requiert une généralité »[2].

Pour Frege, il y a donc deux problèmes distincts : le problème pratique qui consiste à expliquer tel phénomène naturel et pour lequel un système de référence choisi est parfaitement satisfaisant au sens où il va remplir sa fonction de « sauver les phénomènes »; d'autre part il y a le problème théorique posé par l'exigence d'universalité des lois naturelles, et pour lequel le choix d'un système référentiel déterminé est inapproprié. C'est pour donner une solution à ce second problème que Frege entame une discussion des thèses de Ludwig Lange qui avait fait paraître un ouvrage en 1896 à Leipzig, intitulé *Die Geschichtliche Entwicklung des Bewegungsbegriffs und ihr voraussitliches Endergebnis* et où l'auteur rejetait l'espace absolu de Newton. Frege s'attache à montrer que la solution envisagée par Lange présente les mêmes inconvénients que celle de Newton : une conception non holiste qui ne tient donc pas compte de l'interaction des lois de la nature.

> Lange ne considère pas l'espace et le temps absolus de Newton comme des maux nécessaires (*notwendige Übel*) mais les nomme produits superflus (*überflüssige Produkte*) de l'Esprit métaphysique. Il me semble aller au-delà de l'objectif visé. Cela tient au fait que les hypothèses sont considérées séparément, alors que c'est seulement en tant que tout qu'elles ont une signification[3].

1. *Ibid.* p. 113.
2. *KS*, p. 114
3. *KS*, p. 115.

Frege a le mérite de montrer que l'enjeu de l'espace absolu chez Newton ne réside pas dans la seule justification théologique (*theologische Begründung*) propre à cette notion, mais dans une justification physique restée implicite chez le grand physicien anglais, partie parce qu'il ne voulait pas feindre d'hypothèse, partie parce qu'il n'avait pas tenté de prendre ensemble la loi d'inertie et l'hypothèse de l'espace absolu. C'est seulement dans la combinaison de ces deux hypothèses que la notion d'espace absolu perd son caractère transcendant et devient physiquement opératoire :

> Si nous considérons l'hypothèse de l'espace absolu en elle-même, nous avons évidemment là quelque chose qui transcende chaque expérience; on ne peut méconnaître la relation du mouvement à cet espace absolu et par conséquent aucune loi le concernant ne peut être dérivée de l'expérience. Il en va autrement si nous combinons l'hypothèse de l'espace absolu et du temps absolu et puis celle de la loi d'inertie en une seule. L'espace absolu et les phénomènes sensibles sont alors pris ensemble, et sous cette présupposition, il est alors possible de produire, comme Newton l'a fait, des énoncés sur le mouvement dans l'espace absolu, qui peuvent être comparés à l'expérience [1].

La position de Frege montre ici les limites d'un empirisme naïf qui prétend tout dériver de l'expérience, empirisme qui suppose une position théologique forte, laquelle permet de mettre hors de doute des propositions sur le mouvement absolu. Cette situation est pour Frege intenable; il faut bien plutôt prendre ensemble les hypothèses, puis les comparer à l'expérience. Si celle-ci ne peut être la base de la démarche du physicien, elle en est cependant le seul critère, une fois que l'on a compris l'intérêt que représente le holisme, c'est-à-dire le fait de prendre ensemble les hypothèses. L. Lange, en substituant à l'espace absolu de Newton, la notion de système inertiel défini à partir de trois points matériels pris indépendamment d'une ligne, ne fait que retraduire la difficulté théorique de l'universalité de la loi naturelle sans lui trouver de véritable solution. « Le même ou presque le même reproche que l'auteur adresse à Newton, peut être retourné contre lui » [2] : un point matériel transcende l'expérience exactement comme s'il avait été en repos absolu.

> Le défaut dans les deux cas est de diviser les hypothèses en parties séparées. Seul l'ensemble des lois fondamentales de la dynamique – considéré comme une seule hypothèse – peut être comparé avec l'expérience et confirmé par elle. Mon éminent professeur K. Snell

1. *KS*, p. 115.
2. *KS*, p. 116.

prenait soin d'exprimer à peu près ainsi la loi d'inertie : "un point matériel n'a d'accélération que par suite de son interaction avec d'autres points matériels". Ce qu'il faut entendre ici par "interaction" est à déterminer par les autres lois fondamentales de la dynamique. Ce qui met d'office la loi d'inertie en liaison avec ces lois [1].

L'enjeu d'une telle analyse holiste est bien d'indiquer qu'aucune hypothèse isolée ne bénéficie d'une certitude apodictique, ni d'une réelle universalité; aucune n'est assurée d'échapper à une modification quelconque ou même à un abandon. En rappelant cet enseignement, Frege, à la même période où Duhem établit son argumentation contre l'expérience cruciale, vise à indiquer que les principes de la mécanique classique qu'on a souvent considérés comme indubitables et ayant une valeur axiomatique, comme par exemple la loi d'inertie, sont sinon soumis au doute, du moins incomplets. En réalité ce qui est certain en eux concerne leur aspect mathématique. Cependant en tant qu'éléments d'une théorie physique, ces principes supposent nécessairement une comparaison à l'expérience, et dans ce cas, il peut arriver que l'édifice duquel ils sont solidaires, soit rejeté.

Ainsi, et de façon totalement symétrique, de même qu'une hypothèse douteuse ne suffit pas à ébranler tout un édifice théorique, de même une hypothèse considérée comme certaine apodictiquement ne suffit pas à sauver totalement l'édifice théorique; c'est en ce sens que la loi d'inertie a besoin de l'espace absolu dans l'univers newtonien, ou plus généralement, est solidaire de toutes les lois de la dynamique. Comme elle est solidaire d'un ensemble théorique, on ne peut lui donner des crédits de certitude isolément. La confrontation avec l'expérience ou "comparaison", concept à la fois utilisé par Duhem et par Frege, exige que la déduction mathématique de la théorie physique soit faite sur un ensemble d'hypothèses, ensemble qui seul permet et l'universalité des lois de la nature et leur complétude.

A notre question de départ : Frege envisage-t-il, à l'encontre de Mach et de Wittgenstein, une nécessité autre que la nécessité logique, une nécessité naturelle?, il semble que nous ayons maintenant quelques éléments de réponse. La nécessité naturelle est tout à fait concevable chez Frege; simplement elle n'est pas l'analogue de la nécessité logique. Contrairement à celle-ci, la nécessité naturelle est une nécessité compatible avec un conventionnalisme radical. Les hypothèses de la physique sont considérées comme des conventions ou des définitions et ne prennent leur sens physique que dans un holisme qui oblige à tenir ensemble un édifice d'hypothèses sans quoi les phénomènes naturels tels que le mouvement

1. *Ibid.*

restent inintelligibles. Pour reprendre l'expression de A. Coffa, « ce qui paraît conventionnel de l'extérieur, est nécessaire de l'intérieur ». Frege considère le réel de la physique comme un réel objectif plutôt qu'effectif; l'objectivité est pour lui une forme de validité intrinsèque, indépendante de la réalité sensible et des processus de pensée. La troisième partie de ce travail reviendra sur cette notion.

La propriété d'objectivité est ce qui constitue la parenté entre la nécessité logique et la nécessité naturelle. Mais alors que pour la nécessité logique, la distinction entre les axiomes et les définitions est de la première importance; pour la nécessité naturelle, le rôle quasi axiomatique des définitions ne fait pas problème vu que "l'interaction" des lois physiques met un terme à l'autonomie des définitions. Dans le cas de la logique en revanche, les axiomes ne sont pas interdéfinissables, et Frege ne cessera de critiquer le projet hilbertien qui permet de considérer les axiomes comme des définitions implicites[1]. Toute forme de conventionnalisme est éradiquée de la logique, c'est en ce sens que la nécessité logique est à la fois une nécessité de l'intérieur du système formel et de l'extérieur de celui-ci; alors que la nécessité naturelle n'est une nécessité que du seul point de vue interne à l'édifice des hypothèses prises ensemble, mais non du point de vue extérieur de cet édifice, encore moins du point de vue de chacune des hypothèses, prises séparément.

Cette souplesse de Frege, sensible dans ce mélange de conventionnalisme et de nécessité des lois de la nature, ne se retrouve pas dans la logique qui s'occupe « des lois de lois de la nature ». Ce second niveau de légalité est abordé par Frege à partir de la thèse logiciste, dont l'abandon tardif suite à la découverte du paradoxe des ensembles par Russell, redonnera à la logique une souplesse qui était déjà présente dans la conception de la physique.

Le logicisme : une hypothèse vraisemblable

L'hypothèse logiciste[2] dans sa version fregéenne consiste dans la réduction de l'arithmétique à la logique, autrement dit dans la logicisation

1. Voir *infra* p. 45-50.

2. Cette hypothèse est distincte de celle de Russell-Whitehead dans les *Principia mathematica*. Dans cet ouvrage, le logicisme signifie que toutes les mathématiques sont traductibles logiquement et que les principes mathématiques sont réductibles à des principes logiques.

de l'arithmétique[1]. Elle n'apparaît d'abord à Frege que comme une hypothèse probable. Dans les *Gl*, après avoir proposé une définition du nombre à partir des seules notions logiques – le nombre est une extension de concept – Frege conclut en disant :

> J'espère dans cet écrit avoir rendu vraisemblable (*warscheinlich gemacht*) l'idée que les lois de l'arithmétique sont des jugements analytiques, et par conséquent *a priori*. L'arithmétique serait donc simplement une logique développée, et chaque proposition de l'arithmétique, une loi logique bien que dérivée[2].

Avant les *Gl*, on peut parler dans la *BS* d'un "sublogicisme"[3] au sens où le logicisme n'est pas encore présenté comme une hypothèse mais il est illustré par l'exemple de la définition logique de l'induction mathématique, donnée dans la troisième partie de cette œuvre.

Dans les *Gg* (premier tome), soit neuf ans après les *Gl*, l'hypothèse logiciste est pleinement requise sans bénéficier cependant d'une certitude apodictique :

> Dans mes *Grundlagen der Arithmetik*, j'ai cherché à rendre vraisemblable le fait que l'arithmétique était une branche de la logique et qu'elle n'avait à emprunter de preuve ni à l'expérience ni à l'intuition. Dans ce livre cela sera confirmé par la dérivation des plus simples lois des nombres à partir de moyens logiques seulement[4].

Une telle confirmation ne vaut pas certitude car Frege continue à nourrir des doutes sur la valeur de l'axiome V.

L'hypothèse logiciste

Dans l'article de 1885 intitulé « Über Formale Theorien der Arithmetik », Frege caractérise l'hypothèse logiciste de trois façons :

1) On ne peut pas « dresser de frontière précise entre logique et arithmétique : d'un point de vue scientifique, les deux forment une science unifiée »[5]. Cette première caractéristique entend : a) écarter le discrédit dans lequel est maintenue la logique de la part des mathématiciens qui la considèrent d'ordinaire comme une discipline qui manque de précision ;

1. La logicisation de l'arithmétique signifie que toute l'arithmétique est dérivable du calcul des propositions, du calcul des prédicats et de la théorie des ensembles, tous trois réunis.

2. *Gl*, tr. fr., § 87, p. 211.

3. G. Boolos, *Reading the Begriffsschrift*, *in* Demopoulos, *op. cit.*, p. 164.

4. *Gg*, introduction, p. 1.

5. *KS*, p. 103.

b) susciter un plus grand intérêt pour les mathématiques de la part des logiciens qui ne peuvent plus continuer à parler de concept et d'extension sans confronter ces notions avec celle de fonction. Si l'adresse aux mathématiciens vise la logicisation de l'arithmétique, celle qui est faite aux logiciens concerne l'arithmétisation de la logique. L'absence de frontière entre les deux disciplines que sont l'arithmétique et la logique implique donc un double travail. Frege veut à la fois que les notions arithmétiques soient définies en termes logiques et que les notions logiques le soient en termes arithmétiques ou plus largement mathématiques. Ainsi le nombre, notion arithmétique, sera défini comme une extension de concept; mais le concept, notion logique, sera à son tour caractérisé mathématiquement comme une fonction dont les valeurs sont des valeurs de vérité, et les mots logiques comme "tout", "aucun", "quelque" comme des quantificateurs.

2) On ne peut reconnaître « un mode inférentiel spécifiquement arithmétique qui ne soit réductible aux modes inférentiels généraux de la logique »[1]. L'argumentation de Frege peut paraître ici spécieuse; en réalité son aspect spécieux vient du caractère simplement probable de l'hypothèse logiciste. Frege procède par voie négative, en écartant les solutions possibles, mais il ne donne pas une argumentation positive en faveur d'une telle réduction; il pense bien sûr à l'induction mathématique liée au mode inférentiel, qu'il a formalisée dans la *BS* et qui permet de transférer une propriété de n à $n+1$; mais la réduction de tout mode d'inférence arithmétique à un tel mode inductif n'est donnée que faute de mieux, c'est-à-dire en écartant les modes sensible et géométrique. Si les modes arithmétiques n'étaient pas logiques, note Frege, leur justification devrait reposer sur une base conceptuelle quelconque; or celle-ci ne peut être fournie ni par l'observation sensible à laquelle manque le large domaine d'application de l'arithmétique: de nombreuses choses peuvent être comptées sans être pour autant physiques; ni par l'intuition spatiale car cela signifierait la réduction de l'arithmétique à la géométrie. Sans renoncer au premier point, à savoir l'impossibilité de fonder l'aritmétique sur l'observation sensible, Frege abandonnera le second quelques années plus tard. Dans un article posthume intitulé « Nouvelle recherche d'une fondation de l'arithmétique », Frege note explicitement qu'il abandonne l'idée selon laquelle « l'arithmétique ne fait pas appel dans ses preuves à l'intuition »[2] où le mot "intuition" signifie « source géométrique de connaissance »[3]. Les raisons de cet abandon résident pour une bonne part dans la découverte par B. Russell du

1. *KS*, p. 104.
2. *NS*, p. 298.
3. *Ibid.*

paradoxe des ensembles, paradoxe qui rend encore plus douteuse l'existence d'objets proprement logiques comme les classes ; elles résident aussi dans la volonté de rendre compte de l'infini. Frege, dans les années 1924-1925, découvre que l'incapacité à engendrer l'infini mathématique n'est pas propre à nos perceptions sensibles ; la logique aussi, prise à part, ne peut parvenir à expliquer la production de l'infini mathématique, cette production ressortit à la géométrie : « de la source géométrique de connaissance découle l'infini au sens propre et étroit du mot »[1]. Là encore, Russell, quelques années auparavant (1919) avait noté que l'axiome de l'infini, qui établit pour la première fois l'existence de l'infini, ne pouvait pas être prouvé logiquement, et qu'il fallait, à son sujet, distinguer entre le pouvoir de l'exprimer logiquement – ce qui est toujours possible – du pouvoir de le dériver logiquement (impossible). Par ailleurs, Il n'est pas exclu comme le note M. Dummett qu'il y ait eu une influence de Wittgenstein[2] sur Frege à cette période, et en particulier une réminiscence du passage du *Tractatus* proférant qu'« il n'y a pas d'objet logique »[3], réminiscence qui aurait ainsi précipité l'abandon de ce second point du logicisme.

3) Enfin toute réduction suppose une base qui fixe les limites de l'analyse, un point à partir duquel il n'est pas possible de pousser plus loin l'analyse des notions envisagées, ici les notions arithmétiques. Ce point donne lieu à des indéfinissables qui ne peuvent être, selon Frege, que logiques car seul ce qui est purement logique, c'est-à-dire extrêmement général, ne draine pas les propriétés particulières des choses. L'applicabilité générale, bien plus que la réduction rend compte de la notion d'indéfinissable. C'est ainsi que Frege substitue à la notion d'ensemble celle de concept car « le mot d'ensemble évoque facilement la pensée d'un tas de choses dans l'espace »[4], autrement dit une particularité, ce qui n'est pas le cas du mot "concept". Ce mot, indéfinissable, ne peut être indiqué que comme ce « qui a ou porte le nombre ». Cette indication, qui n'est pas une définition, souligne simplement l'extrême généralité du mot, et en particulier sa possibilité d'être mobilisé dans la définition du nombre zéro à travers les mots conceptuels comme « cercle carré », ce que nous ne

1. *KS*, p. 293. A ce titre il n'est pas sûr que le rôle de la géométrie envisagé ici par Frege soit un simple "expédient" comme le laisse croire M. Dummett dans *Frege philosophy of mathematics*, p. 319.

2. Wittgenstein avait adressé le *Tractatus* sous forme de manuscrit à Frege avant de le publier et note dans une lettre à Russell (19-8-1919) que Frege n'y aurait rien compris, voir *The Autobiography of Bertrand Russell, 1914-1944*, Londres, Georges Allen and Unwin, 1968, p. 118.

3. M. Dummett, *Frege philosophy of language*, *op. cit.*, p. 663 et *Tractatus*, 4.441.

4. *KS*, p. 105.

pouvons pas faire avec le mot “ensemble” qui suppose déjà donnée une extension.

L’hypothèse logiciste sous ces trois versants n’a pas toujours bénéficié aux yeux de Frege du même coefficient de certitude : d’abord avancée comme instrument de travail qui a fait ses preuves dans les *Gl*, cette hypothèse a eu durant les années 1884-1903 ses heures de gloire, avant d’être pour une grande part abandonnée, notamment dans les écrits posthumes.

Les incertitudes

L’hypothèse logiciste a donné lieu à une réflexion sur la nécessité. Non seulement toute nécessité n’est pas réductible à l’analyticité – Frege a toujours reconnu la légitimité des jugements synthétiques *a priori* pour ce qui est du domaine de la géométrie – mais, une réflexion plus poussée sur l’engendrement de l’infini mathématique laisse croire qu’il y a, dans l’échec du logicisme un transfert de nécessité de l’analyticité à ce que nous pourrions appeler un intuitionnisme, certes fort distinct de celui de Brouwer, mais qui partage cependant avec lui la puissance de la générativité mathématique. Ce transfert de nécessité de l’analyticité à l’intuitionnisme a été rendu possible par la reconnaissance des difficultés liées à la considération du nombre comme objet logique. Parmi ces difficultés on peut en dénombrer trois principales :

1) L’introduction de la notion d’extension de concept n’a d’abord pas été jugée nécessaire. Dans les *GL*, Frege note que l’extension d’un concept ne lui semble pas être une notion d’une « importance décisive » [1], autrement dit qu’il est prêt à l’abandonner si son lecteur, au lieu de considérer cette notion comme connue, en demande explicitement un sens. Dans les *Gg*, elle est pourtant opératoire et permet d’identifier des parcours de valeurs de fonctions.

2) L’axiome V [2], présenté comme pouvant donner lieu à un conflit (*Streit*), tombe sous le paradoxe de Russell; il n’a d’ailleurs jamais été considéré par Frege comme aussi évident que les autres axiomes logiques : « Je ne me suis jamais caché qu’il manquait de l’évidence qui

1. *Gl*, § 107, p. 106.

2. L’axiome V comporte deux parties : la partie Va qui revient à affirmer la loi fondamentale présente dans *FuB* : $\forall[f(x)=g(x)] \rightarrow [\varepsilon f(\varepsilon)=\varepsilon g(\varepsilon)]$ et la partie Vb qui dit : $[\varepsilon f(\varepsilon)=\varepsilon g(\varepsilon)] \rightarrow \forall[f(x)=g(x)]$. C’est Vb qui engendre le paradoxe. La lettre de Russell (16 juin 1902, in *WB*, p. 211) pose ainsi le problème : « Soit w le prédicat “être un prédicat qui n’est pas prédiqué de lui-même”. w peut-il être prédiqué de lui-même ? De chacune des réponses suit une contradiction. Nous devons en conclure que w n’est pas un prédicat et que de même il n’y a pas de classe (comme tout) de ces classes qui, comme tout, ne sont pas membres d’elles-mêmes ». Formellement : si w est la classe des x telle que $x \notin x$, alors $w \in w \leftrightarrow w \notin w$.

appartient aux autres axiomes, évidence qui doit être proprement exigée d'une loi logique »[1].

3) Enfin, les sources logiques de connaissance apparaissent comme incapables d'engendrer les objets mathématiques. Le recours à l'intuition géométrique s'impose. Un tel recours revendiqué par Frege dans quelques écrits posthumes est absent de la construction de l'axiomatique de la *Begriffsschrift*, même s'il est possible, comme nous allons le voir, de repérer des traces d'intuition dans le système formel de Frege.

UN SYSTÈME AXIOMATIQUE

Axiomes et définitions

Frege aborde la question du statut des axiomes de façon précise dans les deux articles (1903 et 1906) écrits après la lecture des *Grundlagen der Geometrie* de Hilbert, et dans la correspondance qu'il eut avec ce logicien. Dans son livre, Hilbert avait présenté les axiomes comme des définitions d'éléments primitifs géométriques telles que le point, la ligne, le plan, "entre", etc. Frege considère que cette façon de faire ne permet pas de donner une description correcte du système axiomatique, car nous ne pouvons pas, à partir des axiomes ainsi caractérisés, déterminer si un objet donné est un point ou non.

Frege adhère au sens traditionnel du mot "axiome" : un axiome est une pensée vraie qui n'a pas besoin de preuve car la connaissance que nous en avons, pour ce qui est des axiomes de la géométrie, « vient d'une source très différente de la source logique, une source qui pourrait être appelée intuition spatiale »[2], l'expression d'une telle pensée est ce que Frege appelle "*Grundsatz*". Mais les axiomes ne sont pas considérés comme des indémontrables absolument; le choix d'une proposition comme axiome dépend du système axiomatique considéré. Dans un système S, la proposition A peut être un axiome et la proposition B prouvée à partir de A, alors que dans un système S', c'est la proposition B qui sera un axiome et la proposition A qui sera prouvée à partir de B.

Les axiomes sont des pensées vraies, des assertions, c'est-à-dire des formules saturées sans variables libres, les définitions sont des stipulations arbitraires de sens, des conventions; le lien entre ces deux notions, si lien il y a, ne peut être direct. La confusion entre des assertions et des stipulations indique que le contenu de pensée présent dans une proposition

1. *Gg*, Postface, p. 253.
2. *WB*, Lettre à Hilbert du 27-12-1899, p. 63.

mathématique n'est pas pris au sérieux, qu'il est même jugé « non indispensable »[1] (*entbehrlich*). Pourtant, la différence épistémique est grande entre les axiomes et les définitions : les premiers permettent d'accroître notre connaissance car ils donnent lieu à de nombreuses dérivations ; en revanche « aucune définition n'étend notre connaissance »[2]. Certes les définitions sont utilisées dans les axiomes vu que les axiomes sont des propositions mathématiques et qu'aucune proposition mathématique ne comprend de mot qui n'ait pas été au préalable défini. Mais la définition ne fait que donner la référence des mots, alors que l'axiome pose le problème de la source et de la justification de la vérité du contenu de pensée envisagé.

La confusion entre ces deux notions qu'Hilbert, selon la lecture qu'en fait Frege, entretient, est préjudiciable à la rigueur mathématique; certes, on pourrait penser comme Korselt, proche de Hilbert, que l'exigence frégéenne de définitions explicites pourrait donner lieu au « danger d'avoir à définir *ad infinitum* »[3]; c'est pourquoi il faut affirmer, en même temps que cette exigence, le besoin de reconnaître des indéfinissables. De tels indéfinissables qui sont des éléments logiques primitifs, ne peuvent être abordés que par des "élucidations"[4] (*Erläuterungen*) qui sans appartenir au système formel lui-même, auront un rôle pratique de favoriser « la communication de la science à d'autres »[5]. Les élucidations ne sont donc pas des définitions; du point de vue du système formel, elles ne sont pas indispensables, contrairement aux définitions. Si celles-ci n'avaient pour rôle que « de servir à la compréhension mutuelle et à la communication de la science, elles seraient, dans ce cas, superflues »[6]. En fait, elles sont requises et le recours à elles vient de ce que ce sont des constructions logiques à partir d'éléménts primitifs, des constructions qui fixent un sens; celui-ci une fois accepté,

> le signe expliqué devient connu et la proposition qui explique devient une assertion. La vérité évidente par soi qu'elle contient apparaît maintenant dans le système comme une prémisse d'inférence[7].

Dans la *BS*, Frege donne comme exemple de ces définitions converties en jugements la formule (69) du § 24 (voir appendice). Dans la mesure où la référence des nouveaux symboles qu'elle introduit est spécifiée et fixée, la

1. *KS*, p. 282.
2. *KS*, p. 263.
3. *KS*, p. 287.
4. *Idem*, p. 288.
5. *Idem*.
6. *KS*, p. 289.
7. *Ibidem*, p. 289-90.

formule remplit alors une double fonction (*Doppelseitigkeit*), d'être à la fois une stipulation de sens et un jugement de vérité. C'est cette transformation des définitions en jugements qui permet de comprendre leur fécondité dans une démonstration.

Vouloir échapper au danger de tout définir ne doit pas faire adopter pour autant les définitions implicites de Hilbert. « Pour lui [Hilbert], les axiomes sont des composants de ses définitions »[1]. Ainsi en va-t-il pour le concept "entre" défini par l'axiome suivant : « Si A, B, C sont les points d'une ligne droite et que B se trouve *entre* A et C, alors B se trouve *entre* C et A ». Ce qui est encore plus troublant dans cette façon de voir, c'est que l'axiome en question ne présente pas seulement une définition de "entre" mais fonctionne comme un « système d'équations avec plusieurs inconnues"[2] parmi lesquelles se trouvent les notions de "point", "de ligne droite" et de "entre". En prenant plusieurs axiomes ensemble pour chercher une solution au « système d'équations », on n'est pas pour autant assuré d'en trouver une, car la bonne méthode est plutôt d'expliquer séparément chacune des expressions comme "ligne droite", "point", etc. En procédant comme le fait Hilbert, on ne peut jamais savoir si un objet donné est ou non un point.

Les axiomes de Hilbert sont des pseudo-propositions (*Uneingentlichen Sätze*) ; ils s'apparentent à des propositions-antécédents ou des propositions-conséquents qui sont des propositions en un sens grammatical mais non en un sens logique. Le propre de telles propositions grammaticales est de n'exprimer qu'une partie du sens de la proposition logique ; on y trouve des signes qui ne désignent rien mais indiquent seulement ; ce qui tient le rôle de signes dans de telles propositions ce sont les termes de "point" ; "ligne", "entre" qui loin d'être définis, vu qu'ils ne désignent rien, indiquent une généralité à la manière des lettres en algèbre et dans des pseudo-propositions telles que « a > 1 ».

> Les mots de "point", de "plan", etc., sont utilisés comme des lettres. Ce qui semble être une explication de tels mots, est une pseudo-proposition antécédent (*uneingentlicher Bedingungsatz*)[3].

Il en va de même pour les axiomes hilbertiens qui

> sont les parties d'un théorème général qui a un sens, bien que les parties elles-mêmes n'en ont pas. Et ce n'est que comme partie d'un tout ayant

1. *Idem*, p. 264.
2. *KS*, p. 268.
3. *KS*, p. 302.

> un sens que ces axiomes sont justifiés, ils apparaissent comme des propositions-antécédents ou, pourrait-on dire, comme des présuppositions [1].

Il en résulte que les définitions qui sont formées de plusieurs axiomes sont elles aussi des pseudo-propositions et n'ont pas de différence marquée avec les axiomes :

> on peut donc dire dans ce cas que les soi-disant définitions sont réellement superflues (*überflüssig*) [2].

Là est le réel malentendu avec Hilbert qui ne cherche plus à donner des définitions au sens euclidien du terme :

> Vous continuez ainsi : il n'en va pas de même des explications du § 1 où les références des mots "point", "droite", etc., ne sont pas données mais supposées connues. Là se trouve le point essentiel du malentendu. Je ne veux rien supposer connu; je vois dans mon explication du § 1 les définitions des concepts de point, de droite et de plan, si on ajoute tous les axiomes des groupes I-V comme caractéristiques. Si l'on cherche une autre définition du point, par exemple au moyen de périphrases comme quelque chose de dépourvu d'étendue, etc., alors je dois m'opposer de la façon la plus décisive à de tels procédés; on cherche là quelque chose qu'on ne peut jamais trouver parce qu'il n'y a rien, tout se perd, devient vague et dégénère dans un jeu de cache-cache [3].

Le malentendu entre Frege et Hilbert réside dans la divergence de leurs exigences : l'un (Frege) veut que les termes présents dans un axiome soient individualisés quant à leur contenu, l'autre (Hilbert) que ces termes ne le soient que par rapport à leur forme. Pour Frege, le point doit avoir une désignation précise, pour Hilbert la mention de cette notion doit simplement me permettre de reconnaître s'il s'agit d'une variable libre ou liée. Pour l'un, un axiome est un énoncé, pour l'autre c'est un schéma d'énoncé. On perçoit là les limites du formalisme de Frege dont il était lui-même conscient. Dans la réponse aux objections de Korselt, après avoir indiqué que selon la nature formelle des lois de la logique « un objet est aussi bon qu'un autre et un concept de premier niveau aussi bon qu'un autre et peut lui-être substitué », il ajoute :

> Mais c'est aller trop vite; la logique n'est pas indéfiniment formelle comme il est ici supposé. Si cela avait été le cas, elle serait sans contenu. De même que le concept de point appartient à la géométrie, de même la logique a ses propres concepts et relations, et c'est seulement ainsi

1. *KS*, p. 300.
2. *KS*, p. 301.
3. *WB*, Lettre du 29-12-1899, p. 66.

> qu'elle peut avoir un contenu. Par rapport à ce qui lui est propre, elle ne se comporte pas formellement[1].

Ainsi les concepts géométriques comme celui de point ne saurait apparaître comme un élément variable susceptible de recevoir de multiples interprétations.

Étant des pseudo-propositions où figurent des termes indiquant de manière indéterminée, les axiomes ont une généralité qui "s'interprète". Frege refuse le vocabulaire de l'interprétation (*Deutung*) qu'il rencontre chez un lecteur formaliste de Hilbert : Korselt. Pour Frege, le passage de « si $a>1$ alors $a^2>1$ » à « si $2>1$ alors $2^2>1$ » ne se fait pas par interprétation mais par inférence. Les axiomes doivent selon lui décrire une seule réalité et non être des systèmes permettant plusieurs réalisations et les signes qu'ils contiennent ne peuvent désigner qu'une seule réalité et non pas avoir une plurivocité (*Vieldeutigkeit*). L'idée d'interprétation laisse croire que le contenu de pensée est modulable à souhait et qu'il renferme des signes ambigus ou plurivoques alors que la notion d'inférence sauve l'autonomie de chaque contenu de pensée envisagé :

> chacune des prémisses est une pensée déterminée reconnue comme vraie, et la conclusion (*Schlussurteil*) est aussi une pensée déterminée reconnue vraie. Il n'y a pas de place ici pour différentes interprétations (*Deutungen*)[2].

Comme les axiomes de Hilbert sont des pseudo-propositions, ils n'ont jamais la valeur de prémisses dans un raisonnement ; de même ils ne peuvent être indépendants les uns des autres. L'illusion de rencontrer une telle indépendance ne peut venir que de l'hésitation dans l'usage qu'Hilbert fait des axiomes : tantôt ce sont des pseudo-propositions, tantôt les termes qu'ils contiennent ont un sens euclidien, déterminé, autrement dit tantôt on considère que les notions qu'ils véhiculent sont des variables, tantôt des noms propres.

Selon Frege, les mathématiciens se trompent quand ils lisent les axiomes de Hilbert selon une grille euclidienne. Ces axiomes contiennent des mots conceptuels tels que "point", "ligne droite", qui réfèrent à des concepts de second niveau subsumant des concepts tels que « point euclidien », ces concepts de second ordre définissent des propriétés formelles sans référence à des relations particulières. A aucun moment Hilbert ne pose que ces concepts sont satisfaits ; bien plus, il prétend que la non-contradiction entre les axiomes où apparaissent de tels termes suffit à

1. *KS*, p. 322.
2. *Idem*, p. 304.

garantir la vérité de ces axiomes alors que l'exigence de Frege est inverse : ce sont les concepts satisfaits, références de mots conceptuels déterminés apparaissant dans les axiomes, qui permettent de dire que les axiomes sont vrais et par voie de conséquence non contradictoires. Les axiomes hilbertiens, en tant que pseudo-propositions présupposent l'existence et ne la prouvent pas. Frege prend l'exemple des propriétés traditionnellement reliées à Dieu pour montrer, dans une veine kantienne, que de telles propriétés ne posent ni ne prouvent l'existence de Dieu.

> Supposons que nous ayons les propositions suivantes : (1) A est un être (*Wesen*) intelligent ; (2) A est omniprésent ; (3) A est omnipotent ; ensemble avec toutes leurs conséquences qui ne se contredisent pas ; pouvons-nous inférer de cela qu'il y a un être omnipotent, omniprésent, intelligent ? Ceci n'est pas évident pour moi [1].

Frege refuse l'inférence de la non-contradiction à la vérité et accepte l'inférence de la vérité à la non-contradiction. Pour reconnaître la non contradiction d'une théorie, il ne voit pas d'autre méthode que celle qui consiste à exhiber un modèle de cette théorie, ou pour parler comme lui, pas d'autre méthode que celle qui pointe que tel objet a bien telle propriété : le seul moyen de montrer qu'un concept est non contradictoire est de prouver qu'un objet tombe sous lui.

Ce qui change donc réellement avec Hilbert c'est la présence d'axiomes non précédés de définitions, ce qui va contre la tradition euclidienne ; aussi les noms primitifs qui y apparaissent n'ont pas de référence déterminée car ils n'ont pas été au préalable définis. Cette référence venant de l'intuition, les axiomes hilbertiens rompent ainsi définitivement avec les contenus intuitifs et présentent une axiomatique formelle. Les axiomes ne sont plus que des vérités conditionnelles où le contenu des notions primitives au lieu d'être déterminé reste implicite :

> Dans l'axiomatique à contenu, les relations primitives peuvent être regardées comme quelque chose dont on peut exhiber la présence au sein de l'expérience ou dans les représentations intuitives. Elles sont par conséquent quelque chose dont le contenu est déterminé. Dans l'axiomatique formelle au contraire les relations primitives ne sont pas admises d'avance comme déterminées dans leur contenu. Elles reçoivent simplement de façon implicite leur détermination par les axiomes [2].

1. *WB*, Lettre à Hilbert du 6-1-1900, p. 75.

2. D. Hilbert, P. Bernays, *Grundlagen der Mathematik*, 1, Berlin, Spingler, 1968 [2]-1970 [2], § 1, p. 7.

L'élimination de l'intuition : un échec

Pour ce qui est des axiomes de l'arithmétique, Frege, jusqu'à l'abandon tardif du logicisme (cf. *supra*), a toujours considéré que ces axiomes n'avaient qu'une source logique. Seulement, dans la mesure où les axiomes ne demandent pas de preuve, on aura à les considérer comme des indémontrables qui supposent une justification logique à défaut d'une démonstration; la distinction éclairante de Bolzano entre démonstration et « déduction » donne une idée de ce que peut être une justification logique qui n'est pas une démonstration. Sans recours à l'intuition, je peux, selon Bolzano, exposer le statut principiel d'un axiome dans une connexion objective de propositions : c'est cela la "déduction", c'est donc une opération qui expose l'indémontrabilité des axiomes. En ce sens elle a une valeur non de démonstration mais de justification et de légitimation des propositions qui sont considérées comme principes pour obtenir d'autres propositions :

> ceci exigera dans la plupart des cas une considération particulière que je désigne pour la distinguer d'une véritable preuve (*eigentlicher Beweis*) du nom précis de déduction (*Herleitung*). Les axiomes ne peuvent pas être démontrés (*bewiesen*), mais ils peuvent être déduits (*deduciret*) et cette déduction (*Deduktion*) est une partie essentielle de l'exposition scientifique[1].

La rigueur doit être extrême non seulement dans les axiomes mais aussi dans les règles logiques car, n'étant ni intuitives, ni expérimentales, elles n'offrent pas de protection contre le tacite[2]. Frege insiste sur trois demandes logiques[3] que doit satisfaire un système axiomatique, trois demandes censées éliminer l'intuition :

1) Indiquer pour chaque théorème démontré, les théorèmes qui ont servi à l'établir, sur le modèle de ce que la *BS* a réalisé : inscrire à la gauche de chaque formule les numéros des formules précédentes qui ont permis de l'obtenir, puis doter cette même formule d'un numéro inscrit à sa droite, numéro qui sera rappelé dans le cas où cette formule est mobilisée pour la démonstration d'autres théorèmes. Ainsi pour démontrer le théorème selon lequel le multiple du multiple d'un nombre est multiple de ce nombre, il faut avoir recours au théorème de l'addition selon lequel n+0=n et à la formule (78) de la *BS* selon laquelle « si la propriété F est héréditaire dans la

1. B. Bolzano, in *Beiträge zu einer begründeteren Darstellung der Mathematik*, II, § 21, 1810, rééd. en 1974 par H. Wussing, p. 93.

2. *Ibid.*

3. *NS*, p. 36.

f-séquence ; et si chaque résultat de l'application de la procédure f à x a la propriété F ; et si enfin y suit x dans la f-séquence ; alors y a la propriété F ».

2) Refuser l'intuition comme moyen de preuve, objectif clairement affirmé dans le début de la troisième partie de la *BS*. Il s'agit de montrer comment

> une pensée pure, par elle seule et abstraction faite de tout contenu donné par les sens ou même par une intuition *a priori*, peut produire à partir du contenu qui vient de sa propre constitution, des jugements qui à première vue ne semblent possibles que sur la base d'une intuition[1].

Cet objectif est-il atteint ? Certains comme G. Boolos ont pu montrer que le fait d'affirmer l'existence d'une propriété instanciée par les objets qui suivent x dans une f-séquence ne peut se faire que sur la base d'une intuition ; la règle de substitution sous-jacente à une telle propriété et qu'on peut réécrire[2] sous la forme du schéma de compréhension ne peut donc être une simple règle logique :

> Supposons que *A(x)* est la formule : *x* suit *m* dans la *f*-séquence. Frege devrait lire l'instance correspondant au schéma de compréhension comme "il y a une propriété dont les instanciations sont exactement les objets qui suivent *m* dans la *f*-séquence". Cet axiome de compréhension[3] est démontrable dans la *Begriffsschrift*. Ma question est : Pourquoi devons-nous croire qu'il y a une telle propriété ? Je ne veux pas nier le fait qu'il y ait une telle propriété. J'aurais bien voulu dire que c'est *manifeste* ou *évident* qu'il y en a une. Et je voudrais dire à toute personne qui professerait l'incertitude quant à l'existence de la propriété, "Mais ne *voyez*-vous pas qu'il doit y en avoir une ?" En bref, c'est bien une intuition de la forme précisément de celle que Frege pensait avoir montré qu'elle était non nécessaire qui permet la règle de substitution[4].

3) Veiller à ne pas laisser de lacune dans la chaîne d'inférences :

> celle-ci serait endommagée, entre autres, par le seul fait qu'on se bornerait à ne démontrer en réalité qu'un exemple pour une proposition, mais que la généralisation serait laissée au lecteur[5].

1. *BS*, § 23, p. 55.
2. Voir en appendice l'équivalence entre règle de substitution et schéma de compréhension.
3. Axiome dont la forme serait : $\exists X \forall x (Xx \leftrightarrow Fx)$
4. G. Boolos, « Reading the Begriffsschrift », *in* W. Demopoulos, *Frege's philosophy of Mathematics*, Harvard university ress, 1995, p. 171-172.
5. *Écrits posthumes*, tr. fr., *op. cit.*, p. 42.

C'est l'une des raisons pour lesquelles s'impose un langage formulaire où les modes d'inférence sont fixes et en petit nombre et non indéfinis et prolixes. Dans son article intitulé « Sur la justification scientifique d'une idéographie », Frege note que :

> les formes où s'exprime l'inférence (*das Folgern*) sont si diverses, si lâches, si mal définies que des présuppositions auxquelles on n'a pas prêté attention peuvent s'introduire secrètement, on omet alors de les compter quand on récapitule les conditions nécessaires (*notwendigen Bedingungen*) à la validité de la conclusion [1].

On peut à la façon d'Euclide considérer que ces « conditions nécessaires », étant des vérités, peuvent être omises, auquel cas nous avons des inférences enthymématiques. Frege rejette une telle façon de voir car l'usage des enthymèmes révèle bien plus l'influence des séquences lacunaires du raisonnement en langage naturel qu'une volonté d'abréger les inférences en omettant les vérités déjà acquises. En ce sens, il ne suit pas Leibniz pour qui l'infaillibilité des raisonnements euclidiens n'était pas mise en défaut par l'usage des enthymèmes :

> Et peu s'en faut que les démonstrations d'Euclide ne soient des arguments en forme le plus souvent; car il fait des enthymèmes en apparence, la proposition supprimée et qui semble manquer est supplée par la citation à la marge, où on donne le moyen de la trouver déjà démontrée; ce qui donne un grand abrégé sans déroger à la force [2].

Frege ne suit pas ici Leibniz; La proposition 19 du livre 1 des *Eléments* selon laquelle « dans tout triangle le plus grand côté est opposé au plus grand angle » présuppose trois propositions [3] qu'Euclide omet de donner. Frege entend substituer à de telles présuppositions des conditions nécessaires. L'inconvénient des présuppositions est qu'elles menacent la complétude du système axiomatique en même temps qu'elles rompent la chaîne des inférences.

1. *ELP*, p. 65.
2. Leibniz, *Nouveaux Essais*, livre IV, chap. XVII, *op. cit.*, p. 425.
3. Ces trois propositions sont données par Frege dans *Sur la justification scientifique de l'idéographie*, tr. fr., p. 65 : 1) Quand un segment n'est pas plus grand qu'un autre, il lui est égal ou inférieur, 2) Quand un angle est égal à un autre angle, il ne lui est pas supérieur, 3) Quand un angle est plus petit qu'un autre angle, il ne lui est pas supérieur.

Réduire le nombre d'axiomes

Les neuf axiomes de la *BS*[1] sont tous nécessaires pour la conduite des preuves. Certains d'entre eux paraissent aller de soi; mais leur formulation est loin d'être superflue : leur fécondité dans les déductions impose de les exprimer; exemple : les identiques peuvent être substitués par les identiques ou bien encore : dans une équation on peut interchanger côté gauche et côté droit. Comment parvient-on cependant à reconnaître qu'un système d'axiomes est complet ?

> Afin de tester si une liste d'axiomes est complète (*vollständig*), nous devons essayer de dériver de ces axiomes toutes les preuves de la branche scientifique à laquelle ils se rapportent[2].

Ainsi pour l'arithmétique, toute preuve devrait trouver son expression et sa dérivation à partir du petit nombre d'axiomes de la *Begriffsschrift*. La complétude de la liste d'axiomes répond à quelques objectifs que Frege rappelle : « une rigueur sans faille dans la conduite des preuves, une précision logique maximale, en même temps qu'une clarté et une concision »[3].

Néanmoins Schröder pense que le langage formulaire de la *BS* est inférieur au langage booléen; l'idéographie serait moins intelligible, moins concise et algorithmiquement embarrassante. Frege répond aux critiques émanant de Schröder sur la prolixité et la superfluité de maintes formules de l'idéographie :

1) Les formules de l'idéographie ont une grande puissance de dérivation : « Avec 14 propositions primitives[4], je commande un domaine plus large que celui que commande Schröder avec 15 »[5]. En réalité, ajoute Frege, les deux axiomes relatifs a l'identité « ne sont pas totalement indispensables » (*ganz entbehrt*) et les trois lois fondamentales de la négation peuvent être réduites à deux; en effet la formule 28 de la *BS* qui établit la contraposée n'est pas indispensable, une fois qu'on a pris soin de donner la

1. *Ces neuf axiomes de la BS* sont :
1) $a \rightarrow (b \rightarrow a)$; 2) $[c \rightarrow (b \rightarrow a)] \rightarrow [(c \rightarrow b) \rightarrow (c \rightarrow a)]$;
3) $[d \rightarrow (b \rightarrow a)] \rightarrow [(b \rightarrow (d \rightarrow a)]$;
4) $(b \rightarrow a) \rightarrow (\neg a \rightarrow \neg b)$; 5) $\neg\neg a \rightarrow a$; 6) $a \rightarrow \neg\neg a$; 7) $(c=d) \rightarrow [(f(c) \rightarrow f(d)]$; 8) $c=c$;
9) $\forall x f(x) \rightarrow f(c)$.

2. *KS*, p. 221.

3. *Idem*, p. 223.

4. Neuf axiomes de la *BS* (voir note *supra*) et 5 règles énoncées dans *Écrits posthumes*, tr. fr., p. 50; 1) ce qui suit le trait de contenu doit être considéré comme un contenu jugeable; 2) la règle d'inférence; 3) différentes lettres gothiques sont à choisir quand l'une figure dans la portée de l'autre afin d'éviter la capture de variable; 4) une règle pour remplacer les lettres romanes par les lettres gothiques; 5) règle d'exportation d'un quantificateur.

5. *NS*, p. 44.

loi de la double négation à travers les formules 31 et 41 [1], si bien qu'« après simplification », Frege n'a « besoin que de 11 propositions primitives » [2].

2) Certaines formules dont l'expression est exigée par l'enchaînement déductif peuvent présenter des « conditions en surnombre », superflues par rapport au contenu de la formule mais non par rapport à la déduction d'ensemble. Aussi, mieux vaut ajouter des conditions en surnombre, que déduire sans avoir toutes les conditions nécessaires.

> Les propositions qui étaient d'indispensables liens dans la chaîne d'inférence, devaient être prises en considération même si elles contenaient des conditions en surnombre (*überzahlige Bedingungen*). Quelque chose de semblable se produit aussi dans le calcul booléen. Si on y multiplie toute une égalité par une lettre, on y introduit également quelque chose de superflu (*überflüssig*) quant à sa validité, et on restreint ainsi son contenu, comme quand on ajoute une condition non indispensable (*entbehrliche*) à un jugement. Mais parfois, une telle évacuation de contenu, loin d'entraîner une perte, est plutôt un point de transition nécessaire (*notwendiger Durchgangspunkt*) dans le développement [3].

3) Enfin la critique est totalement retournée : c'est bien Boole, Schröder et toux ceux travaillant dans leur sillage qui multiplient sans raison les signes et les lois primitives car ils ne partent pas des besoins de la logique pour inventer des signes, mais adaptent à la logique des signes déjà constitués dans d'autres disciplines, notamment l'algèbre :

> si on a une vue d'ensemble du langage formulaire de Boole, on reconnaît qu'il consiste à habiller la logique abstraite du vêtement des signes algébriques [4].

Cet emprunt se révèle illimité aussi bien qu'inadapté, en particulier la loi d'idempotence ($a.a = a$) valable dans l'algèbre de Boole, est inexacte arithmétiquement, aussi le symbolisme ne saurait être le même dans les deux cas. Boole ne respecte pas l'univocité des signes. L'idéographie, en revanche doit veiller à l'expression des liaisons logiques avec un petit nombre d'axiomes et le minimum d'indéfinissables, axiomes et indéfinissables qu'il faut « limiter au nécessaire »(*notwendige beschränkt*) [5] et qu'un seul langage formulaire devrait traduire. Frege ne pouvait ainsi accepter le

1. Voir appendice.
2. *NS*, p. 44.
3. *NS*, p. 43, tr. fr., p. 49.
4. *Über den Zweck der Begriffsschrift*, p. 100, tr. fr., p. 73.
5. *Über die Wissenschaftlische Berechtigung...*, p. 113, tr. fr., p. 68.

parallèle que Schröder[1] fait entre le calcul booléen et l'idéographie; on ne peut par exemple considérer comme équivalent l'assertion de *a* avec la notation booléenne $a = 1$. Dans un cas, il s'agit d'un jugement émis avec une force assertorique dont le signe est la barre verticale du jugement. Dans l'autre cas, en revanche, la confusion entre l'expression d'une relation arithmétique, celle de l'égalité, avec l'expression d'une formule logique, celle de l'assertion, ne permet ni de rendre compte de l'égalité, ni de l'assertion; car l'égalité apparaît comme un mixte d'arithmétique et de logique, et l'assertion, tout comme dans la langue naturelle, ne se détache pas par un signe particulier, si bien que la distinction entre un contenu jugeable et un contenu jugé n'apparaît pas.

LE NOYAU LOGIQUE ET L'ÉCORCE PSYCHOLOGIQUE

Ecrire un langage formulaire de la pensée pure ne suffit pas, il faut faire l'effort pédagogique pour en montrer le besoin. Les deux articles[2] sur Boole et les deux articles « Logik », et, « Sur la justification scientifique d'une idéographie », visent non seulement à distinguer le projet de Frege du projet des algébristes mais aussi à réfuter les logiciens psychologistes. Si les premiers sont comme on l'a vu, essentiellement Schröder et Boole, quels furent les seconds ? On peut dire que c'est toute la tradition qui va de Port-Royal aux néo-kantiens allemands[3] en passant par l'école empiriste de J. Stuart Mill. Dans cette tradition, la logique reste prise dans les rets de la pensée effective, celle des processus mentaux, une pensée prisonnière d'une problématique de l'idée ou de la représentation, sans s'élever aux exigences de la pensée logique qui « développe le contenu du terme vrai »[4]. La logique de l'inférence valide s'oppose point par point à celle de l'inférence effective, la première est une logique de la pensée telle qu'elle devrait être, la seconde de la pensée telle qu'elle est. Ce devoir-être logique ou cette nécessité logique, Frege l'aborde à partir de « la justification logique » (*logische Rechtfertigung*) ou « justesse logique » (*logische Berechtigung*). Dans les *Gl*, Frege s'élève contre le manque de rigueur des mathématiciens qui pensent « d'ordinaire qu'une définition est suffisam-

1. Schröder, compte rendu de la *BS* de Frege, paru dan le *Zeitschrift für Mathematik und Physik*, 25, 1880, p. 81-94.

2. « Booles rechnende logik und die Begriffschrift », « Booles logische Formelsprache und meine Begriffschrift » in *NS*.

3. Frege cite dans la préface des *Gg* M.B. Erdmann parmi les logiciens psychologistes (*die psychologischen Logiker*), tr. fr., p. 328.

4. « Logik », in *NS*, p. 3, tr. fr., p. 11.

ment assurée » et s'interrogent « peu sur sa justification logique »[1]. Frege a rompu avec ce laisser aller en proposant une définition logique de l'induction mathématique dans la troisième partie de la *BS*. La justification logique intervient donc dans un contexte clairement logiciste où Frege insiste sur le fait que « plus les mathématiques doivent refuser les secours de la psychologie, moins elles peuvent nier leur rapport étroit à la logique »[2]. Dans l'article posthume *Logik*, c'est sur la séparation des points de vue logique et psychologique que Frege met l'accent; il parle alors de « justesse logique » :

> Dans la pensée naturelle, nous avons du psychologique et du logique qui se développent en étant étroitement liés l'un à l'autre. La tâche consiste précisément à isoler le purement logique. Il ne s'agit pas là de bannir complètement le psychologique du penser effectif, ce qui serait impossible, mais simplement d'être conscient de la justesse logique de ce que nous pensons[3].

Cette justesse logique est précisément le noyau essentiel qui, une fois extrait, nous dispense de garder le reste :

> de la tâche de la logique, il peut s'ensuivre que tout ce qui n'est pas requis (*nötig*) pour établir les lois de l'inférence valide est à écarter. En particulier sont à rejeter toutes les distinctions qui, en logique, ne sont faites que d'un point de vue psychologique, et qui sont indifférentes à l'égard de l'inférence[4].

Les distinctions psychologiques sédimentées dans les spécificités grammaticales des langues naturelles sont sans effet sur l'inférence. Mais pour savoir les repérer, l'apprentissage des langues étrangères est utile ; car plus nous connaissons de langues plus nous relativisons la diversité et la spécificité des grammaires.

> De là on reconnaît la valeur de l'apprentissage des langues étrangères pour l'éducation logique; car le vêtement de la pensée en se manifestant de différentes façons, se sépare dans la conscience du noyau avec lequel cependant, dans chaque langue particulière, il semble inséparablement lié[5].

1. *Gl*, introduction, p. 121, tr. fr.
2. *Ibid.*
3. *NS*, p. 6, tr. fr., p. 14.
4. *Ibidem*, p. 5.
5. *Ibid.*

Cependant cet apprentissage ne suffit pas car si « la diversité des langues diminue la difficulté concernant la saisie de ce qui est logique » [1] elle ne l'abolit pas tout à fait car « nos logiques traînent encore toujours avec elles maintes choses qui sont communes du moins à des grammaires de langues qui nous sont plus proches, sans pour autant être en fait logiques » [2]. Seul un langage formulaire évite cette mixture du logique et du psychologique et donne sans mélange les lois de la pensée. En son absence, les logiques proposées sont des logiques de la pensée effective, non de la pensée objective.

La forme et la règle

De telles logiques relèvent de deux sous-groupes de la tradition qui va de Port-Royal à Mill : il y a d'une part « la logique formelle » d'inspiration kantienne, d'autre part la logique des « processus de pensée » inspirée de l'empirisme de Mill. Le mérite de Kant d'un point de vue frégéen est d'avoir mis l'accent sur le fait que la logique s'occupait :

> des lois nécessaires de la pensée, non de lois contingentes, non de la façon dont nous pensons, mais de la façon dont nous devons penser [3].

Mais si Kant a pu éviter un aspect psychologiste par la mention du nécessaire, il n'a pu l'éviter par ailleurs en définissant la logique comme la science de « la simple forme de la pensée en général » [4]. En effet la notion de forme est ambiguë : la forme s'oppose à la matière or la matière renvoie à la fois à un "objet" et à un "contenu". En ne retenant que « la simple forme de la pensée en général », Kant exclut de la logique un contenu parce qu'il a voulu en exclure un objet spécifique.

Kant a pu montrer que la définition de la vérité comme correspondance esprit /chose était paradoxale, car elle se veut un critère universel alors que tout accord de la connaissance avec son objet ne peut concerner que tel objet spécifique et non tel autre; il en avait déduit que l'accord de la connaissance avec elle-même ne pouvait être qu'une injonction formelle qui relève d'un principe de contradiction. Reste à se demander si le principe de contradiction peut n'être que formel, si, comme le dit Cavaillès, il n'introduit pas avec lui une forme de différenciation qui fait que les *Analytiques* d'Aristote se réfèrent à une ontologie.

1. *Ibid.*
2. *Ibid.*
3. Kant, *Logique*, introduction, tr. fr. par L. Guillermit, Paris, Vrin, 1997, p. 12.
4. *Ibid.*, p. 11.

En effet, si « la logique générale fait abstraction de tout contenu de la connaissance, c'est-à-dire de toute relation de celle-ci à l'objet »[1], nous sommes en droit de nous demander si cette abstraction est possible, si, comme le souligne J. Cavaillès :

> l'abstraction qui donne le logique étant "radicale", cette abstraction ne tombe pas finalement dans le "vide"; "ni du côté matière, puisqu'elle porte sur l'indéfini "tout objet", ni du côté forme, elle ne s'accroche à une qualification positive[2].

La question de Cavaillès à Kant met le doigt sur le problème suivant : « que tirer de l'exigence d'accord de la pensée avec elle-même sinon l'éternelle répétition » ? Il poursuit « pour que l'accord revêtit un sens plein, il faudrait qu'il y eut au moins une différenciation à l'intérieur de la pensée, que l'occasion du désaccord possédât déjà un contenu »[3].

Si l'abstraction radicale aboutissant à l'élimination du contenu débouche sur une forme vide, c'est peut-être toute l'entreprise fondée sur la dualité forme-matière qui est vouée à l'échec. On cherche à éliminer le contenu et on débouche sur une forme qui ne différencie plus rien. Les difficultés viennent de ce que Kant n'a pas suffisamment mis l'accent sur la notion de règle ou du moins de l'avoir fait en hésitant sans cesse entre règle et forme.

D'une part, comme nous l'avons dit, le mérite de Kant est d'avoir mis l'accent sur le fait que la logique s'occupait « des lois nécessaires de la pensée, non de lois contingentes, non de la façon dont nous pensons, mais de la façon dont nous devons penser »[4], mais la réalisation ne suit pas l'intention explicite; il y a même une forte dette de Kant à l'égard de la logique de Port-Royal, autrement dit à l'égard de la logique ordonnée et subordonnée à l'exercice effectif des facultés humaines.

Ainsi la réduction de la logique à une science formelle est, contrairement aux apparences, un crédit fait au psychologisme : Kant garde une conception abstractive de la forme, autrement dit c'est par abstraction-soustraction des différences des pensées que l'on arrive à l'idée d'une science de la pensée en général.

De plus, par cette notion de forme en général, Kant a orienté la logique (transcendantale) du côté de la recherche d'une unification d'un divers, fermant la voie à la libération d'un régime propre à la science, un régime qui ne soit pas tributaire d'une pensée de la représentation :

1. Kant, *Critique de la raison pure*, traduction A. Renaut, Paris, Aubier, 1987, p. 146.
2. J. Cavaillès, *Sur la logique et la théorie de la science*, Paris, Vrin, 1987, p. 6.
3. *Ibid.*
4. Kant, *Logique*, Introduction, tr. fr., *op. cit.*, p. 12.

> L'indifférence à l'objet [...] est ici représentée par la subordination d'une matière à une forme, qui même dans le cas de la mathématisation tend à l'absorber. Il n'y a pas de science en tant que réalité autonome et caractérisable comme telle, mais unification rationnelle, suivant un type fixe d'un divers déjà organisé par l'entendement, ou parcours d'un ensembles d'évidences sans plan ni découverte[1].

Kant a donc bien vu "la nécessité" de la logique, mais il a manqué de cohérence concernant "la forme" puisqu'il en a exclu le contenu. J. Cavaillès note donc un conflit dans le kantisme entre la nécessité des règles et l'abstraction de la forme concernant la définition de la logique. Comment la logique peut-elle s'occuper à la fois de la « forme de la pensée en général » et être « la science des lois nécessaires de l'entendement »[2], alors que chez Kant le « formel coïncide avec l'acte de penser en général »[3] et que la nécessité des règles (la règle de détachement dite du *modus ponens*, la règle de substitution des identiques *salva veritate*) ne fait aucunement mention d'un acte de penser quelconque ? Cavaillès réconcilie Kant avec lui-même en indiquant que :

> la nécessité des règles – c'est-à-dire leur caractère normatif inconditionné – reste donc subordonnée à l'absolu d'une conscience dont la présence et la structure essentielle – ce qu'est la conscience en soi – sont un irréductible qu'aucun contenu ne définit[4].

La science perd son autonomie par ce rattachement à l'absolu de la conscience, elle perd en même temps la caractéristique avec laquelle elle s'identifie : la démonstration qui n'est pas le règne de la forme comme on pourrait le penser, mais celui du formalisme, est enchaînement symbolique selon des règles; dans un article posthume, intitulé « Mathématiques et formalisme », Cavaillès défend l'idée d'une intégration de la logique au formalisme (syntaxique, sémantique et axiomatique)[5] :

> Règles d'emploi des symboles, axiomes, règles de transformation des formules ne sont évidemment pas arbitraires, mais choisis de façon à permettre de traduire les raisonnements intuitifs les plus habituels : ce sera la logique générale[6].

1. Cavaillès, *op. cit.*, p. 14.
2. E. Kant, *Logique,* introduction, *op. cit.*, p. 11.
3. J. Cavaillès, *Sur la logique et la théorie de la science*, *op. cit.*, p. 5.
4. *Idem*, p. 2.
5. Voir l'article de H. Sinaceur sur les « Différents aspects du formalisme », *in* F. Nef et D. Vernant ,éd., *Le Formalisme en question*, Paris, Vrin, 1998, p. 129-146.
6. Cavaillès, *Mathématiques et formalisme,* Paris, Hermann, 1994, p. 660.

Frege ne cesse de soutenir l'idée que la logique a un contenu. Le langage formulaire doit satisfaire aux exigences suivantes : exprimer les liaisons logiques et « ces formes doivent pouvoir être associées à un contenu de la manière la plus intime »[1]. L'analyse que Frege fait des trois fonctions du contenu jugeable : négation, conditionnalité et généralité ne laisse pas de doute sur cette articulation de la forme et du contenu. L'expression par exemple d'un jugement particulier montre dans sa forme même la particularité du propos engagé. Cet exemple est d'ailleurs pris souvent par Frege pour montrer combien sa logique n'est pas une logique algébriste des formes abstraites, mais qu'elle est organiquement liée au contenu qu'elle porte à l'expression.

Cette exigence du contenu est également invoquée contre les mathématiciens formalistes qui font de l'arithmétique un simple jeu de signes et non un jeu de signes réglé par le sens :

> C'est une surprise. Si quelqu'un demandait quelles sont les règles du jeu d'échecs, que dirait-il si pour toute réponse, on lui montrait un groupe de pièces sur l'échiquier. Probablement qu'il ne peut pas y trouver de règle parce qu'il n'attache aucun sens à ces figures et à leurs configurations[2].

Reste à élucider l'exigence du contenu avec le respect des règles. Nous pouvons partir des critiques de Wittgenstein pour débrouiller cette question du rapport du contenu aux règles, nous verrons alors que cette élucidation passe par l'analyse de la notion d'application.

Pour le Wittgenstein des année trente, « la signification d'un mot est constituée par ses règles d'emploi »[3]. Il se démarque par là aussi bien de Frege que des formalistes et pour ce faire, expose la thèse frégéenne ainsi :

> Pour [Frege] l'arithmétique est faite de propositions qui expriment des pensées (*Gedanken*), et non pas de simples figures sur le papier, manipulées selon certaines règles. Dans ce derniers cas, nous n'aurions à faire qu'à un jeu, que Frege désigne sous le nom d'arithmétique formelle, par opposition à l'arithmétique matérielle (*inhatliche*), pourvue de sens (*sinnerfüllten*). Est-il possible, par principe de rendre compte de l'arithmétique, en se contentant de donner de telles règles relatives aux signes (*Zeichenregeln*) ? Ne faut-il pas alors en permanence en revenir au sens ? C'est ce que Frege cherche à prouver[4].

Wittgenstein retient essentiellement deux arguments dans la thèse de Frege en faveur d'une arithmétique contentuelle ou “matérielle”.

1. La science justifie…, tr. fr., p. 68.
2. Frege, *Gg*, II, § 106, p. 113.
3. L. Wittgenstein, *Dictées à Waissman et pour Schlick*, tr. fr., Paris, PUF, 1997, p. 71.
4. *Idem*, p. 72.

Le premier consiste à tirer les conséquences radicales de l'arithmétique formelle : si toute l'arithmétique ne consiste qu'en une manipulation de signes sans que ces signes soient pourvus de sens, l'arithmétique devient une activité répondant à des « instructions mécaniques » [1], qui en tant que telles ne permettent pas de savoir ce qu'est l'égalité ou une opération comme l'addition par exemple. L'arithmétique formelle nous pousse elle-même à la "dépasser" [2] afin que les figures tracées au tableau soient investies d'un sens qui nous fait dire que c'est de l'arithmétique que nous faisons et non une autre activité ludique. Mais là où Frege parle de sens, Wittgenstein parle d'interprétation (*Deutung*) [3]. Tout en reconnaissant que Frege avait « raison de voir dans l'arithmétique plus qu'un tel jeu formel » [4], il ne le suit pas quand Frege en conclut que le sens d'une formule ne se résorbe pas dans les règles d'usage de cette formule. Pour Wittgenstein c'est en somme « l'application qui différencie l'arithmétique d'un jeu » [5], et l'application signifie ici que nous puissions traduire de plusieurs façons une formule dont nous faisons usage, c'est-à-dire de donner en quelque sorte la grammaire de la formule, ce qui apparaît de façon claire dans la relation pédagogique :

> Lorsque j'apprends à un enfant outre la formule, la traduction de cette formule dans le langage des mots, ainsi que divers exemples d'applications, le véritable sens continue-t-il encore de lui échapper ? [6]

Wittgenstein ne voit d'alternative à cette situation qu'une forme de mentalisme qui consisterait à dire que le sens est « dans l'esprit du mathématicien » [7].

Le second argument de la thèse de Frege en faveur d'une arithmétique contentuelle serait, selon Wittgenstein, l'applicabilité de telles formules : c'est parce qu'elles ont un contenu que ces formules sont applicables. « Frege soutient qu'"à défaut d'un contenu de pensée, aucune application n'est possible" » [8]. L'arithmétique contentuelle est une arithmétique fondée sur la nécessité pour les signes de désigner quelque chose. Wittgenstein montre que Frege est victime là d'une ontologisation des objets logiques même s'il reconnaît que Frege distingue le réel de l'objectif. La défense d'une arithmétique contentuelle sous cette forme repose sur la générali-

1. *Ibidem.*
2. Le mot est de Frege, *Gg*, § 137, "*überwinden*", cité par Wittgenstein, *op. cit.*, p. 73.
3. Wittgenstein, *op. cit.*, p. 74.
4. *Ibidem.*
5. *Ibidem.*
6. *Ibidem.*
7. *Idem*, p. 73.
8. *Ibidem*, p. 74, la citation enchassée est un passage de Frege, *Gg*, § 91.

sation de la relation de désignation à toute relation de symbolisation. Or il y a là une « conception primitive et obsolète du langage qui voudrait voir dans la relation du nom d'une personne à celui qui le porte un modèle de tout signe » [1]. Ainsi la figure numérique désigne un nombre qui existe à la manière dont existe une personne désignée par un nom propre. En demandant que les nombres aient une existence pleine, Frege a fait de cette existence la raison de leur applicabilité.

Ces deux arguments de Wittgenstein ont le mérite de mettre en lumière la notion d'application des formules arithmétiques. Dans le conflit qui oppose les tenants de la thèse selon laquelle le sens d'un mot précède la règle de son usage (Frege selon Wittgenstein) et les tenants de la thèse selon laquelle le sens d'un mot ne consiste que dans ses règles d'usage (Wittgenstein), la notion d'application demande à être élucidée.

L'application des propositions de l'arithmétique : un réquisit non empirique

Si les formalistes n'ont pas su mettre en avant le contenu des formules arithmétiques, les empiristes, quant à eux, n'ont eu d'intérêt pour le contenu que dans la stricte mesure où ce contenu était empirique. Alors que Kant péchait par un excès de forme et de généralité au point de pouvoir être invoqué par une tradition purement formaliste comme celle de Heine et de Thomae, Stuart Mill pèche par un manque de généralité. En voulant éviter le formalisme, il a confondu le contenu scientifique et l'application de ce contenu ; sa méfiance à l'égard de « l'adroite manipulation du langage » [2] ne lui a pas permis de saisir la nature des propositions arithmétiques. Au lieu de considérer les définitions simplement comme des stipulations de sens, il leur a accordé un rôle observationnel, si bien que les nombres qu'il pense obtenir comme Leibniz par définition se trouvent reliés à l'observation ;

> on peut si l'on veut, appeler la proposition "Trois est deux et un" une définition du nombre trois, et dire que l'arithmétique, comme on l'a dit de la géométrie, est une science fondée sur des définitions. Mais ce sont des définitions au sens géométrique, et non au sens logique, car elles énoncent non pas la signification d'un terme seulement, mais en même temps un point de fait [3].

L'erreur de Mill en somme, du point de vue de Frege, est de penser que la signification ou référence d'un signe est verbale ou observationnelle ; si

1. *Ibidem*, p. 80.

2. J. St. Mill, *Système de logique*, tr. fr., Liège, Pierre Mardaga éditeur, 1988, L. II, chap. VI, § 2, p. 290.

3. *Ibidem*, *op. cit.*, p. 294.

elle est verbale, elle ne nous dit rien – c'est une définition formaliste – et si elle est observationnelle, elle dit quelque chose mais ce quelque chose ne relève pas d'une objectivité idéale il relève plutôt d'une expérience sensible et concrète. D'où l'idée que la science du nombre est une science inductive.

Mais le privilège que Mill accorde à la méthode inductive bute sur la nature des nombres; toute induction suppose une inférence effectuée sur des cas semblables; or les nombres contrairement aux figures sont dissemblables; Frege mentionne à ce sujet le Leibniz des *Nouveaux Essais :*

> La particularité est plus sensible encore pour les nombres que pour les figures, car deux figures inégales peuvent être parfaitement semblables, mais non deux nombres [1].

De plus, si la méthode inductive est une méthode scientifique, elle ne peut être garantie que par une théorie des probabilités qui suppose à son tour des lois arithmétiques. Enfin, à supposer que la méthode inductive puisse être retenue, par quel procédé devra-t-on dériver une à une les propositions? « Même si on accorde peu de pouvoir à la déduction, on ne peut pas nier que les lois fondées par l'induction ne sauraient à elles seules suffire » [2], en particulier elles ne sauraient suffire pour toutes les propositions particulières à venir; « même si ces propositions nouvelles ont déjà quelque existence dans la conjonction des premières, encore faut-il les dégager et les poser à part » [3]. Frege ne voit d'autre remède à cette situation que la mobilisation des fonctions du contenu jugeable que sont la conditionnalité et la généralité, fonctions qui substituent aux propositions de fait des propositions conditionnelles :

> au lieu d'attacher directement une chaîne de raisons à une proposition de fait, on peut, laissant de côté l'actualité de cette proposition, introduire son contenu sous forme de proposition conditionnelle [4].

En proposant cette solution, Frege ne fait pas autre chose que doter la logique d'un contenu – les fonctions du jugement – et d'une nécessité – le caractère analytique des propositions sur les nombres, propositions qui échappent ainsi à la mainmise de l'intuition géométrique et de l'induction empirique.

Sur ce dernier point, il faut dire que Mill avait bien voulu reconnaître que si l'on s'occupe du « nombre pur », il n'y a pas de « mélange

1. Cité in *Gl*, § 10, tr. fr., p. 136-137.
2. *Gl*, § 17, p. 141.
3. *Idem.*
4. *Ibid.*

d'hypothèse »[1] dans la science du nombre, autrement dit la vérité au sujet des nombres est ici absolue et non plus sous hypothèse. Frege n'oublie d'ailleurs pas de mentionner en note que le « bon sens de Mill étouffe parfois le préjugé empiriste »[2]. Il est vrai que dans son *Système de logique*, Mill indique clairement que pour les questions de nombre pur, les hypothèses n'attendent pas de l'observation des déterminations supplémentaires pour être vraies :

> Si c'est seulement dans les pures questions de nombre que les suppositions sont complètement vraies (et même dans ce cas quand on n'en tire pas des conclusions autres que numériques), il faut, dans tous les autres cas d'investigation déductive, que la détermination de ce qui leur manque pour être exactement vraies fasse partie de la recherche. Ceci est généralement affaire d'observation et doit être répété à chaque cas nouveau[3].

Les « pures questions de nombre » sont celles où le nombre n'est affecté d'aucun indice de quantité ; l'exemple donné par Mill est celui des « recherches sur la population d'un pays. Il est indifférent dans cette recherche que les individus soient des enfants ou des adultes, qu'ils soient forts ou faibles, grands ou petits ; la seule chose à constater est leur nombre »[4]. Que Mill ait entrevu ce point n'indique pas qu'il ait pris une distance quelconque avec son empirisme, mais ce que d'autres comme Frege considèrent comme la nature même du nombre, à savoir son indépendance à l'égard d'une expérience sensible, n'est pour lui qu'un cas d'exception où on oublie que le nombre est une quantité et en tant que tel, soumis comme celle-ci à une certitude approximative. En pensant la science du nombre comme une science de la quantité où le témoignage des sens prime, Mill considère que le sens véritable des propositions arithmétiques réside dans leur application, oubliant de ce fait qu'une fois appliquées, une « grande partie de leur généralité est perdue »[5].

Si, pour Frege, la signification des propositions arithmétiques ne réside pas dans leur application, cela ne veut pas dire que cette application est sans importance. C'est le moment de revenir à la discussion des thèses de Frege par Wittgenstein. L'application appartient à l'arithmétique de « façon nécessaire » (*notwendig*)[6] car sans elle, ces propositions tomberaient sous

1. J. St. Mill, *Système de logique*, tr. fr., *op. cit.*, L.II, chap. VI, § 3, p. 296.
2. *Gl*, § 17, tr. fr., note 1, p. 145.
3. J. St. Mill, *Système de logique*, tr. fr., *op. cit.*, L.II, chap. VI, § 4, p. 297.
4. *Idem*, p. 296.
5. *Gl*, § 16, tr. fr.,p. 143.
6. *Gg*, t. II, § 91, p. 100 : « *Die Anwendbarkeit gehört also notwendig dazu* ». Parlant de l'arithmétique, Frege dit donc que « l'applicabilité lui appartient de façon nécessaire ».

l'objection de Mill de « l'adroite manipulation du langage ». L'application, sans déterminer la signification de ces propositions, est cependant comprise en elles. En effet, c'est la généralité liée à la conditionnalité de ces propositions – comme par exemple celle qui énonce l'associativité et qui échappe à Mill quand il établit l'égalité 2+2=4 – qui permet leur applicabilité indéfinie et confère en même temps à ces propositions un statut analytique. Si la généralité et la conditionnalité des propositions arithmétiques ne prenaient leur sens que par l'applicabilité, alors il n'y aurait pas moyen de penser cette applicabilité même puisque dans chaque application il y a une perte de contenu. Le garant d'un même contenu ne peut se trouver que dans une proposition qui prend son sens dans la logique, c'est-à-dire à partir des fonctions primitives du jugement (généralité, conditionnalité, négation). Les propositions arithmétiques sont donc bien analytiques mais elles sont loin d'être formellement vides ; leur contenu vient de leur possible instanciation, c'est pourquoi leur applicabilité leur appartient de « façon nécessaire ».

M. Dummett attire notre attention sur l'apparente antinomie entre l'anti-empirisme de Frege dans les *Gl* qui lui fait dire que le sens des propositions arithmétiques n'est pas dans leur application et le passage des *Gg* où il dit que l'applicabilité appartient à ces propositions de façon nécessaire. Dummett indique que le passage des *Gl* contre Mill et le passage des *Gg* contre les formalistes relèvent de deux contextes bien distincts, si bien que dans un cas (la critique de l'empirisme),Frege insiste sur le fossé entre le sens des propositions mathématiques et leur application, et dans l'autre cas (la critique des formalistes), sur le caractère nécessaire de l'applicabilité des mathématiques. Il semble plutôt que dès les *Gl* la critique du formalisme est suffisamment présente, même si elle n'est pas développée, pour permettre de comprendre le caractère nécessaire de l'applicabilité des propositions arithmétiques. En effet, la manière dont Frege prend soin de substituer dans le § 17 des *Gl* à la méthode inductive qui part de propositions de fait, une méthode qui « laissant de côté l'actualité de [ces] propositions, introduit [leur] contenu sous forme de propositions conditionnelles », indique comment il contre non seulement l'empirisme mais aussi le formalisme, car les propositions conditionnelles sont des propositions logiques qui ont le double mérite de mettre entre parenthèses le contenu actuel des propositions de fait et de permettre par leur généralité d'autres applications possibles. L'applicabilité, loin d'être écartée, est en réalité permise; ce qui est écarté c'est l'application déjà effectuée, non toute application possible. Ainsi :

> On arriverait finalement là même où on serait parvenu en attachant *immédiatement* la chaîne des raisonnements aux faits observés, mais la façon de procéder ici indiquée est préférable en ce qu'elle conduit dans

plusieurs cas à une proposition *générale* qui n'a pas besoin d'être applicable aux faits qui sont directement considérés [1].

La méthode fregéenne avancée ici est la méthode logiciste, qui substitue à l'immédiateté du recours aux propositions empiriques la généralité des lois « prêtes pour l'usage futur » [2]. L'usage permis par la généralité et la conditionnalité n'est pas un usage considéré comme inessentiel, ce qui est en revanche écarté c'est l'usage immédiat parce que c'est un usage limité. On aura reconnu dans ce procédé, la volonté d'expérimenter l'hypothèse logiciste que Frege dans une note au § 137 des *Gg* n'hésite pas à opposer fermement à la méthode empiriste; parlant de Helmholz, qui veut s'en tenir à une démarche empiriste, Frege note :

> Il ne se demande pas : combien loin peut-on aller sans utiliser les faits de l'expérience? Mais comment puis-je introduire *rapidement* quelques faits d'expérience? Tous ceux qui ont ce désir réussissent facilement à confondre l'application des théorèmes arithmétiques avec les théorèmes eux-mêmes [3].

On retiendra là encore la précipitation de l'empiriste qui n'interroge la vérité d'une pensée qu'à travers les applications de celle-ci, oubliant qu'aucune de ces applications ne préserve le contenu de la pensée, contenu qu'il faut plutôt chercher dans les fonctions primitives du jugement, qui sauvent l'applicabilité de la pensée sans se réduire à elle. Une arithmétique formelle qui refuse de prendre en considération les contenus jugeables ou pensées est en même temps une arithmétique « sans possibilité d'application » [4]. L'exigence d'une application des propositions arithmétiques passe d'abord par celle du sens de ces propositions :

> Il appartient, par dessus toutes choses, à l'arithméticien d'attacher un sens à ses formules; et celui-ci sera si général qu'avec l'aide des axiomes géométriques, et des observations et hypothèses physiques et astronomiques, de nombreuses applications de ces sciences puissent être faites [5].

Le formalisme : l'oubli du sens

Il est donc difficile de dissocier la critique que fait Frege de l'empirisme de celle qu'il adresse aux formalistes. Dans les deux cas, ce qui est mis en cause c'est le sens des formules arithmétiques. Dans le cas des empiristes,

1. *Gl*, § 17, tr. fr., p. 141.
2. *Idem*.
3. *Gg*, § 137, p. 139-140.
4. *Gg* II, § 91, p. 100.
5. *Gg* II, § 92, p. 101.

ce sens s'émiette dans les applications, et aucune, en raison de sa particularité et de sa dépendance à l'égard d'une situation expérimentale donnée, ne parvient à le restituer. Dans l'autre cas, le parti pris de ne considérer les signes arithmétiques que comme des figures qui ne disent rien ne peut pas rendre compte des applications diverses des formules arithmétiques où apparaissent de tels signes :

> le fossé entre les formules arithmétiques et leurs applications ne sera pas comblé. Afin de le combler, il est requis (*nötig*) des formules qu'elles expriment un sens, et des règles qu'elles soient fondées sur la référence des signes[1].

Sans cette exigence du sens, le physicien en présence d'une formule appliquée pensera toujours que celle-ci a été justifiée et sa connaissance ne pourra alors être qu'illusoire. Pour Frege, l'application d'un théorème mathématique s'obtient par inférence à partir d'une prémisse générale qui renferme le sens de la proposition arithmétique. Les instanciations sont des propositions obtenues à partir d'un schéma propositionnel dont la généralité assure les multiples applications possibles. Ce schéma propositionnel ne devra donc être ni tronqué sous la forme d'une pseudo-proposition hilbertienne (voir *supra*) ni vidé de tout sens comme le souhaiteraient les formalistes comme Johannes Thomae, collègue de Frege à Iena, et E. Heine. On se souvient que Korselt[2] avait relu les *Grundlagen der Geometrie* de Hilbert en un sens formaliste. Il pourrait, en bonne compagnie des formalistes visés par Frege dans les § 86 à 137 des *Gg* II, objecter que le système formel élaboré par Thomae et Heine est susceptible de multiples interprétations (*Deutungen*) qui lui assurent des formes d'application ; ce serait la raison pour laquelle ce système reste neutre à l'égard de la signification des symboles. Mais une telle objection ne trouverait pas grâce aux yeux de Frege, car les applications entendues ici comme des interprétations ne rendent pas compte du lien intrinsèque entre les applications de l'arithmétique et les propositions de base. N'oublions pas en effet que le § 91 des *Gg* II insistait sur le fait que l'application appartient de façon nécessaire à l'arithmétique. Aussi la grande erreur des formalistes est d'avoir considéré les applications comme extrinsèques à l'arithmétique et d'avoir ainsi manqué l'expression de la généralité selon laquelle se dérivent les propositions particulières.

1. *Idem*.

2. Frege repère dans le texte de Korselt « *Über die Grundlagen der mathematik* » que celui-ci accueille favorablement la théorie de Thomae : « [Korselt] dit que les règles de jeu de Thomae peuvent seulement être considérées comme des suggestions pour la formulation d'une théorie vraiment formelle. Bien, j'attendrai que M. Korselt en produise une. On verra après » in *KS*, note 3, p. 325.

> L'arithméticien formaliste cherche à se délivrer de [la tâche] sur ses collègues, le géomètre, le physicien et l'astronome; mais ils déclinent l'offre avec les remerciements; si bien qu'elle tombe entre les sciences, dans le vide. Une nette démarcation entre les domaines de la connaissance peut être bonne; mais elle ne doit pas être menée de telle façon qu'un domaine soit en reste, pour lequel aucun ne veut endosser la responsabilité[1].

Application et abstraction

Frege entend assumer cette responsabilité en arithméticien dont la préoccupation essentielle est d'associer un sens à une formule. En faisant cela, il veut rendre compte du caractère nécessaire et intrinsèque de l'application des formules de l'arithmétique. Il y a, en effet, une connexion intime entre le sens et l'application, connexion que n'ont pu percevoir ni les formalistes comme Thomae, ni les empiristes comme Mill. Formalistes et empiristes pensent l'application des formules comme extrinsèque à celles-ci, puisqu'ils la relient aux domaines de tel ou tel savoir: géométrie, physique, astronomie, etc. Frege pose explicitement le problème à l'occasion de la définition des nombres réels comme « rapport de quantités » ou « rapport de grandeurs », et se donne la tâche de justifier cette définition sans avoir recours aux quantités définies et particulières comme le sont les masses, les températures ou encore les intensités d'un courant électrique, autrement dit sans considérer les nombres réels comme des grandeurs géométriques ou des grandeurs physiques.

Le flottement sémantique relatif à la notion de grandeur ou de quantité, et que Frege repère chez les mathématiciens et les logiciens de son époque, vient en grande partie d'une conception erronée de l'application : celle-ci au lieu d'être rapportée au sens d'une formule, sens qui est fixé par les fonctions primitives du jugement que sont la conditionnalité et la généralité, l'est à un usage, propre à un domaine du savoir :

> Le mot "grandeur" ("quantité") signifie, chez beaucoup de mathématiciens, la même chose que nombre réel ou nombre tout court. Cet usage coïncide sans doute avec le fait que le nombre-mesure, et la grandeur déterminée par lui, relativement à une unité (de mesure), ne sont pas toujours distingués[2].

1. *Gg*, § 92.

2. *Gg*, § 160, traduction J.P. Belna, *La notion de nombre chez Dedekind*, Cantor, Frege, Paris, Mathesis, Vrin, 1996, p. 259.

Ainsi, il arrive souvent que le nombre réel désigne directement une distance, mais dans ce cas, l'application, loin de révéler son essence comme elle devrait le faire, le dénature. C'est une chose de dire que le nombre désigne une distance, c'est une autre chose de dire qu'il est un rapport entre deux grandeurs, entre la longueur d'un segment par exemple, et le segment-unité. Pour éviter la confusion qui réduit le nombre au mesuré, il faut cesser de se demander « ce qu'est une grandeur isolément » [1], ou bien encore « quelles propriétés doit avoir un objet pour être une grandeur » et aborder de front une question d'allure extensionnelle et structurelle.

La méthode préconisée ici est exactement analogue à celle qui avait permis à Frege de définir le nombre cardinal dans *Les fondements de l'arithmétique* [2], puisque là aussi il fallait cesser de rapporter les nombres à des objets et chercher plutôt à les caractériser par des concepts : « on doit se demander : comment doit être constitué un concept pour que son extension soit un domaine de grandeurs ? » [3]. De même, il faut passer de la question relative aux propriétés d'un objet à celle qui est relative aux propriétés d'une classe et se poser ainsi la question de ce qu'est un domaine de grandeurs plutôt que de chercher à définir une grandeur. Pour caractériser ce qu'est un domaine de grandeur, il faut à la fois quelque chose qui joue le rôle d'un ordre de grandeur et quelque chose qui joue le rôle d'une addition, car, comme Frege le soulignait déjà dans son *Habilitationsschrift* de 1874, « il y a une conception si intime entre le concept d'addition et celui de quantité que l'un ne peut pas être saisi sans l'autre » [4].

En tenant compte des domaines de grandeur, plutôt que des grandeurs isolées, Frege entend éviter une vision abstractive de l'application, une vision qui consiste à penser l'application des formules mathématiques à partir d'une abstraction faite sur les grandeurs concrètes. Sont ici visés Thomae et Cantor; le premier, pour avoir considéré l'abstraction comme modèle explicatif de l'opération de compter [5], le second, pour avoir distingué, et cela sans emporter la conviction de Frege, entre grandeur concrète et objet abstrait. Cantor a certes eu le mérite, de s'éloigner des « anciennes méthodes géométriques de fondement de la théorie des nombres irrationnels » [6], mais il garde une conception extrinsèque de l'application dont le

1. *Gg*, § 161.
2. *Gl*, § 48.
3. *Ibid.*
4. *Rechungsmethoden, die sich auf eine Erweiterung des Grössenbegriffes Gründen*, p. 2.
5. Frege cite Thomae et sa conception abstractive de l'identité : « De façon analogue, celui qui apprend à compter abstrait à partir de la différence entre blocs de calcul qu'il apprend et identifie les uns avec les autres », in *KS*, p. 326.
6. *Gg* II, § 159, p. 156, tr. fr., *in* Belna, *op. cit.*, p. 258.

signe est précisément une méthode abstractive. Dans, le § 74 des *Gg*, Frege cite un passage de Cantor où celui-ci se défend de considérer les nombres réels comme des « grandeurs concrètes » et avance l'idée que ce sont plutôt des « objets abstraits de pensée » (*abstracte Gedankendinge*) :

> ni moi ni personne d'autre n'avons jamais affirmé que les signes *b, b', b''*... étaient des grandeurs concrètes au sens propre de ce mot. En tant qu'objets abstraits de pensée, ce ne sont des grandeurs, qu'en un sens impropre et métaphorique du mot[1].

Frege regrette que Cantor n'ait pas explicité ce qu'il entendait exactement par « objet abstrait de pensée », et donne sa propre interprétation de l'expression : « Si Cantor entend par l'expression "objet abstrait de pensée" ce que nous nommons "objet logique", alors il semble qu'à ce sujet nous sommes d'accord »[2]. Mais, dans la mesure où Cantor n'a pas précisé son expression, il est à craindre qu'elle soit comprise comme le résultat d'un processus d'abstraction, à partir d'une grandeur concrète, processus qui reste aux yeux de Frege mystérieux : « Quel objet abstrait de pensée devra désigner le signe $\sqrt{2}$? nous ne le savons pas »[3]. En mettant en avant son logicisme – les nombres réels sont des relations de relations[4] –, Frege entend éviter les deux écueils relatifs aux nombres réels : la spatialisation d'une part, dont est responsable la tradition mathématique qui a défini les irrationnels sur une base géométrique, l'émiettement dans les grandeurs concrètes d'autre part (masses, températures, etc.,) :

> Nous pouvons donc espérer, d'une part, ne pas laisser échapper les moyens de l'application à des domaines particuliers du savoir, sans d'autre part, corrompre l'arithmétique avec les objets, concepts et relations issus de ces sciences et compromettre sa propre essence et son autonomie. Pourtant, on peut sans doute attendre de l'arithmétique qu'elle nous fournisse de tels moyens, même si, l'application n'est pas son affaire[5].

Nous avons déjà noté que cette dernière affirmation de Frege ne devait pas donner lieu à une méprise : l'application est bien "nécessaire"[6] pour que l'arithmétique soit une science, mais c'est une application qui ne se réduit ni aux liens extrinsèques des empiristes comme Mill, qui ne parle de

1. *Gg* II, § 74, p. 86.
2. *Ibid.*
3. *Ibid.*
4. Ou bien des rapports de grandeur, c'est-à-dire des rapports qui s'établissent entre des extensions de relations car une grandeur est à considérer comme une relation.
5. *Gg*, § 159, tr. fr., *in* Belna, *op. cit.*, p. 259.
6. *Gg*, § 91.

quantité qu'en un sens géométrique ou physique, ni au résultat d'un processus abstractif comme le laissent entendre certains passages de Cantor ou plus nettement encore les travaux de Thomae.

Les deux démarches qui consistent à mettre en avant les lois logiques et leurs "conditions nécessaires" (*notwendigen Bedingungen*), puis à réduire les propositions arithmétiques à de telles lois, nous ont donc conduit à prendre en compte le sens de ce type de propositions. C'est, pour Frege, une exigence et un réquisit au service de la nécessité logique : le "*nötig*" est ici en vue du "*notwendig*".

Par ailleurs, dans la confrontation entre la « nécessité de la pensée » et la « nécessité naturelle », nous avons pu montrer le départ entre les définitions conformes à un conventionnalisme que Frege justifie dans le domaine des lois de la nature, et les définitions logiques qui, pour être fécondes dans les démonstrations, ne doivent pas être rapportées à un système de référence déterminé : elles valent absolument, d'où leur conversion en jugements analytiques (*BS*, § 24).

A partir de ces deux résultats, il convient de voir de près ce qu'est l'exigence du sens, et de déterminer le statut du jugement.

CHAPITRE II

LE SENS ET LE JUGEMENT

THÉORIES TRADITIONNELLES DU JUGEMENT : ENTRE PROLIXITÉ ET INUTILITÉ

En 1879, Frege construit un langage formulaire, qui s'accompagne d'un appareil conceptuel nouveau. Il s'agit à la fois de rompre avec la tradition aristotélicienne, et la tradition kantienne. La première donne une priorité aux catégories (concepts) sur les jugements ; or Frege, conscient de sa révolution, met au premier plan le contenu jugeable, duquel, par analyse, dérivent les concepts. Les niveaux logiques autres que le jugement et la conception, et que sont le raisonnement et la méthode, pour reprendre une subdivison classique de la logique de Port-Royal, subissent également un changement : aux divers modes d'inférence du syllogisme aristotélicien, Frege substitue la règle du *modus ponens;* et à la méthode de définition fondée sur l'emboîtement des classes ayant quelque ressemblance, Frege substitue une sémantique reposant sur le couple sens/référence qui retiendra longtemps notre attention.

Kant n'est pas en reste. Ni aperception transcendantale, ni anticipation de l'expérience ne sont considérées comme des réquisits logiques. De plus, le privilège dans lequel sont tenus les concepts-sujets, n'a pas permis à Kant de donner sa pleine mesure à la critique de l'argument ontologique. Le couple sujet/prédicat, d'Aristote à Kant, a fourvoyé la logique ; une telle thèse ne peut être défendue qu'à partir de la construction effective d'un langage formulaire qui évite les inutiles prolixités pour aller à l'essentiel concernant la conduite des preuves.

Sujet et prédicat : une inutile prolixité

La notion de jugement subit, chez Frege, un profond remaniement. Il s'agit pour lui de rompre aussi bien avec l'arrière-plan aristotélicien, que kantien. Avant d'arriver à une « conception du jugement [qui] ne fait aucune place à une distinction entre sujet et prédicat »[1], Frege reconnaît avoir subi la séduction millénaire qui nous pousse à subdiviser le jugement sous cette forme, séduction d'autant plus irrésistible qu'elle est inscrite dans la langue naturelle :

> Dans la première ébauche de la langue formulaire, j'ai été égaré par l'exemple de la langue usuelle en composant les jugements à partir de sujets et de prédicats. Je me persuadai bientôt que c'était là un obstacle sur mon chemin, conduisant tout juste à une inutile prolixité (*unnützen Weitläufigkeiten*)[2].

Les notions de sujet et de prédicat supposent une conception éclatée du jugement, où chacune de ces deux notions est prise isolément et est en attente d'être mise en relation avec l'autre; or « la relation du sujet au prédicat n'est pas une troisième chose ajoutée aux deux, mais appartient au contenu du prédicat, par quoi il est insaturé »[3]. Cette relation est donc superflue, et sa superfluité est le signe d'un défaut, d'une imperfection; quand on cherche à la maintenir, s'installe alors une confusion préjudiciable à l'analyse des contenus de jugement :

> les mots "relation d'un sujet à un prédicat" désignent deux relations tout à fait différentes, selon que le sujet est un objet, ou est lui-même un concept. Le mieux serait, par conséquent, de bannir complètement de la logique les mots "sujet" et "prédicat", puisqu'ils incitent sans cesse à confondre les deux relations fondamentalement différentes de la

1. *BS*, § 3.

2. *Ibid.*, tr. fr., p. 106, voir également *NS*, p. 155, tr. fr., *Écrits posthumes*, Nîmes, Jacqueline Chambon, 1999, p. 168 où Frege indique clairement que la mobilisation des notions de sujet et de prédicat font de la logique une « science véritablement superflue » ("*überflüssige Wissenschaft*").

3. *WB*, p. 164, cf. aussi *NS*, p. 193, tr. fr. p. 211 : « Dans la phrase "deux est un nombre premier », nous trouvons marquée une relation, celle de subsomption. Nous pouvons aussi dire que l'objet tombe sous le concept *nombre premier*, mais on ne doit pas alors oublier, l'inexactitude mentionnée à l'instant, de l'expression linguistique. Celle-ci suscite aussi l'apparence que la relation de subsomption est un tiers, ce qui advient à l'objet et au concept. Ce n'est pas le cas, c'est au contraire l'insaturation du concept qui fait que l'objet, en réalisant l'insaturation, adhère immédiatement au concept, sans avoir besoin d'un liant particulier. Concept et objet sont originairement donnés l'un à l'autre, et, dans la subsomption, nous avons affaire à leur liaison originaire ».

> subsomption d'un objet sous un concept et de la subordination d'un concept à un autre concept[1].

Il est en effet difficile de considérer que dans les deux propositions suivantes: « Le nombre 20 peut être écrit sous forme d'une somme de quatre carrés » et « tout nombre entier positif peut s'écrire sous forme de quatre carrés »[2], nous avons affaire à *une* relation de sujet à prédicat, quand l'analyse logique indique qu'il s'agit de deux propositions totalement dissymétriques : « le nombre 20 » est une expression saturée, « tout nombre entier positif » est une expression insaturée; les mots logiques comme "tout", "aucun" "quelque" apparaissent avec le sujet grammatical, mais leur sens appartient plutôt au prédicat grammatical. Pour éviter toute confusion, il faut renoncer non seulement à parler de relation de sujet et de prédicat, mais à ces notions elles-mêmes car elles faussent l'analyse des concepts sous-jacents au jugement.

Cette analyse ne peut aboutir tant que nous sommes prisonniers des notions de sujet et de prédicat et de leur relation, car nous supposons alors donnés les concepts que seule une décomposition d'un contenu de jugement permet d'obtenir :

> Je ne crois pas que la formation des concepts puisse précéder le jugement, car cela supposerait une existence indépendante des concepts (*selbständiges Bestehen*); je pense plutôt que les concepts se forment à travers l'analyse d'un contenu jugeable[3].

Les concepts ne sont donc pas premiers par rapport aux contenus jugeables car, contrairement à ces derniers, ils n'ont pas d'existence indépendante : ils sont par nature insaturés. La conséquence directe de ce point est que l'analyse, selon la manière dont elle est faite, ne donne pas lieu aux mêmes concepts : « Je ne crois pas que pour tout contenu de jugement, il n'y ait qu'une manière de le décomposer ou qu'une des manières possibles de le faire puisse prétendre à une réelle préséance »[4]. L'analyse d'un contenu jugeable est multiple; on peut obtenir à partir d'un contenu jugeable divers concepts, mais cela ne signifie pas que l'on obtient divers contenus conceptuels. Voyons cela sur un exemple.

Les deux propositions suivantes, l'une à la forme active, l'autre à la forme passive, donnent lieu à des décompositions conceptuelles différentes mais leur *contenu* conceptuel reste le même : « Les Grecs ont battu les Perses à Platée » et « Les Perses ont été battus par les Grecs à Platée » ont le

1. *NS*, p. 130, tr. fr., *op. cit.*, p. 141.
2. Exemples donnés par Frege au § 9 de la *BS*, tr. fr., Paris, Vrin, 1999, p. 29-30.
3. *WB*, p. 164.
4. *Ibid.*

même contenu conceptuel; par « contenu conceptuel », il faut entendre la partie du contenu jugeable qui reste la même dans les deux cas et qui seule importe dans les déductions; autrement dit « les conclusions qui peuvent être tirées à partir de l'un [des jugements] en relation avec d'autres déterminés découlent toujours du second en relation avec ces mêmes autres jugements » [1]. De la même façon, le contenu conceptuel reste le même dans les deux cas suivants bien que les concepts obtenus soient totalement distincts : « il y a au moins une racine carré de 4 » et « le concept racine carré de 4 est satisfait ». Ce second exemple montre bien plus que le précédent le détachement de Frege à l'égard de l'analyse traditionnelle des notions de sujet et de prédicat puisque les deux propositions n'ont pas du tout la même structure syntaxique [2]; il est aussi situé un peu plus tard dans la production de Frege, puisqu'il est issu de l'article *Concept et objet* où, suite à la distinction qu'il a faite entre sens et référence, notre logicien ne parle plus des contenus jugeables mais des pensées : « Selon l'analyse, tel ou tel élément est sujet ou prédicat. La pensée ne détermine pas d'elle-même ce qu'il faut prendre pour sujet » [3]. Cette thèse permet de comprendre pourquoi il est difficile de parler du sujet d'un jugement : « Quand on dit : "le sujet de ce jugement", on désigne un élément précis dans le seul cas où l'on indique en même temps un mode précis d'analyse » [4]. Il faut donc refuser d'accorder une grande importance à l'élément linguistique que constitue ce couple sujet/prédicat, éviter de croire par exemple que « toute pensée – ou jugement comme on dit d'ordinaire – possède un sujet et un prédicat » [5]. Les logiciens qui accordent beaucoup de poids à cet élément linguistique s'enferment dans des « difficultés parfaitement immotivées » et nous laissent « l'impression que la logique est une science véritablement superflue (*eine recht überflüssige Wissenschaft*) » [6].

Si, la distinction entre sujet et prédicat ne fournit pas de critère pour déterminer quel est le « sujet du jugement », c'est-à-dire ce sur quoi porte le jugement, il faut bien se résoudre à l'abandonner et à lui substituer une distinction qui, tout en fournissant ce critère aura la charge supplémentaire de traduire ce qui est « requis pour une déduction » [7], autrement dit devra

1. *BS*, § 3, tr. fr., *op. cit.*, p. 16-17.

2. Dans la proposition « le concept *racine carrée de 4* est satisfait », l'italique indique que le fait de nommer un concept ne le transforme pas pour autant en nom propre et que l'expression qui a le rôle ici de sujet grammatical nomme un concept de premier ordre dont on dit qu'il n'est pas vide.

3. *Concept et objet,* tr. fr., *ELP*, *op. cit.*, p. 134.

4. *Ibid.* p. 134-135.

5. *NS*, p. 155, tr. fr., p. 168.

6. *Ibidem.*

7. *BS*, § 3, « *für eine richtige schlussfolge nötig ist* », p. 3, tr. fr., 1999, p. 17.

remplir une fonction sémantique que la distinction sujet-prédicat, trop prise dans les enjeux pragmatiques de la communication [1], ne permet pas d'exprimer. La nouvelle distinction élaborée par Frege est celle qui existe entre contenu jugeable (*beurteilbarer Inhalt*) et jugement (*Urteil*); le contenu jugeable nous dit de quoi il s'agit, c'est proprement ce sur quoi porte le jugement, et le jugement établit, lui, la vérité ou la fausseté de ce qui est en question :

> On peut imaginer une langue où l'énoncé "Archimède périt lors de la prise de Syracuse" s'exprimerait : "La mort violente d'Archimède lors de la prise de Syracuse est un fait". Ici, il est certes possible d'isoler un sujet et un prédicat, mais le sujet comprend tout le contenu tandis que le prédicat sert seulement à le poser comme jugement. Une telle langue ne disposerait pour tous les jugements que d'un seul prédicat, c'est-à-dire de l'expression "est un fait". On voit qu'il ne peut être question, ici, de sujet et de prédicat au sens habituel. Notre idéographie est une telle langue et le symbole |– est le prédicat commun à tous les jugements [2].

Ce symbole a la fonction de traduire la force assertorique du jugement, force qui n'a pas son expression dans la langue naturelle [3].

Ainsi le sujet du jugement est ce dont on peut énoncer quelque chose, c'est le *sachliche Subjekt* (le sujet réel) non le *sprachliche Subjekt* (le sujet dans la langue). Cette distinction, présente dans le dialogue avec le théologien Pünjer [4], indique les engagements ontologiques et les dérives psychologiques dont est responsable la reconduite des notions de sujet et de prédicat dans la théorie du jugement. Si le sujet du jugement était le sujet grammatical, nous ferions comme Pünjer, nous serions toujours tentés de poser existentiellement ce sujet afin de pouvoir dans un second temps prédiquer de lui quelque chose. Mais alors, nous traiterions l'existence dans un horizon néo-kantien, comme voulant dire « ce dont l'expérience est possible », et nous ne saurions jamais si, dans la proposition « A est ce dont l'expérience est possible », – que nous tiendrons comme synonyme de la proposition « A est » –, nous avons affaire à A comme à notre représentation, ou comme à un objet de notre représentation, ou encore, et de façon indéfinie, à une représentation de représentation. En fin de compte, cette entreprise qui consiste à s'assurer de l'existence du sujet du jugement

1. *BS*, § 3, p. 3, tr. fr., 1999, p. 17 : « La place du sujet dans la suite des mots a pour la langue la signification d'une place distinguée où l'on met ce sur quoi on veut attirer spécialement l'attention de l'auditeur ».

2. *Ibidem*.

3. Voir *infra* p. 193-198.

4. *NS*, p. 60, tr. fr., p. 67.

entendu comme sujet grammatical parvient à un résultat contradictoire : rien ne distingue plus notre perception du sujet d'une forte hallucination :

> 58. *Fr :* De vos remarques en (18) et en (30), il suit que « ceci peut être expérimenté » veut dire la même chose que « A cette représentation qui est mienne correspond quelque chose qui peut être expérimenté ». Ici « peut être expérimenté » s'explique de lui-même.
> 59. *P :* Cela ne doit pas même être considéré comme une explication. Je maintiens que l'expression « La représentation du Ceci » peut toujours être utilisée.
> 60. *Fr :* Est-ce que toute représentation a un objet ?
> 61. *P :* Oui. Toute représentation a nécessairement un objet. « Objet de la représentation » ou « contenu de la représentation », cela revient au même.
> 62. *Fr :* Est-ce que le contenu de la représentation *A* est la même chose que *A* ?
> 63. *P :* Non. L'image représentée est une image fluctuante. Il faudrait, en toute rigueur, distinguer entre l'image représentée et la représentation. Dans l'image représentée on fait abstraction de l'acte de représenter.
> 64. *Fr :* Est-ce que l'objet de la représentation est différent de l'image représentée ?
> 65.P : Oui.
> 66. *Fr :* Si vous voyez un mirage ou si vous avez une hallucination, quel est l'objet de la représentation ? (Il manque la réponse) [1].

Le « sujet réel » (*sachliche Subjekt*) du jugement ne réside donc ni dans nos représentations, ni dans les objets auxquels sont susceptibles de correspondre celles-ci, encore moins dans des prétendues substances. Il n'y a pas de distinction entre substance et accident chez Frege ; la seule distinction qu'il maintient, compte tenu de la tradition philosophique, c'est celle qui existe entre le singulier et l'universel, mais cette terminologie elle-même est écartée au profit des expressions d'"objet" et de "concept" et de leurs modes respectifs de désignations : expression saturée, expression non saturée. Un profond remaniement est derrière ces désignations et les supposées entités qu'elles indiquent; en effet l'objet ne renvoie pas seulement aux particuliers traditionnels mais aussi aux valeurs de vérité, c'est le « *designatum* de toute expression saturée » [2], et le concept insaturé tout en étant quelque chose d'objectif n'est pas réel ou effectif.

Par ailleurs la formation des concepts par abstraction et celle des jugements par comparaison des extensions de concept sont deux procédés

1. *NS*, p. 65, tr. fr., p. 73.
2. Angelleli I., *Studies on Gottlob Frege and traditional philosophy*, Dordrecht, 1967, p. 47.

sévèrement critiqués par Frege, qui voit là les limites de la logique de type aristotélicien :

> Chez Aristote, comme chez Boole, la formation des concepts par abstraction est l'activité logique primitive et le fait de juger comme le fait d'inférer se font selon une comparaison médiate ou immédiate des concepts *via* leurs extensions [1].

Frege prévient en note une méprise : nous ne gagnons pas pour autant par ce procédé aristotélicien repris par Boole un quelconque respect pour les concepts puisque ce moyen les présuppose comme déjà donnés, c'est-à-dire satisfaits. Frege entend rompre avec l'*aipharesis* — abstraction aristotélicienne, car il n'y a plus chez lui de problématique de la ressemblance, fondée sur une homogénéité entre le sujet et le prédicat ; il y a bien plutôt une réelle hétérogénéité dans le rapport entre objet et concept : l'appartenance par distinction d'avec l'inclusion ne suppose pas l'existence d'un même genre, la subsomption d'un objet sous un concept ne suppose aucune homogénéité entre l'objet et le concept. « C'est dans les formes sensibles que sont les intelligibles » [2] disait Aristote ; pour Frege il faut que l'objectif soit en rupture avec les sens. L'abstraction signifie homogénéité et retranchement, soustraction :

> L'abstraction me permet-elle de passer du concept de lion, à celui de quadrupède vivipare, puis à celui d'animal sanguin, enfin à celui d'animal, pour la double raison que ces concepts sont homogènes, et que, les premiers, ayant une compréhension plus riche que les suivants, le passage des uns aux autres résulte chaque fois d'une sorte de retranchement [3].

Cette conception de l'abstraction comme retranchement a été fortement critiquée par Frege dans la première partie des *Gl*, notamment au § 48 ; elle ne permet pas de penser le nombre comme élément objectif car elle en fait le résultat d'un processus de pensée totalement arbitraire car totalement impénétrable.

La réduction des modes de raisonnement

La *BS* nous permet donc d'éviter la forme sujet-prédicat. Elle donne lieu aussi à une reformulation des modes de raisonnement. Les figures et les modes du syllogisme aristotélicien sont prolixes et leur prolixité demande à

1. *NS*, p. 16.
2. *De anima*, 432 a 3-6.
3. Jean-Louis Gardies, « La conception néo-platonicienne de l'abstraction, chez Dedekind, Cantor, Frege et Peano », in *Revue philosophique*, n°1, 1989, p. 66.

être réduite pour qu'apparaissent nettement les modes conclusifs et que ces derniers soient distincts des modes non conclusifs ; il faut donc et réduire et rectifier. Retenir ce qui est requis à la conduite des preuves demande cette double opération. Frege procède en deux étapes : il réduit les modes d'inférence syllogistique au *modus ponens;* il reformule dans sa notation les syllogismes non conclusifs en ajoutant les conditions susceptibles de les rendre conclusifs. Voyons les deux étapes.

La réduction des modes d'inférence aristotéliciens au *modus ponens* est énoncés au § 6 de la *BS;* elle est effectuable à chaque fois qu'« un nouveau jugement est dérivé de plus d'un jugement » :

> On compte en logique, suivant en cela Aristote, toute une série de modes d'inférence. J'utilise seulement celui-ci – du moins dans tous les cas où un seul jugement dérive de plus d'un jugement (…) Ainsi une inférence quel qu'en soit le mode peut se réduire à notre cas. Dans la mesure où il est possible de procéder avec un seul mode d'inférence, la clarté nous impose de faire ainsi. Sinon, il n'y aurait aucune raison de s'en tenir aux modes d'inférence aristotéliciens, mais on pourrait toujours en ajouter d'autres indéfiniment : on pourrait, de chacun des jugements exprimés dans les formules 13 à 22, donner un mode particulier d'inférence. Toutefois, la restriction à un seul mode d'inférence ne doit en aucune manière être entendue comme l'expression d'une proposition psychologique, car seule une question de forme est tranchée en vue de la plus grande convenance. Quelques uns des jugements qui remplacent les modes d'inférence aristotéliciens sont présentés au § 22, n°59, 62, 65 [1].

Eviter la multiplication des modes d'inférence revient à respecter le caractère formel de la logique ; si à chaque jugement dérivé correspondait un mode spécifique d'inférence, on n'aurait alors plus qu'une logique matérielle, rapportée pour chaque déduction au contenu du savoir exprimé. S'en tenir à ce qui est requis, lequel renvoie, dans ce cas, aux « questions de forme » (*Formfrage*), c'est éviter une psychologisation des modes d'inférence. Dans l'article « Logik » de 1891, Frege résume ainsi ce point de vue :

> De la tâche de la logique, il peut s'ensuivre que tout ce qui n'est pas requis (*nötig*) pour établir les lois de l'inférence valide est à écarter. En particulier sont à rejeter toutes les distinctions qui, en logique, ne sont faites que d'un point de vue psychologique, et qui sont indifférentes à l'égard de l'inférence. De même en mécanique pure, nous ne distinguons pas les substances d'après leurs propriétés chimiques, mais on ne parle que de "masse" et de corps physiques, afin que nous n'ayons pas à établir, pour chaque substance chimique différente, une loi particulière à la place

1. *BS*, § 6, p. 9-10, tr. fr., p. 23-24.

de l'unique loi d'inertie. Que l'on ne fasse donc des distinctions que là où c'est utile pour le but visé [1].

Le *modus ponens*, dans ce cas de dérivation précis, est le seul mode d'inférence retenu; il est pour la logique ce que la loi d'inertie est pour la physique. La restriction des modes d'inférence au *modus ponens* répond, comme dans le cas de la décomposition du contenu jugeable en argument/fonction plutôt qu'en sujet/prédicat, au besoin d'écarter le superflu qui nuit à la déduction. Le superflu au sens de la prolixité n'est pas seulement une surenchère, c'est aussi le risque de voir s'immiscer des modes d'inférence non conclusifs. La mixture des modes conclusifs et des modes non conclusifs [2] dans les figures du syllogisme aristotélicien produit les mêmes effets que la mixture entre le logique et le psychologique : elle fait perdre, pour ce qui est des déductions, la distinction entre le requis et le superflu.

Au § 22 de la *BS*, Frege revient sur cette réduction des modes d'inférence à l'unique *modus ponens* et indique comment elle s'effectue moyennant une rectification, dès lors que seul le requis pour déduire est pris en compte. En effet, le choix qui est fait du mode d'inférence, est le mode *Felapton* de la troisième figure qui, d'une négative universelle et d'une affirmative universelle conclut à une négative particulière. Or ce mode comme le mode en *Darapti* est un mode non conclusif. Aristote pensait que l'on pouvait faire un import existentiel de l'universelle vers la particulière; or, Frege tout comme Peirce [3], montre que les universelles sont des conditionnelles et qu'à ce titre elles n'induisent pas l'existence. Ce qui manque donc à Aristote c'est *une théorie* de la quantification ou de la généralité qui puisse le prémunir contre les modes non conclusifs. Au § 22 de la *BS*, l'exemple donné par Frege du jugement qui remplace le mode *Felapton* de la troisième figure met bien l'accent sur le fait qu'il ne peut y avoir d'import existentiel qu'à partir de propositions particulières :

1. *NS, Logik*, p. 5.

2. Comme mode non conclusif, on peut citer les syllogismes *Darapti* de la troisième figure du type : tout A est B ; tout A est C ; alors quelque B est C. De deux universelles, c'est-à-dire de deux conditionnelles, on ne peut, contrairement à ce que pensait Aristote, dériver une particulière, c'est-à-dire une indicative.

3. C.S. Peirce (1895), « les propositions catégoriques générales (…) affirment ou nient la dépendance d'un fait par rapport à un autre. Ainsi dire que tous les hommes sont mortels, ou que tout ce qui est homme est mortel, revient à dire que si un objet quelconque, choisi de n'importe quelle manière, est homme, alors il est mortel (…). la proposition catégorique est en bref une conditionnelle relative », cité par C. Chauviré, *Peirce et la signification*, Paris, PUF, 1995, p. 208.

> si cette autruche est un oiseau et qu'elle ne peut voler, alors il s'ensuit que quelques oiseaux ne peuvent voler. On voit comment ce jugement remplace un mode d'inférence, précisément *Felapton* ou *Fesapo*[1].

Les deux prémisses sont des particulières et la conclusion est une existentielle. Pour que cette conclusion puisse se détacher, c'est-à-dire être considérée comme une nouvelle vérité, il faut que l'on puisse rapporter le mode qui permet de l'obtenir aux modes conclusifs. Cette intégration ne peut se faire qu'au moyen d'une rectification, elle-même tributaire d'une théorie nouvelle de la "généralité" ou quantification. Voyons de plus près cette théorie dont l'objet – la généralité – constitue avec la négation et la conditionnalité, les propriétés requises pour saisir logiquement un contenu jugeable.

L'élucidation du contenu jugeable

Prédication et assertion

Frege insiste sur l'exigence d'une distinction entre une prédication et une assertion. L'expression de « contenu jugeable » renvoie à celle d'une formule soumise au jugement mais non encore jugée. En revanche, l'expression de "jugement" est celle d'un contenu jugeable une fois jugé. Reconnaître un jugement c'est donc se donner les moyens de dire qu'un contenu jugeable est vrai ou faux; tant que le jugement n'est pas prononcé, nous n'avons affaire qu'à un contenu jugeable qui peut être présenté à l'examen sous les trois formes suivantes: une affirmation, une négation, une interrogation[2]. On pourrait dire que, ce n'est qu'une économie de la langue qui ne nous fait pas prendre en considération ces trois formes simultanément, mais, selon Frege, tant qu'on n'a pas reconnu un jugement, et tant qu'on ne l'a pas exprimé par le tiret spécifique de la barre verticale que la *BS* invente, et qui est le tiret de l'assertion, l'affirmation du contenu jugeable ne peut tenir lieu d'assertion; la négation ne peut être équivalente à un rejet et l'interrogation n'est pas un semi-contenu, elle n'est pas moins que l'affirmation ou la négation, l'expression d'un contenu.

Le contenu jugeable est donc invariable qu'il soit asserté ou non. Ce contenu, c'est ce qui est proposé pour être considéré, abstraction faite de sa vérité ou de sa fausseté. On peut tout à fait reconnaître dans cette démarche celle d'Aristote dans le *De interpretatione*. Dans cet ouvrage, Aristote nous expose les différentes façons d'assembler un contenu de jugement; mais,

1. Exemple donné au § 22 de la *BS*.
2. Rien de tel que la formule célèbre de Hamlet pour rendre compte de ces trois formes du contenu jugeable.

contrairement aux *Premiers Analytiques* qui prennent ces contenus de jugements pour des prémisses en vue d'établir des syllogismes, le *De interpretatione* présente ces mêmes contenus de jugement mais comme des problèmes (*problemata*), non comme des prémisses (*protaseis*). Le problème consiste en un contenu de pensée, la prémisse en ce même contenu de pensée mais en tant qu'il est asserté. Deux commentateurs médiévaux d'Aristote semblent avoir bien saisi cette distinction entre problèmes et prémisses. Il s'agit d'Al-Farabi et d'Averroès. Les problèmes donnent, dans un état d'opposition, le contenu du jugement; les prémisses présentent ce même contenu, une fois décidée la question de sa vérité, autrement dit, écartent l'un des deux pôles de l'opposition pour asserter l'autre. Al-Farabi, dans son *Grand Commentaire* sur le *De Interpretatione* note ceci :

> Ce livre (le *De Interpretatione*) rassemble les parties permettant de connaître les prémisses et les problèmes; toutefois il est consacré aux problèmes en tant que problèmes et en tant qu'ils contiennent des choses qui leur sont propres et les distinguent des prémisses; quant aux prémisses, il ne mentionne que ce qu'elles ont en commun avec les problèmes. Le but premier d'Aristote dans ce livre est de rechercher l'explication des problèmes bien plus que celle des prémisses; la prémisse en tant que prémisse est reliée au syllogisme; c'est pourquoi il en a retardé l'examen jusqu'à pouvoir dire ce qu'est le syllogisme [1].

Et Averroès, commentant le passage des *Topiques*, I, 4, 101b 28-33 avance ceci :

> Les prémisses et les problèmes sont un quant au sujet, deux quant au mode. Ainsi appelle-t-on prémisse le propos déclaratif qui est présenté sur le mode de la concession (assentiment) pour être partie d'un syllogisme; et si ce propos est mis en examen afin de poser ou de réfuter un des deux contraires qui s'y trouve, on l'appelle problème [2].

Quand Frege reprend à la fin de la première partie de l'*Idéographie* le carré aristotélicien, il se garde bien de mettre devant chacune des propositions AEIO, la barre verticale de l'assertion car ces propositions ne sont proposées qu'en tant que contenus jugeables (*beurteilbarer Inhalt*) et non comme des contenus jugés; ce sont des problèmes [3] posés et non des

1. *Alfarabi's Commentary on Aristotle's Peri Hermeneias*, W. Kutsch et S. Marrow, 2e éd., Beyrouth, 1971, p. 19-20.

2. Averroès, *Commentaire aux Topiques*, p. 16, éd. de Salim Salim, Le Caire, 1980.

3. Il y a chez Peirce une distinction semblable : « La proposition pure (*mere*), en tant qu'elle est simplement proposée ou contemplée, pourrait être considérée comme une sorte de

prémisses assertées. Aussi la présentation est bien celle « du tableau des oppositions logiques » [1] (*die Tafel der logischen Gegensätze*) et non celle des types de prémisses :

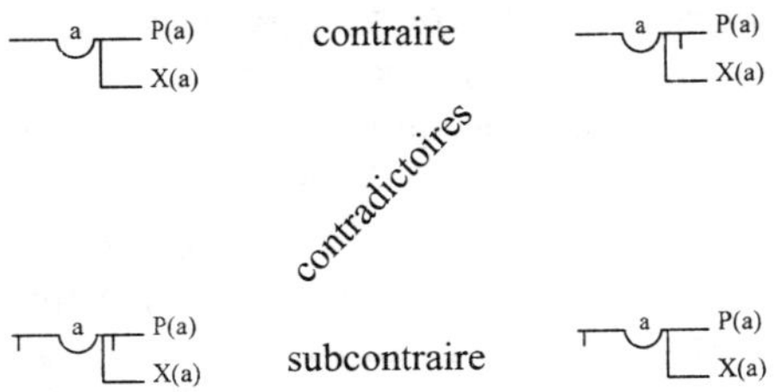

Seule est empruntée à Aristote la distinction entre problèmes et prémisses. Nous avons pu voir qu'aussi bien les modes d'inférence des différentes figures syllogistiques que la décomposition du jugement en sujet et prédicat sont vivement critiqués. Les notions de sujet et de prédicat donnent selon Frege une préférence à la logique des classes, puisqu'on établit *via* ces notions une relation de subordination entre concepts, ce qui nous impose de partir de concepts donnés, comme par exemple les dix catégories aristotéliciennes. Frege considère qu'il y a là un arbitraire dans la donation des concepts – ce que les logiciens de Port-Royal avaient du reste déjà souligné [2] – et demande que le point de départ de l'analyse soit le jugement et non le concept. Dans la polémique qui l'oppose aux algébristes restés sourds aux nouveautés de l'idéographie, Frege écrit ceci :

> Schröder dit que mon idéographie n'a rien de commun avec le calcul booléen des concepts ; mais a à voir avec le calcul booléen des jugements. En réalité c'est l'une des différences les plus significatives entre ma façon de voir et le mode booléen – et j'ajouterai volontiers le mode aristotélicien – que je ne pars pas des concepts mais des jugements. Ce qui ne veut pas dire que je ne sache pas exprimer le rapport de subordination entre concepts [3].

L'objectif de Frege comme nous aurons à le voir ne consiste pas à réduire le calcul des jugements au calcul des concepts, mais à établir en toute indépendance le calcul des jugements (notre calcul propositionnel) et

proposition problématique » (2.546), cité par C. Chauviré, *Peirce et la signification,* Paris, PUF, 1995, p. 114.

1. *BS*, § 12, p. 24.

2. Arnauld et Nicole, *La logique ou l'art de penser*, Paris, Vrin, 1981, p. 51 : « on regarde ces catégories comme une chose établie sur la raison et sur la vérité, au lieu que c'est une chose toute arbitraire, et qui n'a de fondement que l'imagination d'un homme qui n'a eu aucune autorité de prescrire une loi aux autres ».

3. *Über den Zweck der Begriffsschrift*, p. 101, tr. fr., *ELP*, *op. cit.*, p. 74.

à construire dans un second temps le calcul des concepts (notre calcul des prédicats). Notons, ici, pour notre propos l'intérêt d'une préséance du calcul des jugements sur le calcul des concepts. Cette préséance permet à Frege d'obtenir par décomposition d'un contenu de jugement, les concepts, plutôt que de prendre ces derniers comme point de départ.

Fonction et argument

Schröder reconnaissait une nouveauté dans l'écriture conceptuelle de Frege : l'introduction de la notion de fonction et de celle de la généralité. L'analyse de celle-ci nous occupera plus tard[1]. Quant à la notion de fonction, Frege l'introduit au § 9 de la *BS*, en même temps que celle d'argument. Nous avons déjà souligné combien Frege mettait à distance de lui la distinction traditionnelle du sujet et du prédicat. Nous pourrions de prime abord penser que l'introduction du couple d'argument et de fonction puis d'objet et de concept ne fait que "sublimer" la distinction grammaticale de sujet et du prédicat[2]. Certains commentateurs de Frege n'ont ainsi voulu voir dans ces notions empruntées aux mathématiques qu'un nouveau baptême des parties traditionnelles du jugement. Frege, bien entendu, ne visait pas à duper son lecteur, même si, concernant ces notions d'argument et de fonction, qui vont se révéler indéfinissables, Frege fait explicitement appel à une puissance de divination du public :

> Il n'est pas possible de donner une définition de ce qu'est une fonction, parce qu'il s'agit ici de quelque chose de simple et d'indécomposable. Il est seulement possible d'indiquer ce qui est visé et de le rendre plus clair en le reliant à ce qui est connu. Une définition doit être remplacée par une élucidation (*eine Erläuterung*) qui ne doit compter que sur une compréhension bienveillante[3].

Les détracteurs de Frege ont compris cet appel comme la signature d'une difficulté à sortir de la grammaire du sujet et du prédicat. C'est probablement aller vite en besogne. De quoi s'agit-il? C'est au § 9 de la *BS* que Frege introduit à la faveur d'un exemple de chimie, les notions d'argument et de fonction. On notera d'emblée que 1) Frege ne définit pas ces notions mais les illustre; 2) que l'illustration vient du domaine de la chimie, ce

1. Cf. « propriétés du contenu jugeable ».

2. C'est, dans une veine wittgensteinienne, l'avis de Baker et Hacker, *Frege : Logical Excavations*, Oxford University Press, Basic Blackwell, 1984, p. 260 : « On pourrait avec justesse caractériser sa distinction du concept et de l'objet comme une sublimation de la distinction sujet/prédicat ».

3. « Logik in der Mathematik », in *NS*, p. 254.

domaine scientifique qui a su inventer un formulaire et qui a comme autre affinité avec la logique de Frege de reconnaître des simples.

Dans la proposition : « l'hydrogène est plus léger que le gaz carbonique », il y a un constituant qu'on peut considérer comme constant (*bleibenden Bestandteil*) et un autre qu'on peut penser comme remplaçable (*ersetzbar*) ; la partie fixe ou restante : « … est plus léger que le gaz carbonique » est appelée fonction et la partie remplaçable : "l'hydrogène", argument. Frege évite soigneusement le terme de variable qui s'est imposé à nous aujourd'hui et contre lequel Frege avait de nombreuses objections, dont la plus importante est que ce terme induit en nous une notion d'altération, de quelque chose qui change. Or le temps ne doit pas être pris en compte dans la décomposition du contenu jugeable[1].

La distinction entre fonction et argument, « n'a rien à faire avec le contenu conceptuel, [ce] n'est qu'une façon de voir (*eine Sache der Auffassung*) »[2]. Frege insiste sur le fait que nous pouvons décomposer un contenu jugeable de plusieurs façons ; tantôt nous pouvons intégrer à la fonction une partie qu'à d'autres moments on se réserverait de considérer comme argument. Ainsi on peut aussi bien considérer que la partie fixe, dite fonction, est exprimée par « est plus léger que le gaz carbonique » que par « est plus lourd que l'hydrogène ». Le contenu conceptuel reste inchangé dans les deux cas. Si la décomposition du contenu jugeable n'est qu'une façon de voir, le contenu conceptuel n'est en revanche pas soumis à l'arbitraire des combinaisons fonctionnelles, car il est ce qui importe aux déductions. En tant que tel, il demeure inchangé, sinon la conduite des preuves ne pourrait pas avoir lieu : comment en effet inscrire dans une chaîne déductive un contenu qui serait fluctuant ? Si la décomposition du contenu jugeable est plurielle, le contenu conceptuel reste le même.

Le passage du § 9 de la *BS* introduisant le couple argument/fonction pourrait laisser croire que ce couple appartient à l'ordre du langage ; en effet Frege y parle d'une expression (*Ausdruck*) qui pourrait être analysée en partie constante et en partie remplaçable. En réalité, le couple argument/fonction n'est pas un couple linguistique. Avant l'apparition (1891) dans les articles suivants : « Qu'est-ce qu'une fonction ? Concept et objet » et « Fonction et concept », d'une distinction nette entre signes de fonction et fonction, signes d'argument et argument, nous avons dans ce même § 9 de la *BS*, une indication qui relativise la présentation linguistique du couple argument/fonction : Frege nous parle de la fonction satisfaite par un

1. Dans « Qu'est-ce qu'une fonction ? » Frege écrit : « Sitôt que l'on cherche une variable à titre d'illustration, on tombe sur quelque chose qui change dans le temps et n'appartient donc pas à l'Analyse pure », tr. fr., *ELP*, op. cit, p. 160.

2. *Begriffsschrift*, § 9, p. 15.

argument comme d'un fait, d'une circonstance (*Umstand*) ; on peut reconnaître dans deux faits distincts une même fonction : « "Le fait que le gaz carbonique est plus lourd que l'hydrogène" et "le fait que le gaz carbonique est plus lourd que l'oxygène" sont la même fonction avec des arguments distincts » [1].

A travers cet exemple, ce qui est en jeu c'est la reconnaissance d'une même fonction à travers des expressions différentes, mais cette reconnaissance n'implique pas pour autant que la fonction est de nature linguistique. Beaucoup, nous dit Frege, « ont été facilement conduits à considérer l'essentiel d'une fonction dans la forme de l'expression ». Or l'analyse de la forme d'expression permet de reconnaître une fonction, mais cela ne signifie pas que celle-ci réside dans la forme de l'expression.

De plus, les expressions du langage ne sauvent pas toujours la distinction entre niveaux d'objectivité [2], et les plus grandes erreurs proviennent en général d'une confusion sur la nature des symboles. Or il y a une différence d'objectivité entre une fonction et un argument ; elle réside dans la nature insaturée de la fonction et le caractère saturé de l'argument. Ces deux caractéristiques peuvent se retrouver et se reconnaître dans les expressions, mais elles ne sont pas de nature linguistique. Du fait qu'on puisse, par analyse des expressions, les reconnaître, nous autorise à parler d'une correspondance entre le caractère insaturé des fonctions et le caractère incomplet des expressions fonctionnelles d'une part, le caractère saturé des arguments et le caractère incomplet des signes d'argument. Si nous retrouvons dans les expressions cette dualité de la saturation et de l'insaturation, c'est bien pour reconnaître que « les deux parties en lesquelles l'expression de calcul est analysée, le signe de l'argument et l'expression de la fonction, sont dissemblables (*ungleichartig*) » [3]. L'expression de calcul (*Rechnungsausdruck*) dont il s'agit ici est une expression mathématique. C'est effectivement en mathématiques que nous sommes familiers avec la notion de fonction.

Fortunes logiques d'une métaphore chimique : l'insaturation

La métaphore chimique de l'insaturation court chez les logiciens de la fin du siècle dernier. On la trouve non seulement chez Frege mais aussi chez Peirce qui parle des « liens insaturés » du radical chimique, en attente de saturation. Le rhème (prédicat) est, de façon analogue, en attente d'une

1. *BS*, § 9, p. 16.
2. Cette fluctuation est celle même de Frege, comme nous aurons à le voir dans la dernière partie de ce travail.
3. « Fonction et concept », in *KS*, p. 128, tr. fr., p. 84.

application à des singuliers[1]. Frege, évoquant les expressions du contenu jugeable, n'hésite pas à les comparer « au comportement des atomes » qui ne quittent une combinaison « que pour entrer immédiatement dans une autre »[2]. Cette métaphore permet d'éviter le langage aristotélicien et algébriste de l'appartenance : « mon propos est de montrer que l'argument n'appartient pas à la fonction, mais que fonction et argument, pris ensemble, forment un tout complet »[3].

La notion d'insaturation est en réalité connexe de la notion d'analyse, car c'est bien elle qui fournit en chimie les éléments sans mélange, et en logique les simples qui sont soit saturés et fermés sur eux-mêmes, les arguments, soit insaturés et en attente de complétion, les fonctions. Frege pourrait tout à fait souscrire à ce propos de Peirce :

> une analyse, qu'elle soit logique ou chimique, ou qu'elle appartienne à toute autre science, n'est satisfaisante que si elle est complète, c'est-à-dire qu'elle sépare le composé en composants dont chacun est entièrement homogène en lui-même, et donc exempt du plus petit mélange avec l'un quelconque des autres[4].

Avant de prendre en charge le rôle joué par la métaphore de l'insaturation dans l'œuvre de Frege, il convient de noter l'efficace méthodologique de la référence au domaine de la chimie. Il est difficile de ne pas penser d'abord à Kant qui, dans la *Critique de la raison pure*, fait usage de ce domaine, dans ce même esprit méthodologique. Dans la préface de la seconde édition de la *Critique de la raison pure*, Kant, parlant de l'expérimentation que la raison fait d'elle-même et qui débouche sur la distinction entre objets des sens et de l'entendement d'une part et objets de la raison d'autre part, note : « Cette expérimentation de la raison pure a beaucoup d'analogie avec celle que les chimistes appellent souvent essai de réduction »[5]. De même dans le chapitre III de la théorie transcendantale de la méthode, intitulé « Architectonique de la raison pure », Kant reprend l'analogie avec la chimie avec toujours un usage méthodologique :

> Ce que fait le chimiste dans la séparation des matières, le mathématicien dans sa théorie pure des grandeurs, le philosophe est encore plus tenu de le faire afin de déterminer sûrement la part qu'un mode particulier de la

1. Voir à ce sujet les travaux de C. Chauviré, *Peirce et la signification*, Paris, PUF, 1995, livre III, chap. 6, p. 185-204.

2. « Booles rechnende Logik… », in *NS*, p. 19.

3. « Fonction et Concept », in *KS*, p. 128, tr. fr., p. 84.

4. Peirce, 4.548, cité par C. Chauviré, *op. cit.*, p. 220.

5. E. Kant, *Critique de la raison pure*, Paris, PUF, 1980, tr. fr., A. Tremesaygues et B. Pacaud, p. 20.

connaissance a dans l'usage courant de l'entendement, sa valeur et son influence propres [1].

La chimie fournit donc les notions d'isolement, de séparation, voire de décomposition; en somme des notions propres au vocabulaire de l'analyse. A la notion de "décomposition", Frege ajoute celle de l'insaturation et celle de l'analyse. Voyons d'abord la notion d'analyse.

En physique, à la même époque, quelqu'un comme P. Duhem avait pris la chimie comme modèle pour montrer que l'introduction des qualités nouvelles est liée à une analyse qui s'est en quelque sorte arrêtée en chemin :

> Peut-être un jour viendra-t-il où de puissants moyens d'analyse résoudront en un petit nombre d'éléments les nombreux corps qu'aujourd'hui nous nommons simples [2].

Frege [3] utilise exactement le même argument: tant que l'analyse est possible c'est qu'on n'est pas parvenu à des simples :

> Pour obtenir le plus petit nombre possible de signes primitifs, je dois choisir pour leurs significations les plus simples possibles, de même qu'en chimie, on ne peut espérer réduire le nombre des éléments qu'en poussant plus loin la décomposition [4].

Transposé au niveau logique, ce principe d'analyse, qui est une façon d'appliquer le rasoir d'Occam [5], est invoqué explicitement par Frege pour justifier le recours à un petit nombre de principes logiques. La logique ne doit reconnaître selon lui qu'un minimum de lois primitives. Cette démarche, naturelle pour la chimie, est un objectif à atteindre pour la logique :

> On ne peut pas exiger que tout soit défini de même qu'on ne peut demander à un chimiste d'analyser toutes les substances (*Stoffe*). Ce qui est simple ne peut pas être analysé et ce qui est logiquement simple ne peut pas être proprement défini. Ce qui est logiquement simple n'est pas plus donné d'avance que la plupart des éléments chimiques, mais il ne peut être acquis que par un travail scientifique. Si l'on découvre quelque chose qui est simple ou qui doit être tenu pour tel jusqu'à nouvel ordre, il faudra lui consacrer un nom car la langue n'aura pas d'elle-même une expression exactement correspondante [6].

1. *Idem*, p. 563-564.
2. P. Duhem, *La théorie physique, son objet, sa structure*, Paris, Vrin, 1989, p. 194.
3. « Booles rechnende Logik und die Begriffsschrift », in *NS*, p. 40, tr. fr., p. 47.
4. *Ibidem*.
5. Le principe d'Occam dit ceci : ne pas multiplier les entités sans nécessité.
6. « Concept et objet », in *KS*, p. 167, tr. fr., p. 128.

Conformément au principe de l'antériorité des contenus jugeables sur les concepts, ces derniers ne sont obtenus que par analyse : il en va donc des concepts comme des éléments de la chimie ; en effet ces derniers « ne sont pas des données de départ, mais leur découverte indique un état avancé de la science »[1]. Les concepts ne sont donc premiers que dans une perspective psychologique qui les isole, les confond avec les idées, et ne les obtient pas par décomposition d'un contenu articulé : « ce qui est premier logiquement et réellement n'est pas ce qui est premier psychologiquement ou historiquement »[2]. Ce qui est premier logiquement est non analysable; aussi Frege ne donnera pas de définition de ce qu'est un concept.

L'analyse peut toujours être poussée jusqu'à l'obtention de simples, c'est pourquoi la logique est une science perfectible; elle n'est pas tout entière dans l'Organon aristotélicien quoi qu'en pense Kant. Sa perfectibilité se mesure à la puissance analytique de traitement des contenus jugeables, comme la perfectibilité de la chimie à la découverte de nouveaux simples. C'est donc avec raison que Bolzano soulignait l'erreur kantienne, « savoir que la logique est une science qui a été achevée depuis le temps d'Aristote »[3]. Il convient de maintenir comme une postulat pratique la foi dans la perfectibilité de toute science y compris la logique.

C'est parce que Frege suppose cette perfectibilité qu'il peut dire que le formulaire de Peano a fait un progrès par rapport à l'algèbre de Boole en cela qu'il permet l'expression de la généralité et que sa propre idéographie a fait un progrès supplémentaire en distinguant *via* les lettres latines et les lettres gothiques l'expression de la généralité non restreinte de l'expression de la généralité restreinte. Le progrès de l'analyse est lié à la découverte des simples, or ces simples ne sont pas juxtaposés les uns aux autres ; ils sont liés tout en étant hétérogènes les uns aux autres. Comment peut-on rendre compte d'une liaison entre éléments simples et hétérogènes ? La notion d'insaturation fournit alors à Frege la réponse.

La fortune logique de ce terme d'insaturation est grande. Cette notion permet de traduire la nature incomplète des fonctions et des concepts. Elle a un rôle aussi bien au niveau de l'expression : il y a des expressions complètes ou saturées – les noms propres – et des expressions incomplètes ou insaturées – les mots conceptuels ; qu'au niveau de la référence des expressions : les fonctions et les concepts appartiennent au domaine de la référence et sont des réalités insaturées. Dans la troisième partie de ce

1. Sur la loi d'inertie, *KS*, p. 124.

2. *Ibid.* : « *Das logisch und sachlich erste ist nicht das psychologish und geschichtlich erste* ».

3. B. Bolzano, *Die Wissenschaftslehre*, introduction, § 9, éd. de F. Kambartel, 1963, Hamburg, Felix Meiner Verlag, p. 11.

travail nous nous proposons de faire l'analyse des enjeux logiques de l'insaturation : comment des réalités peuvent-elles être insaturées ? Est-il possible de les désigner d'une façon appropriée ? Pour l'heure il suffit de noter qu'à défaut de permettre une définition des notions d'argument et de fonction, le couple saturé/insaturé fournit une image illustrative du fonctionnement logique de ces notions et rend superflu le recours à des éléments de liaison propositionnelle. Ce fonctionnement, mis à mal par la théorie du sens chez Frege [1], – théorie qui nous impose comme nous aurons à le voir de considérer que le sens d'une pensée est constitué par le sens de ses constituants, ce qui rend problématique la décomposition plurielle d'un contenu jugeable en argument et fonction – permet cependant de saisir l'unité d'un contenu jugeable et de son expression, une proposition. En effet en écartant les deux entités traditionnelles que sont le sujet et le prédicat et en adoptant le couple argument/fonction, Frege trouve une solution au problème de l'élément restant qui effectue la liaison dans une proposition : « aucune glue métaphysique n'est nécessaire, l'humble copule ne se trouve pas non plus dotée de pouvoirs miraculeux » [2]. L'unité de la proposition et du contenu jugeable ou pensée qu'elle exprime est le gain majeur de la métaphore de l'insaturation. Celle-ci rend superflue toute relation qui serait comme un troisième élément appelé à souder le lien entre un argument et une fonction : « l'insaturation du concept a pour effet que l'objet qui effectue la saturation, adhère immédiatement au concept, sans avoir besoin d'un lien particulier » [3].

La métaphore de l'insaturation rompt avec la forme « sujet-copule-prédicat », en nous donnant non seulement la possibilité d'éviter des entités superflues de liaison, mais aussi celle, qui est très grande, de décomposer un contenu jugeable de multiples façons : on peut tout aussi bien dire « Jupiter a quatre lunes » que « le nombre de lunes de Jupiter est quatre » ou que « il y a quatre lunes de Jupiter ». Analysons maintenant les propriétés du contenu jugeable pour continuer notre enquête sur les entités superflues dans la théorie du jugement de Frege.

Propriétés du contenu jugeable

La métaphore de l'insaturation donne une indication essentielle sur le contenu jugeable : elle le présente à l'analyse, c'est-à-dire à la décomposition en argument et fonction, comme déjà articulé. Elle évite donc toute

1. Cf. *infra*.
2. Baker et Hacker, *op. cit.*, p. 324.
3. « Über Schoenflies : Die logischen Paradoxien der Mengenlehre », in *NS*, p. 193.

considération séparée des composants de ce contenu, elle conforte ainsi le principe frégéen de l'antériorité des contenus jugeables sur les concepts, en mettant en évidence le caractère "simultané"[1] (*Zugleich*) des deux éléments de la saturation qui forment « un tout complet »[2] (*vollständiges Ganzes*) : l'argument et la fonction. C'est fort de ce principe, que Frege aborde les fonctions primitives, propriétés du contenu jugeable : la conditionnalité, la négation et la généralité. Les deux premières permettent de justifier le caractère superflu des jugements hypothétiques et des jugements négatifs, la troisième lève les ambiguïtés aristotéliciennes sur "la quantité" de jugement.

Conditionnalité

Jugements hypothétiques superflus

Les jugements hypothétiques et les jugements disjonctifs sont considérés par Frege comme logiquement superflus. « La distinction entre jugements catégoriques, hypothétiques et disjonctifs me semble n'avoir qu'une signification grammaticale »[3]. En note à ce paragraphe figure l'idée que la justification d'un tel propos repose sur la lecture d'ensemble de la *BS*. En vérité, la mise en place par Frege de la notion de contenu jugeable et le recours à une fonction primitive comme la conditionnalité, fonction indéfinissable parce que primitive, fournissent une telle justification. Le signe de conditionnalité relie deux contenus jugeables ; le signe d'assertion établit que le contenu jugeable est jugé ; ces deux signes rendent superflue la notion de « jugement hypothétique ».

C'est la tradition aristotélicienne, Boole y compris, qui est visée ici. Les « *secondary propositions* » autrement dit les propositions hypothétiques, donnaient lieu, chez Boole, à des entités superflues, comme celle du temps, sans traduire efficacement le lien de condition à conséquence entre deux propositions. En effet, Boole, ayant en vue surtout une logique des classes, préoccupé bien plus par les concepts que par les jugements, a tenté de réduire les propositions secondes, concernant les jugements aux propositions premières, qui concernent les concepts et qui portent directement sur les choses. Les propositions secondes sont des propositions premières à propos de propositions premières ; d'où la possible réduction. Cette réduction se traduit par l'affinité construite entre les énoncés du type A : « Si X est vrai, alors Y est vrai » et ceux du type B : « Tous les cas où X est vrai sont les cas où Y est vrai », ou « toutes les fois que X est vrai sont les

1. « Booles rechnende... », in *NS*, p. 19.
2. « Fonction et concept », in *NS*, p. 128, tr. fr., p. 84.
3. *BS*, § 4, p. 4, tr. fr., (1999), p. 18.

fois où Y est vrai ». Les énoncés du type A nous parlent de propositions, les lettres X et Y y figurent comme des propositions. Les énoncés de type B nous parlent d'extensions de concept, les lettres X et Y y figurent comme des concepts satisfaits par un certain nombre de cas.

Or le deuxième type d'énoncés introduit le temps sans faire pour autant justice aux propositions hypothétiques, réduites à l'expression de propositions catégoriques. Le raisonnement hypothétique par voie de conséquence se trouve réduit à la forme *Barbara*, syllogisme du premier mode de la première figure. Cette réduction élimine ainsi l'importance des hypothétiques tout en introduisant des superfluités comme le temps :

> Boole réduit les *secondary propositions* – par exemple les jugements hypothétiques et disjonctifs – aux *primary propositions* d'une manière très artificielle. Il interprète le jugement : "si $x=2$ alors $x^2=4$" de cette façon : la classe des instants pour lesquels $x=2$ est subordonnée à celle des instants pour lesquels $x^2=4$. Ici aussi cela revient à comparer les extensions de concepts. Seulement ici ces concepts sont déterminés de façon plus précise comme des instants pendant lesquels une proposition est vraie. Cette interprétation a l'inconvénient de faire intervenir le temps là où il ne devrait jouer aucun rôle[1].

Il est clair que pour Boole c'est la logique des classes qui est fondamentale, la logique propositionnelle devant s'y réduire. Le temps apparaît ici comme une entité superflue en lieu et place d'un lien organique qui manque pour relier les propositions hypothétiques aux propositions catégoriques ; ce lien est comme nous le verrons donné par une autre fonction primitive, la généralité, qui permet d'écrire les AEIO de façon hypothétique sans qu'il y ait une réduction. Faisons d'abord justice aux propositions hypothétiques.

La forme hypothétique

Cette forme de proposition est « la forme commune de toutes les lois de nature, la forme de tous les rapports de causalité »[2]. Le privilège accordé à la forme conditionnelle vient de ce que cette forme nous oblige à réfléchir sur le mode de raisonnement, ici le signe de conditionnalité, bien plus que sur le contenu des propositions. On substitue ainsi l'intérêt pour « l'ordre naturel des vérités qui est toujours le même » à celui « l'histoire de nos découvertes qui est différente en différents hommes »[3]. Frege propose de remplacer les propositions factuelles de Mill qui, en tant que propositions

1. *Über den Zweck der Begriffsschrift*, p. 99-100, tr. fr., p. 73.
2. *Sur le but de l'idéographie*, tr. fr., 75 ; voir aussi *Logische Allgemeinheit*, in *NS*, p. 278.
3. Leibniz, *NE*, IV, § 9, cité par Frege, au § 17 des *Gl*.

fondées sur l'induction, reposent sur des lois qui « ne sauraient à elles seules suffire », par des propositions conditionnelles :

> Au lieu de relier une chaîne d'inférences à un fait, on peut laisser en suspens le fait, et traduire son contenu sous forme d'une condition. En substituant ainsi, dans une suite de pensées, des conditions à tous les faits, nous obtenons une forme dans laquelle un résultat est dépendant d'une série de conditions [1].

Cette transformation souhaitée par Frege est comme nous l'avons vu dans la première partie de ce travail le meilleur moyen de rendre compte de l'applicabilité des propositions de l'arithmétique sans que cette applicabilité soit régie par des observations effectuées dans les différents domaines du savoir. Il s'agit de montrer que l'application est une caractéristique intrinsèque des propositions arithmétiques; en ce sens, il importait à Frege d'écarter les propositions factuelles sans pour autant écarter la puissance d'application de l'arithmétique. Les propositions conditionnelles réalisent ce passage de l'application extrinsèque à l'application intrinsèque. En évitant aux propositions arithmétiques une justification empirique, Frege ne renonce pas pour autant à leur donner une justification compatible avec l'empirisme : le fait suspendu par la condition n'est pas le fait nié; la condition exprime l'actualité ou la non- actualité du fait, cette double possibilité est jugée préférable par Frege :

> On arriverait finalement là même où on serait parvenu en reliant immédiatement la chaîne d'inférences aux faits observés. Mais la façon de procéder ici indiquée est préférable dans plusieurs cas parce qu'elle conduit à une proposition générale qui n'a pas besoin d'être applicable seulement aux faits qui sont directement considérés [2].

Aussi bien contre le privilège accordé aux propositions factuelles de Mill que contre celui accordé aux propositions catégoriques de Boole, Frege entend mettre au premier plan les hypothétiques. Celles-ci concentrent en elles le lien de vérité qui est toujours le même, comme le rappelle la référence à Leibniz [3]; évitant ainsi la dispersion psychologique et une fausse conception de l'application. Du point de vue de la critique adressée à Boole, les conditionnelles évitent de considérer que les concepts sont donnés et réalisés. De même que nous ne devons pas être assujettis aux faits présents, nous ne devons pas l'être aux concepts réalisés. S'il y a un sens à construire les liens d'inférence sur la base d'une suspension de l'actualité

1. *Gl*, § 17, p. 31, tr. fr., p. 144.
2. *Idem.*
3. Cf. note 3, p. 93.

des faits et de la réalisation des concepts, alors il ne faut pas hésiter à travailler avec une fonction qui concentre en elle une chaîne de raisons et qui nous permet d'éviter avec les dispersions des modes d'inférences l'intrusion du superflu (le temps). La conditionnalité est une telle fonction.

Le signe de conditionnalité

Le signe de conditionnalité permet de relier une proposition à une autre; il ne correspond pas au « si...alors » du langage ordinaire, comme le montrent les exemples donnés dans l'article des *Recherches logiques* intitulé « Composition des pensées » [1]; l'élément causal induit par le "si" du langage ordinaire n'est pas rendu par la langue formulaire; celle-ci n'exprime que le lien de vérité ou de fausseté entre les contenus jugeables engagés dans la conditionnalité et non leur valeur contentuelle; là encore ce qui domine c'est la chaîne d'inférence et ce qui est nécessaire du point de vue de cette chaîne pour la conduite des preuves: la nécessité du raisonnement passe avant l'expression de la connexion matérielle entre les contenus. Les propositions reliées par une implication drainent dans la langue naturelle de nombreux éléments superflus du point de vue de la déduction; certes ils ne sont pas superflus dans l'absolu, mais ils servent des intérêts de communication humaine que Frege ne veut pas confondre avec les intérêts de la langue formulaire. Introduisant la conjonction comme constante logique, constante qui n'est pas considérée comme primitive dans la *BS*, Frege, au moyen de l'interdéfinissabilité des constantes logiques, c'est-à-dire la possibilité d'exprimer le "ou" et le "et" par la conditionnalité et la négation, reconnaît s'attendre à la surprise de son lecteur qui a en tête les schémas d'inférence de la langue ordinaire :

> La pensée exprimée dans la proposition composée: "Si j'ai un coq qui a pondu un œuf aujourd'hui, la cathédrale de Cologne s'écroulera demain matin" est également une pensée vraie. "Mais la condition et la conséquence n'ont pas du tout ici une connexion interne" dira peut-être quelqu'un. Je n'ai requis aucune connexion de ce genre dans mon explication et demande simplement qu'on comprenne "si B alors A" dans les termes de ce que j'ai dit et exprimé sous la forme "non (non A et B)". Il est vrai que cette façon de voir la composition hypothétique paraîtra d'abord étrange. Mon explication n'a pas à rencontrer l'usage linguistique ordinaire, qui est en général trop confus et fluctuant pour les buts de la logique. Toutes sortes de choses s'y précipitent; par exemple la relation de cause à effet, l'intention d'un locuteur qui prononce une proposition de la forme "si B alors A", la raison pour laquelle il tient son contenu pour vrai. Le locuteur peut peut-être donner des indications en

1. *KS*, p. 378-394, tr. fr., *ELP*, *op. cit.*, p. 214-234.

> rapport avec les questions qui s'élèvent parmi ses auditeurs. De telles indications appartiennent aux accessoires qui entourent l'expression des pensées dans le langage quotidien. Ma tâche consiste ici à isoler l'accessoire et à faire naître, comme noyau logique, une composition de deux pensées que j'ai appelée pensée composée hypothétique [1].

Le noyau logique de la conditionnalité est l'élément requis pour la déduction ; il ne tient compte que de la liaison des vérités et non de celle des contenus. Le superflu est ici du côté des accessoires de la pensée, dont l'utilité est une utilité de communication et de persuasion mais non de déduction.

Au § 5 de la *BS*, Frege dénombre les quatre possibilités que nous avons dans la liaison conditionnelle de deux contenus jugeables : affirmer A et affirmer B, affirmer A et nier B ; nier A et affirmer B, nier A et nier B. La troisième possibilité est écartée dans B→A. Nous reconnaissons là la table de vérité de l'implication matérielle pour peu que l'on identifie "affirmé" à "vrai" et "nié" à "faux". Une telle identification est absente chez Frege car il ne présente pas ses fonctions primitives comme des fonctions de vérité, ni ne dit que la conditionnalité par exemple est le nom d'une fonction dont les arguments seraient les contenus jugeables. Si cela avait été le cas, la conditionnalité aurait été définie et non simplement élucidée, or Frege ne cesse de dire que les fonctions primitives ne peuvent être définies. Le problème n'est donc pas celui du rapport entre l'implicite et l'explicite comme le pense Dummett [2], mais bien celui entre l'indéfinissable et le définissable. Ce point est bien vu par Baker et Hacker :

> Les indications concernant ses symboles primitifs ne sont pas du tout des définitions. Ils requièrent une élucidation ou une explication afin que leur sens soit bien saisi, mais ces indications n'appartiennent pas au système formel. Leur rôle est préparatoire, il permet au lecteur de voir la vérité des axiomes de la logique. Ignorer la distinction entre les définitions et les élucidations serait selon Frege, une erreur fondamentale. Il semble donc qu'il n'a pas *défini* les constantes logiques primitives, qu'il ne les a pas caractérisées comme des noms de *fonction* et que ses explications restent silencieuses sur la *vérité* [3].

1. *KS*, p. 388, tr. fr. ; in *ELP*, p. 227.

2. M. Dummett, *Frege philosophy of language*, London, Duckworth, 1973, p. 81 : parlant de la *BS*, Dummett note que « Frege n'a pas explicitement établi la distinction moderne entre les traitements sémantique (théorie des modèles) et syntaxique (théorie de la démonstration) de la notion de conséquence logique : mais cela est implicite dans son ouvrage ».

3. Baker et Hacker, *Frege : logical excavations*, Oxford, Oxford University Press, 1984, p. 115.

Certes Frege, suite au renoncement à la notion de contenu jugeable et à son remplacement par les deux notions de pensée et de valeur de vérité, présente la conditionnalité dans *Les lois londamentales de l'arithmétique* (§ 12) comme une fonction dont les arguments et les valeurs sont des valeurs de vérité. Mais cela ne consiste pas à « rendre explicite » ce qui est présent dans la *BS*. En effet, comme l'indiquent Baker et Hacker, « la valeur d'une fonction dépend seulement de ce qu'est son argument, et non de la manière dont cet argument est désigné »[1]. Aussi, que l'argument d'une fonction soit présenté comme « contenu jugeable » dans la *BS* ou comme "pensée" ou « valeur de vérité » dans les *Gg* ne change rien à l'argument en tant que tel.

La préoccupation de Frege fut avant tout celle de trouver une justification logique au lien entre un antécédent et un conséquent. Cette justification ne repose comme on l'a vu sur aucune réduction. L'importance reconnue aux hypothétiques est le premier versant de la construction d'un calcul propositionnel dont le second versant est la donnée d'une autre primitive : la négation. De façon totalement indépendante, est présentée la quantification à laquelle ne se réduit donc pas l'analyse des hypothétiques. La quantification est présentée à travers un axiome et une règle, l'axiome (§ 22) concerne la particularisation à une variable, la règle est le principe du confinement (§ 11) de la généralité au conséquent dès lors que la variable engagée dans la formule n'a pas d'occurrence libre dans l'antécédent.

Ainsi la conditionnalité apparaît dans la *BS* avant la généralité; les axiomes du calcul propositionnel (§ 14 à 19) avant ceux du calcul des prédicats (§ 22). Le pari engagé contre Boole est tenu : pas de réduction de l'hypothétique au catégorique qui suppose lui, une théorie de la quantification. Avant de présenter celle-ci, donnons d'abord la seconde fonction primitive du calcul propositionnel : la négation.

La négation

Jugements négatifs superflus

La distinction kantienne entre jugement affirmatif et négatif, tout comme le recours aux jugements hypothétiques et aux jugements disjonctifs, est selon Frege, superflue, inutile, voire nuisible en logique :

> On parle de jugements affirmatifs et de jugements négatifs. Même Kant le fait. Traduit dans ma façon de dire, on distinguera entre pensées affirmatives et pensées négatives. Une telle distinction est pour le moins non requise (*unnötig*) en logique; la raison en est à chercher hors de la logique. Je ne connais aucune loi logique pour l'expression de laquelle il

1. *Idem*, p. 116.

> serait requis ou même avantageux d'employer ces désignations. En toute science où il s'agit avant tout de la conformité aux lois, on doit toujours se demander : quelles expressions techniques sont requises (*nötig*) ou utiles, pour exprimer avec exactitude les lois de cette science ? Ce qui ne réussit pas une telle épreuve relève du mal (*Übel*) [1].

Sont superflues les divisions kantiennes entre les jugements négatifs et les jugements affirmatifs car à travers elles aucune loi logique ne se trouve exprimée. Sont requises en revanche les expressions techniques susceptibles de traduire la négation comme fonction primitive. Voyons successivement ces deux points. Au sujet de la superfluité des jugements négatifs, deux arguments sont donnés :

1) La distinction entre pensée affirmative et pensée négative n'est d'aucun intérêt en logique où il ne s'agit que de la saisie des pensées et de leur inscription dans une chaîne d'inférence ; or aussi bien en saisissant la pensée qu'en effectuant des inférences, nous n'avons un besoin quelconque de dire que la pensée est affirmative ou négative. Concernant la saisie des pensées, Frege rappelle que dans son article *La pensée*, il ne fait aucun usage de l'expression « pensées négatives ». « La distinction entre pensées négatives et affirmatives n'aurait fait qu'embrouiller les choses » [2]. En revanche on peut parler de pensées opposées. L'intérêt de la notion d'opposition c'est qu'il s'agit d'une relation symétrique, si bien qu'on n'induit aucunement par là qu'il y a du positif dans un cas et du négatif dans l'autre : si une pensée A est opposée à une pensée B, la pensée B est tout aussi bien opposée (*entgegengesetze*) à la pensée A : c'est tout l'intérêt du carré aristotélicien que Frege reproduit à la fin de la première partie de l'idéographie. Par ailleurs le procédé inférentiel du *modus ponens* garde « la même forme » que les prémisses soient exprimées négativement ou affirmativement.

2) L'usage ordinaire de la langue ne nous donne aucun critère pour distinguer une proposition négative d'une proposition affirmative ; parmi les propositions suivantes : « Le Christ est immortel » ; « le Christ vit pour toujours » ; « le Christ n'est pas immortel » ; « Le Christ est mortel » ; « le Christ ne vit pas pour toujours » ; « où avons-nous ici une pensée affirmative, où une négative ? » [3]. En l'absence d'un critère pour répondre, la question ne trouve d'intérêt qu'en dehors de la logique. Les pensées négatives ne fonctionnent pas comme les nombres négatifs : on ne peut pas les inscrire dans une classe, distincte des pensées affirmatives :

1. *La négation*, in *KS*, p. 369, tr. fr., p. 203-204.
2. *Ibid.*
3. *Recherches logiques, La négation*, in *KS*, p. 369, tr. fr., p. 204.

> nous n'avons pas ici deux classes telles que les pensées qui appartiennent à la première auraient leurs opposées dans l'autre classe, comme c'est le cas avec la classe des nombres positifs et celle des nombres négatifs. En tout cas, je n'ai pas encore trouvé de critère qui pourrait être appliqué pour effectuer une telle division; car l'usage de l'expression "ne...pas" dans la langue naturelle n'est qu'un critère purement externe, et encore est-il vacillant[1].

En revanche la négation qui caractérise un contenu jugeable requiert une « expression technique ». Cette expression est présente dans la *BS*, § 7 : « si on met un petit trait vertical sous le trait de contenu, on exprimera la circonstance que le contenu n'a pas lieu »[2]. Le recours à cette expression technique nécessaire devrait pouvoir mettre fin à toutes les notations superflues en cours en algèbre de la logique :

> La négation d'un contenu jugeable est exprimée par Boole au moyen de 1-A, et par d'autres, d'autres façons. A cela s'ajoute le cas mentionné plus haut, A=0, où la négation est exprimée comme jugement. Certains ont encore un signe pour l'inégalité dans lequel est aussi inclus la négation. Ce qui est à remarquer ici c'est la profusion des signes (*der Überfluss von Zeichen*). Cela donne lieu encore à une profusion (*Überfluss*) des règles primitives de calcul pour les inférences nécessaires (*notwendigen Folge*). (...) J'ai emprunté une autre voie en donnant à chaque signe primitif une signification la plus simple possible[3].

L'introduction du trait de négation[4] est explicitement justifiée ici par la volonté de ne pas associer à la négation une double portée : à la fois comme propriété du contenu jugeable et comme propriété du jugement, c'est-à-dire, dans ce dernier cas, un élément symétrique de l'assertion. Deux signes pour la négation, l'un qui traduirait une modification du contenu et l'autre une force de jugement, seraient superflus au sens où une même notion, la négation, deviendrait équivoque et ne permettrait plus la conduite des preuves. Frege renonce clairement à la seconde propriété : « la force judicative doit être également dissociée de la négation »[5]; autrement dit la négation affecte le contenu jugeable, non le jugement, c'est pourquoi parler des « jugements négatifs » est totalement superflu, au sens d'inutile et de nuisible à la fois. Juger c'est choisir entre deux pensées opposées,

1. *NS*, p. 162, tr. fr., p. 176.
2. *BS*, p. 10, tr. fr., p. 24.
3. *NS*, p. 55, tr. fr., p. 62.
4. Voir l'appendice.
5. *NS*, p. 201, tr. fr., p. 221.

> le rejet de l'une et la reconnaissance de l'autre est un même acte. Il n'y a donc pas besoin d'un nom particulier ou d'un signe particulier pour le rejet *(Verwefung)* d'une pensée[1].

Cette économie réalisée par Frege permet de garder à la négation un sens univoque et de garder une même forme au mode d'inférence comme le *modus ponens*, que les propositions y soient exprimées avec ou sans le signe de la négation.

L'assertion, c'est-à-dire l'expression du jugement, reste donc la même que le contenu jugeable ou la pensée soient présentés avec ou sans le signe de la négation. La barre verticale de l'assertion vaut dans les deux cas et n'est en aucun sens modifiée par la présence de la négation :

> L'assertion réside d'ordinaire dans la forme indicative et n'est pas reliée de façon nécessaire (*notwendig*) à la locution "ne...pas". On peut conserver la négation alors même que l'on renonce à l'assertion. On peut tout aussi bien dire : "la pensée que Pierre n'est pas venu à Rome" que "la pensée que Pierre est venu à Rome". Nous voyons ainsi que l'asserter et le juger ne sont pas différents quand j'asserte que Pierre n'est pas venu à Rome et quand j'asserte que Pierre est venu à Rome; la seule différence est que nous avons la pensée opposée[2].

En dissociant pleinement l'expression de l'opposition des pensées de celle de l'assertion, en rendant ainsi superflue la notion de «jugement négatif», Frege met en évidence la distinction entre «l'invitation au jugement» et «le contenu particulier du jugement»[3]. Ce contenu est le même dans les pensées opposées et dans la pensée interrogative qui distribue leur opposition. En opérant cette identification, Frege veut montrer que les pensées opposées sont des pensées problématiques, des pensées soumises à l'examen mais qui n'ont pas encore fait l'objet d'une reconnaissance ou d'un rejet. S'il y a un sens à dire que dans le travail scientifique, nous avons besoin de poser des questions, c'est parce que la saisie d'une pensée n'engage pas encore la vérité de celle-ci :

> le chercheur doit parfois se contenter de poser une question jusqu'à ce qu'il puisse y répondre. En posant la question, il saisit la pensée[4].

En maintenant la symétrie entre les pensées opposées, en choisissant le terme d'opposition à celui de "positif" *versus* "négatif", Frege ôte à la

1. «Einleitung in die Logik», in *NS*, p. 201, tr. fr., p. 221, cf aussi «Logik», in *NS*, p. 8, tr. fr., p. 16.
2. *NS*, p. 161, tr. fr., p. 175.
3. *KS*, p. 363, tr. fr., p. 196.
4. *KS*, p. 364., tr fr., p. 197.

négation tout pouvoir “séparateur” [1], ou négateur au sens de la dissolution (*Auflösung*). Reconnaître un tel pouvoir c’est d’emblée rompre la symétrie requise par la notion d’opposition. Il suffit d’invoquer, comme le fait Frege, la loi de la double négation, pour montrer que la négation n’engage aucun pouvoir destructeur ou créateur au sein d’une pensée : « la négation ne fait pas d’une non-pensée une pensée, pas plus qu’elle ne fait d’une pensée une non-pensée » [2]. La saisie d’une pensée est toujours la saisie d’une opposition de pensées sans privilège de l’une sur l’autre :

> Nous saisissons le contenu de la vérité, avant de le reconnaître comme vrai ; mais nous ne saisissons pas seulement ce contenu, nous saisissons aussi son opposé ; car dans une question nous hésitons entre deux opposés. Bien que dans la langue [3], habituellement, un seul aspect est exprimé, l’autre, de lui-même, pourtant, est toujours là ; car le sens de la question demeure le même si nous ajoutons : “n’est-ce pas ?”, et c’est même cela qui rend possible une telle économie dans la langue [4].

Négation et assertion

De même que je peux proposer à l’examen une pensée sans qu’elle soit vraie, de même je peux nier, nous dit Frege, une pensée sans la rejeter comme fausse. La négation n’est pas, comme nous venons de le voir, l’opposée symétrique de l’assertion. Reconnaître cette symétrie en revanche présuppose que les pensées n’ont pas par elles-mêmes de construction autonome : le jugement serait créateur de « l’ordre et du lien » [5] et la négation serait “destruction” de ce lien ; jugement et négation seraient alors comme une “oxydation”/“réduction” en chimie.

Nous allons développer deux arguments-tests pour contrer cette thèse de la collusion jugement/négation. Le premier concerne la valeur de la locution négative ; le second permettra de confronter les prédicats positifs comme “rouge” avec les prédicats négatifs comme « ne pas être rouge » pour voir en quel sens la négation modifie le sens du prédicat.

La négation : opposition sans force. A première vue, la présence de l’expression “ne...pas” semble indiquer que la négation est véritablement un rejet, l’opposé symétrique du jugement. Il semble qu’on veuille véritablement indiquer que la négation s’oppose au jugement ou à son

1. *KS*, 368, tr. fr., p. 202.
2. *KS*, 368, tr. fr., p. 202.
3. Il ne s’agit naturellement ici que de propositions interrogatives et non de mots interrogatifs.
4. *NS*, « Logik », p. 8, tr. fr., p 16.
5. *KS*, 371, tr. fr., p. 206.

expression, l'assertion. Comment cela? Supposons qu'on ait un langage sans négation, où le désaccord et la contradiction n'apparaissent que par des propositions incompatibles mais toutes affirmatives, il est alors tout à fait pensable de manquer une inférence qui nous permet de conclure d'une proposition telle que « Ali est à Casablanca », la proposition « Ali n'est pas à Paris » ; dans notre langage, cette proposition négative n'apparaît que sous la forme d'une proposition positive ou affirmative du type « Paris est libre d'Ali ». Il semble donc que dans le langage ordinaire, le signe de la négation permet de prendre conscience, de juger en somme, de l'incompatibilité de deux propositions sans quoi on peut manquer celle-ci. La négation apparaît donc bien comme ayant une *force* qui modifie le contenu de la proposition et en tant que force, s'opposer à la force assertive. Ainsi l'analyse de Frege ne serait pas satisfaisante. Nous avons cependant vu dans la partie précédente, les dangers, du point de vue de la logique, lorsque nous maintenons deux sens de la négation: signe fonctionnel et force de jugement. L'exemple que nous venons de donner accorde à la négation une valeur assertive simplement parce qu'il s'agit de propositions atomiques où la négation apparaît comme l'opérateur principal, opérateur auquel on veut, en raison de son caractère central, donner une force quelconque. Or c'est cela que dénonce Frege. Voyons cela de plus près.

Un argument de taille pour l'univocité de la négation est celui-ci : si la négation avait une force opposée à l'assertion, elle devrait comme l'assertion porter sur *tout* le contenu; or il suffit de prendre en considération les pensées composées pour voir que ce n'est pas le cas. Les exemples de Frege dans l'article « Négation » concerne presque exclusivement des pensées composées. Par exemple, dans une proposition moléculaire du type : « si l'accusé était à Rome au moment du meurtre, il n'a pas commis le meurtre » où figure le signe de l'implication, la négation n'est pas le signe central, mais bien plutôt l'implication. La négation ne porte donc pas sur tout le contenu. De plus si l'on devait reconnaître plusieurs sens à la négation, si la négation devait tantôt intervenir comme un opérateur propositionnel, tantôt comme un rejet, il serait impossible de déduire, impossible même de comprendre la règle de déduction qu'est le *modus ponens*. Les deux exemples suivants donnés par Frege indiquent nettement qu'il n'y a pas :

> la moindre raison factuelle (*geringste sachliche Grund*) pour distinguer les prémisses négatives des positives, dans l'expression de la loi d'inférence présente ici, les deux inférences procédant de la même forme :
> Si l'accusé n'était pas à Berlin au moment du meurtre, il n'a pas commis ce meurtre; or l'accusé n'était pas à Berlin au moment du meurtre, il n'a donc pas commis le meurtre.

> Si l'accusé était à Rome au moment du meurtre, il *n'*a *pas* commis le meurtre; or l'accusé était à Rome au moment du meurtre, il *n'*a donc *pas* commis le meurtre[1].

Dans la première inférence, la négation est une partie du sens de chacune des pensées exprimées, condition et conséquent; dans la seconde inférence, la négation n'intervient que dans le conséquent; dans le premier cas, la condition, une fois reconnue comme prémisse, présente la négation comme un opérateur principal; dans le second cas, la condition est affirmative. Si le signe de négation avait une force assertive, alors le *modus ponens* serait dans le premier cas de nature différente du second, nous n'aurions pas un même type d'inférence; si on continue à dire qu'il s'agit de la même loi, c'est parce que la construction des pensées soumises à cette règle de détachement est indépendante de cette même règle; la négation, si négation il y a, concerne le mode de construction de la pensée et ne se propage pas à la loi d'inférence elle-même.

Il convient donc de considérer que dans tous les cas, la négation est un signe qui modifie le sens de la pensée, un signe qui n'a pas comme l'assertion, une valeur de force par rapport à la pensée exprimée, mais simplement celle d'un connecteur.

L'argument essentiel de Frege contre la symétrie entre l'assertion et la négation, autrement dit contre l'idée selon laquelle la négation aurait une force de rejet comparable à la force assertive, réside, comme on vient de le voir, dans la composition des pensées où intervient dans l'une d'entre elles l'opérateur de la négation. Si la négation avait une force de rejet, c'est l'ensemble de la pensée exprimée qui serait affecté; comme le rappelle Dummett :

> un signe porteur de force doit toujours avoir trait à l'énoncé complet dans son entier dans lequel il a une occurrence. Il ne peut pas former la partie d'une clause subordonnée. Donc le signe de la négation qui a une occurrence comme partie de clauses subordonnées doit être interprété différemment, précisément comme une expression fonctionnelle (opérateur propositionnel) qui contribue au sens de la clause où il a une occurrence[2].

C'est pourquoi Frege ne cesse de donner comme exemple de pensées où il y a un signe de négation, non pas une pensée, mais toujours une composition de pensées, car une pensée seule peut toujours produire l'illusion que la négation y possède une force. Ainsi pour établir l'utilité du raisonnement

1. *KS*, p. 369, tr. fr., p. 203. Les italiques sont de nous. Ils mettent en évidence la présence des négations dans les deux *modus ponens*.

2. Dummett, *Frege philosophy of language*, p. 316.

par l'absurde, c'est-à-dire le fait qu'une pensée fausse puisse être partie d'un raisonnement vrai ; ou bien pour montrer l'utilité égale, dans un *modus ponens*, de pensées où apparaît la négation et de pensées sans négation, Frege donne des exemples où le signe de négation ne régit qu'une partie de la pensée totale exprimée, ce qui montre qu'il est fonctionnel sans être doué d'une force de rejet; si cette force était liée au signe de la négation, alors comme le note Dummett, elle se propagerait à la pensée entière. Le choix des exemples juridiques rend cruciale cette thèse : nier dans un tribunal ne consiste pas à détruire la pensée avancée mais à la soumettre à l'examen de tous sous la forme négative sans préjuger de sa vérité. De plus, c'est bien dans ce cadre là que la consécution des pensées, et par conséquent leur composition, est de nature problématique.

On comprend alors pourquoi, dans la *BS*, quand la négation est introduite, aussitôt Frege analyse les cas où les « symboles de conditionnalité et de négation sont combinés » [1]. C'est ainsi qu'il parvient à montrer qu'il y a une interdéfinissabilité possible entre les constantes logiques "et" [2], "ou" et qu'une combinaison conditionnalité/négation a lieu. L'enjeu de l'introduction de la négation n'est pas de présenter négativement un contenu jugeable, puisque cela va sans dire dès lors qu'est engagée la saisie de ce contenu qui est toujours saisie sous la double polarité de deux contenus opposés ; l'enjeu est bien de combiner un contenu où intervient la négation, avec un contenu où elle n'intervient pas pour pouvoir obtenir de nouveaux contenus par inférence.

Le prédicat : un aimant pour la négation. Frege notait que la présence des mots "ne...pas" dans le langage créait l'apparence d'une négation qui serait l'opposée de l'assertion. On sait qu'il a crée un signe pour l'assertion [3] car ce signe manque dans les langages ordinaires :

> le langage n'a aucun mot particulier, aucune syllabe pour l'assertion. Celle-ci réside dans la forme d'une proposition assertive dont se trouve particulièrement imprégné le prédicat. Par ailleurs, puisque les mots "ne...pas" sont en liaison très étroite avec le prédicat, on peut les considérer comme une partie intégrante (*Bestandteil*) du prédicat. Ainsi, entre

1. *BS*, § 7.

2. Frege préfère réduire la conjonction à la conditionnalité plutôt que l'inverse car dans la conditionnalité, se donne à voir une inférence, ce qui n'est pas le cas de la conjonction : « d'un point de vue logique, les deux sont également primitifs. Mais le lien de pensée hypothétique est plus étroitement lié à l'inférence, il est bien plus préférable de le considérer comme primitif et d'y réduire la conjonction », in *NS*, p. 216.

3. Voir appendice et fin de la troisième partie, p. 207.

les mots “ne...pas” et la force assertive qui correspond dans la langue au jugement, un lien semble se former[1].

Les mots “ne...pas” sont donc une partie de prédicat. On en déduit que dans une proposition négative du type « l’Atlantique n’est pas bleu », on ne peut séparer le prédicat “bleu” des termes de négation “ne...pas”. Si donc le tout fait un prédicat global, ce prédicat n’a pas la même valeur qu’un prédicat positif. En disant que « la craie est non blanche », on ne veut pas dire que la craie est rouge ou bleue, autrement dit « non blanc » fonctionne comme un prédicat non spécifique par distinction d’avec les prédicats positifs. Par voie de conséquence, s’il y a des faits négatifs, ces faits ne sont pas les symétriques des faits positifs, car ce sont des faits abstraits[2] et les faits positifs des faits concrets. On peut donc dire que la négation ne fonctionne pas dans les langues naturelles – et dans ce qui, dans ces langues correspond à l’assertion, à savoir le jugement –, comme une constante logique, mais plutôt comme un partie de prédicat; l’ensemble qu’elle forme avec le prédicat étant apparenté à un terme général ou non spécifique. Ce fonctionnement la rend susceptible de jouer, dans l’usage linguistique ordinaire, le rôle de l’opposé d’une assertion.

La négation hors de la logique

Frege exprimait un doute sur la possibilité de réaliser une distinction entre pensées négatives et pensées affirmatives. Si cette possibilité existait, elle ne pourrait relever selon lui du domaine de la logique. Nous allons examiner deux tentatives pour établir une telle distinction et noter en quoi elles sont à proprement parler hors du domaine de la logique. Le premier exemple se rapporte à l’engagement ontologique de Russell à l’égard des « faits négatifs » que symbolisent des propositions négatives. Le second est une exploration de pensées exprimées négativement dans le langage ordinaire et à la base desquelles Freud a conforté son hypothèse de l’inconscient.

La négation a-t-elle une connotation ontologique? Si Frege a raison, si la distinction entre pensées négatives et pensées affirmatives est à chercher hors de la logique, peut-être faut-il en effet, à la manière de B. Russell, chercher à la justifier d’un point de vue épistémique, par un engagement ontologique sur la nature des faits: il y aurait des faits négatifs que

1. *La négation*, p. 207.

2. Jay David Atlas, *Philosophy without ambiguity*, Oxford, Clarendon Press, 1989, p. 121 : « La négation qui est une constante logique dans le langage formel de la logique élémentaire, est dans le langage naturel bien plus semblable à un prédicat, un terme général, qu’à une constante logique ».

symbolisent des propositions. Le problème est de taille : comment, sur la base d'un signe de négation auquel « rien ne correspond dans la réalité »[1], on peut défendre la thèse selon laquelle il y a des faits négatifs ?

Russell[2] a pu montrer contre quelqu'un comme Raphaël Demos[3], à qui il répond dans les Conférences sur *l'atomisme logique*[4], qu'il y a des faits négatifs. Ayer[5], bien plus tard (1954), et tout en ne reconnaissant pas de faits négatifs, souligne l'attitude paradoxale qui consiste à ne pas en admettre :

> si je dis que la mer Méditerranée est bleue, je me réfère à un objet individualisé et lui attribue une qualité; mon jugement, s'il est vrai, établit un fait positif. Mais si je dis que l'Atlantique n'est pas bleu, bien que je me réfère encore là à un individu, je ne lui attribue aucune qualité; et si mon jugement est vrai il doit y avoir quelque fait positif qui le rende tel, mais ce fait ne peut pas être le fait que l'Atlantique n'est pas bleu, car ceci n'est pas positif et à strictement parler n'est pas un fait du tout. Il pourrait sembler donc soit que le jugement apparemment négatif fait en quelque sorte le travail d'un jugement affirmatif, soit, s'il est vrai, qu'il est rendu tel par quelque fait qu'il n'établit pas. Chaque partie de l'alternative est paradoxale[6].

Autrement dit soit la proposition négative est une description d'une proposition positive, soit elle est vraie en vertu de quelque chose qui n'a pas lieu.

R. Demos, avait soutenu dans un article de 1917 paru dans *Mind*, qu'il n'y a pas de fait négatif, sur une base argumentative très semblable à celle de Ayer[7]. Il n' y a pas de fait négatif à cause de la considération empirique

1. L. Wittgenstein, *Tractatus logico-philosophicus*, 4.0621 : « Mais le fait que les signes "p" et "¬p" *puissent* dire la même chose est important, car il montre qu'au signe ¬ rien ne correspond dans la réalité. Que la négation intervienne dans une proposition n'est pas une caractéristique de son sens ($p = \neg\neg p$). Les propositions p et ¬p ont un sens opposé mais c'est une et même réalité qui leur correspond ».

2. *Logic and knowledge*, 1956, éd. Marsh, troisième conférence, p. 211-212.

3. M. Demos Raphael, « A discussion of a certain type of negative proposition », *Mind*, April 1917, volume XXVI, p. 188-196.

4. B. Russell, « The philosophy of logical atomism », III, *in* Marsh, *Logic and knowledge*, 1956, p. 211-214 : « je suis poussé à croire qu'il y a des faits négatifs et qu'il n'y a pas de faits disjonctifs », p. 215.

5. *Philosophical essays*, London, Mac Millan, 1954.

6. *Idem*, p. 46-47.

7. Plus anciennement, Bergson en 1908, avait produit des arguments semblables, dans *L'évolution créatrice*, Paris, PUF, p. 287 : « Ainsi, tandis que l'affirmation porte directement sur la chose, la négation ne vise la chose qu'indirectement, à travers une affirmation interposée. Une proposition affirmative traduit un jugement porté sur un objet; une proposition négative traduit un jugement porté sur un jugement. La négation diffère donc de

selon laquelle nous ne rencontrons pas par expérience de fait empirique négatif. La référence des propositions négatives ne peut être que les faits positifs.

Selon une méthode russellienne[1], Demos se propose de transposer dans l'ordre des faits négatifs les résultats obtenus par Russell dans l'ordre des descriptions :

> J'ai essayé d'appliquer aux propositions négatives le traitement que M. Russell a appliqué aux simples expressions descriptives et aux symboles incomplets[2].

Les propositions négatives sont ainsi considérées par Demos comme des descriptions ambiguës de propositions positives ; par exemple "une opposée de (John est à la maison)" est une description de la proposition positive "John est à la maison". Les propositions négatives réfèrent à des propositions positives et les propositions positives assertent des faits positifs ; en ce sens la proposition négative peut être définie comme le référent d'un référent, ou la description d'une description; mais elle n'asserte elle-même aucun fait du monde. R. Demos fait une analogie entre les centaures qui n'existent pas et les faits négatifs qui n'existent pas non plus. On voit donc comment fonctionne l'équivalent symétrique pour la négation du *ens verum convertuntur*, de la réciprocité de l'être et de la vérité.

R. Demos pense donc qu'il n'y a que des faits positifs. Dès lors il se met dans l'embarras s'il veut traiter des propositions affirmatives fausses du type "Socrate est vivant". Si ces propositions sont fausses, c'est à cause d'un fait du monde selon Russell; tandis que Demos interprète la proposition "non (Socrate est vivant)"[3] comme une proposition à laquelle ne correspond pas de fait directement. C'est une proposition qui suppose une proposition vraie et incompatible avec la proposition positive :

l'affirmation proprement dite en ce qu'elle est une affirmation de second degré : elle affirme quelque chose d'une affirmation qui affirme quelque chose d'un objet ».

1. R. Demos avait suivi les conférences données par B. Russell à Harvard en 1914, et, séduit par la théorie des descriptions, avait tenté de l'adapter au problème des propositions négatives pour dire que de telles propositions décrivent des propositions affirmatives.

2. R. Demos, *op. cit.*, p. 188.

3. Résumons le point de vue de R. Demos : selon lui, on ne peut considérer l'interprétation de "non" comme une qualification du prédicat, car il y a des propositions sans prédicat comme : « ceci n'est pas à la droite de cela » ; parce que aussi la négation peut porter sur le sujet comme sur le prédicat : « Dieu ne pourvoit pas » ; cela peut être parce qu'il n'y a pas de Dieu. "Non" est une qualification de toute la proposition non d'une de ses parties. L'énoncé : « X n'est pas mort » est en fait « non (X est mort) ». Toute proposition négative est de la forme « non p », toute proposition négative peut être considérée comme une fonction négative de quelque proposition particulière positive.

“Socrate est vivant”. Ce détour par les incompatibles a deux inconvénients selon Russell :

a) Il met entre parenthèses les faits et menace de nous enfermer dans le langage. En effet seules les propositions sont incompatibles; on ne peut parler de faits incompatibles.

b) Il déplace le centre d’intérêt des propositions négatives vers les propositions positives et manque par ce biais la spécificité propre à la négation. Il peut arriver que l’on soit moins intéressé par la proposition positive : “cette craie est blanche” que par la proposition négative “cette craie n’est pas rouge”. De plus le recours à l’incompatibilité ne peut être plausible que dans le cas où la qualité positive de substitution ne peut pas exister en même temps que la qualité négative, comme par exemple “carré” et “rond”, mais là encore nous avons besoin d’un fait négatif du type : ce qui est carré n’est pas rond; un fait qui n’est pas moins négatif que le fait que la table n’est pas carrée.

En 1919, Russell revient sur l’article de Demos et analyse la réticence à admettre les faits négatifs, cette réticence gît, selon lui, dans l’aspect sensible du langage qui en tant que sensible est positif; « Les mots et les expressions déployées dans la communication doivent toujours être sensibles; et les faits sensibles sont toujours positifs » [1]. Ainsi quand bien même les propositions contiennent une négation, elles ont un caractère positif car le mot logique “non” est sensible, matériel. C’est parce que d’une part dans le monde rien ne correspond sous forme de constituant à ce mot logique comme a pu le noter Wittgenstein dans le *Tractatus* [2], et que d’autre part les propositions même négatives ont un caractère positif, que nous sommes portés à croire, à tort, qu’il n’y a pas de faits négatifs. La difficulté selon Russell de concevoir des propositions positives (au sens où elles sont sensibles) assertant des faits négatifs est la raison principale de notre réticence à admettre les faits négatifs.

Cet exemple russellien montre qu’à partir de présupposés ontologiques, on peut essayer de construire une distinction entre le positif et le négatif. Mais, même si la logique sert de base à une telle distinction, au sens où Russell assume pleinement la caractérisation de la négation comme constante logique, il va de soi que nous avons tout au plus, du côté des faits, pu promouvoir la possibilité d’une distinction entre positif et négatif, sans avoir obtenu une distinction au niveau des pensées elles-mêmes. Du côté des pensées, Russell ne se risque pas à poser la question, son engagement

1. B. Russell, *On propositions*, *in* Marsch, *op. cit.*, p. 317.
2. Wittgenstein, *op. cit.*, 4.0621.

ontologique à l'égard des faits négatifs ne suffit pas pour construire une telle distinction.

D'un point de vue épistémologique reposant cette fois-ci sur une théorie du psychique, on peut prétendre établir une distinction entre pensée positive et pensée négative, c'est le pari freudien, mais alors il faut accepter que ces pensées soient entendues en un sens non logique, mais au sens psychologique de pulsions.

Interpréter les pensées négatives – Il y a dans un texte de Freud (1925) intitulé « La négation » [1] (*Die Verneinung*), daté de la même période que celui de Frege (1923), une analyse de la négation qui illustre, à défaut de la définir, la distinction entre pensée positive et pensée négative. Freud, tout comme Frege, semble vouloir reconnaître que la négation est une propriété de la pensée exprimée, une propriété qu'on peut analyser pour elle-même. Seulement, la négation est présentée sans cesse comme dotée d'une force, autrement dit comme déterminant une forme spécifique d'assertion. Comme cette force est fluctuante, elle est tantôt présentée comme une projection, quand par exemple le patient dit à son analyste : « vous allez penser que je vais dire quelque chose d'offensant, mais je *n'*ai *pas* effectivement cette intention ». Elle est tantôt une distanciation : « Vous demandez qui peut être cette personne dans le rêve. Ma mère ce *n'*est *pas* elle ». Elle peut être aussi une conjuration : « C'est merveilleux, je *n'*ai *pas* eu ma migraine depuis si longtemps ». Tous ces exemples indiquent que la négation acquiert une force qui la rend symétrique de l'assertion. Et c'est cette symétrie négation/assertion que Frege refusait d'un point de vue logique.

Freud a pu ainsi doter la négation d'une force car il maintient la distinction entre jugement négatif et jugement affirmatif. Cependant, on trouve chez lui une thèse proche de celle de Frege : il s'agit de l'indestructibilité des pensées niées. Chez Frege, comme nous l'avons vu, la négation n'a aucun pouvoir de dissoudre la pensée, elle n'est qu'un des deux pôles de la saisie de celle-ci, Freud semble avancer la même idée : la négation ne détruit pas le pur contenu de l'idée, c'est-à-dire sa part pulsionnelle. G. Meyerson, dans une étude reposant sur une confrontation entre les textes de Frege et de Freud sur la négation, note que : « Le jury de Frege est une comparaison intéressante avec les patients de Freud : aucun d'eux ne peut censurer une idée au moyen de la négation » [2]. Freud comme Frege mettent en évidence l'indestructibilité de la pensée niée. Mais la comparaison ne

1. Freud, « La négation », in *Résultats, idées, problèmes*, II, 1921-1938, Paris, PUF, 1985, p. 135.

2. G. Meyerson, « Hypothetical dialogue and intellectual history : Frege, Freud and the disarming of negation », vol. 8, n°4, *History of the human science*, 1995, p. 5.

peut pas être poussée bien loin car Freud prétend isoler un pur contenu de l'idée, de part en part positif : la pulsion; la négation intervient sur ce contenu comme une force qui le modifie sans le détruire, elle a une valeur de jugement. Or chez Frege, rien de tel. La négation n'a pas une valeur de jugement, de plus elle est le pôle d'une opposition et celle-ci, en tant que relation binaire nous donne sans privilège de l'une ou de l'autre les deux pensées opposées, sans se prononcer sur leur valeur pulsionnelle. Il n'y a pas dans la théorie freudienne de la négation, un schéma logique oppositionnel à la manière de celui de Frege. Quand l'opposition apparaît, elle est contemporaine du jugement, car la négation intervient comme une force fluctuante, impossible à fixer dans une forme logique, impossible à fixer dans un sens univoque.

Les deux exemples développés ici, celui de Russell et celui de Freud, indiquent toux deux que la distinction entre le positif et le négatif ne se fait pas dans le royaume des pensées, comme l'avait bien indiqué Frege. Cette distinction peut être défendue au niveau des faits à la manière de Russell, au niveau des représentations psychiques à la manière de Freud. Pour une théorie de la connaissance ou pour une psychologie, il peut s'avérer intéressant de mobiliser une distinction entre le positif et le négatif, du point de vue même théologique, on peut présenter une thèse en faveur du caractère positif ou négatif d'une proposition comme « le Christ vit éternellement », ou « Le Christ n'est pas mortel », mais du point de vue logique ces distinctions, impossibles à faire, sont en même temps superflues.

La généralité

Cette fonction primitive est à la fois indépendante des deux autres fonctions et en même temps permet de construire un lien organique entre pensées exprimées en étant combinée à elles. Elle est indépendante : on ne peut pas faire comme Peano dans son formulaire, une unification des deux signes de conditionnalité et de généralité sous la forme $\supset$x où $\supset$ renvoie au signe de conditionnalité et x à l'expression de la généralité, car ce mélange laisse inexpliqué de l'aveu même de Peano ce qui est induit par chacun des deux signes ; de plus si la conditionnalité est une forme dans laquelle les lois trouvent leur expression adéquate comme on a pu le souligner, elle n'est pas elle-même une loi car il lui manque la généralité :

> les pensées composées hypothétiques dont j'ai parlé ne comptent pas comme des lois, car il leur manque la généralité qui distingue les lois des fait particuliers[1].

1. *NS*, p. 278, tr. fr., p. 305.

Aussi Peano commet-il une « faute méthodologique » quand il associe dans un même symbole ces deux fonctions primitives; cette "faute" s'accompagne de nombreuses superfluités dont nous avons rendu compte dans la première partie de ce travail lors de l'examen de l'idéographie comme langage nécessaire[1] :

> la procédure correcte est d'abord d'établir la signification du signe de déduction puis de manière totalement indépendante d'indiquer comment la généralité est désignée au moyen de lettres indiquant de manière indéterminée[2].

Cette indépendance de présentation est compatible avec le lien organique entre les deux types de propositions dont parle Boole : les catégoriques et les hypothétiques. Il est fourni par l'expression de la généralité restreinte pour laquelle Frege réserve les lettres gothiques dans la *BS* : « la lettre gothique conserve sa signification simplement dans les limites de son domaine ». C'est elle qui permet à Frege l'expression de la règle du confinement de la généralité dans le conséquent[3]. C'est elle qu'il invoque dans son article « Sur le but de l'idéographie » pour indiquer le caractère organique entre les catégoriques et les hypothétiques dans la formule suivante : « si toute racine carrée de x est égale à x lui-même, alors x = 0 » ; la généralité est ici restreinte à la première partie du jugement hypothétique; celui-ci se trouve organiquement lié à l'expression de la généralité sans être réduit à une proposition catégorique. Après avoir indiqué qu'il est parfois « requis (*nötig*) de restreindre la généralité à une partie du jugement », Frege ajoute :

> Je considère ce mode de notation comme un des plus importants constituants de mon idéographie; à travers lui, elle a, en tant que simple représentation des formes logiques, un avantage significatif sur le mode d'écriture de Boole. Par ce moyen, à la place de l'artifice booléen, on établit un rapport organique entre les *primary* et les *secondary propositions*[4].

Les propositions hypothétiques sont une base pour les propositions catégoriques, elles ne s'y réduisent pas, ou pour emprunter le langage de Frege, les pensées hypothétiques sont la forme dans laquelle s'expriment les pensées générales, mais elles ne sont pas elles-mêmes générales. Cependant, la forme hypothétique, si elle n'est pas générale, est adéquate

1. Cf., première partie, p. 23 *sq.*
2. *KS*, p. 229.
3. C'est une loi du calcul des prédicats du premier ordre qu'on peut exprimer ainsi : « si on a $\forall x(A \rightarrow B(x))$ alors on a $(A \rightarrow \forall x B(x))$ où x n'a pas d'occurence libre dans A ».
4. « Sur le but de l'Idéographie », p. 105, tr. fr., p. 78.

pour l'expression d'une pensée générale. Dans *Logische Allgemeinheit* – un écrit posthume postérieur à 1923, faisant suite à l'article «Composition des pensées», article où Frege traite surtout des propositions hypothétiques – Frege présente trois expressions possibles d'une pensée générale: «Tous les hommes sont mortels»; «tout homme est mortel»; «si quelque chose est un homme, quelque chose est mortel», de ces trois expressions, celle qui lui semble la plus adéquate est la troisième, c'est-à-dire la proposition hypothétique. Pourquoi un tel privilège? Frege note que la proposition hypothétique où la généralité se trouve enchassée nous permet d'apprécier la différence entre une langue auxiliaire (*Hilfesprache*) et une langue d'exposition (*Darlegungsprache*), car elle fait apparaître comme objets de la langue de laquelle on parle, les lettres qui indiquent la généralité:

> La langue que je viens de présenter, et que je nommerai langue auxiliaire, doit servir de pont du sensible vers le non-sensible. Elle renferme deux constituants différents: les images de mots et les lettres isolées. Les premiers correspondent aux mots de la langue parlée, les secondes ont pour rôle d'indiquer de façon indéterminée. Il faut distinguer de cette langue auxiliaire la langue dans laquelle se déroule le cours de mes pensées. Cette dernière est l'allemand ordinaire, écrit ou imprimé, ma langue d'exposition. Les phrases de la langue auxiliaire sont, en revanche, les objets dont il doit être question dans ma langue d'exposition [1].

La langue auxiliaire est donc bien celle où on se donne des lettres qui indiquent de manière indéterminée: dans la proposition «si *a* est un homme, *a* est mortel», la lettre *a* indique la généralité et avec elle, la place et la possibilité d'une instanciation particulière: «si Napoléon est un homme, Napoléon est mortel». Cette mise en évidence de la langue auxiliaire, l'expression du type «tous les hommes sont mortels» ne le permet pas; elle donne indistinctement la langue auxiliaire et la langue d'exposition, à savoir l'allemand dans lequel parle Frege. Or, la généralité requiert comme la négation et la conditionnalité, son propre symbolisme. Si elle doit figurer parmi les fonctions primitives de la *BS*, elle ne peut être confondue avec l'usage ordinaire de la généralité. De même que cet usage mêle indistinctement la négation comme rejet et la négation comme pôle d'opposition, il mêle indistinctement la langue auxiliaire et la langue d'exposition. Or, s'il y a un tel mélange, comment penser l'instanciation ou pour le dire dans le langage de Frege, langage qui refuse comme on l'a vu la notion d'interprétation dans un modèle, «l'inférence du général au particulier»?

1. *NS*, p. 280, tr. fr., p. 308.

Jugement particulier et jugement d'existence

Frege a fait du jugement particulier et du jugement d'existence la pierre de touche de la nouveauté de son idéographie. Boole n'avait pas de symbolisme pour traduire le jugement d'existence. En ne distribuant pas la généralité sur le contenu jugeable tout entier, en maintenant les concepts à l'état de donnée globale, Boole n'a pas réussi à composer la généralité et la négation pour déboucher sur cette notion si précieuse de généralité dans la portée d'un connecteur, c'est-à-dire de formalisation du "quelque". Quant nous disons : « Quelques oiseaux ne volent pas », nous exprimons un jugement particulier que l'on peut rendre sous la forme d'un jugement existentiel du type : « il y a des oiseaux qui ne volent pas ». Notons que la réciproque n'est pas vraie : tous les jugements existentiels ne sont pas traduisibles en jugements particuliers ; lorsque nous ne disposons que d'un seul mot conceptuel et non de deux, on ne peut former de jugement particulier à partir d'un jugement existentiel. Si nous disons : « il y a des hommes », nous avons bien exprimé un jugement existentiel mais comme nous ne disposons que du seul mot conceptuel "homme", nous ne pouvons former de jugement particulier, alors que dire « il y a des oiseaux qui ne volent pas » peut se traduire sous la forme d'un jugement particulier ainsi : « quelques oiseaux ne volent pas » car nous avons là deux mots conceptuels "oiseau" et "voler".

Cette différence entre jugement particulier et jugement d'existence permet d'apprécier la critique que Frege adresse à Boole : le symbolisme de Boole a « une expression inadéquate » [1]pour le jugement particulier mais « pas d'expression du tout » pour le jugement d'existence[2]. Aussi quand Schröder[3] tente de remédier à l'expression défectueuse du jugement particulier chez Boole, il ne s'attelle qu'à la moitié du problème, laissant l'autre totalement en friche. Voyons d'abord cette expression inadéquate du jugement particulier dans l'algèbre de Boole : l'équation $va = vb$ traduit selon Boole « quelques *a* sont des *b* » ; le problème de cette équation est qu'elle devient triviale et recoupe la simple identité quand $v= ab;$ elle n'exprime alors plus la particularité du jugement. La solution de Schröder intègre l'expression de la généralité telle que Frege l'a mise en place pour

1. « Booles rechnende logik und die Begriffsschrift », p. 15, in *NS*.

2. Point de vue qu'il partage avec W. Wundt, lequel avait adressé la même critique à Boole et Jevons, cf. *Logik, eine Untersuchung der principien der Erkenntniss und der Methoden wissenchaftlicher Forschung*, vol. 1 : *Erkenntnisslehre*, Stuttgart, 1880.

3. *In* Bynum, 1972, p. 229-230.

traduire, à travers un recours aux complémentaires, le jugement particulier. Cela donne *P(à)M(à)=0*, autrement dit : « quelques *M* sont des *P* »[1].

Hormis le fait qu'un tel mixte des symboles frégéens et booléens sème le trouble sur la nature des signes en usage, la solution de Schröder ne mentionne pas du tout le jugement d'existence. Or Frege dispose dans son idéographie de quoi exprimer ce type de jugement. Il suffit d'utiliser une double négation et la généralité : si l'on suit les symboles de l'idéographie, on aura la paraphrase suivante « il n'est pas vrai qu'aucune racine quatrième de *a*, quelque soit *a*, n'est égale à 16 » ; ce qui revient à dire « il y a au moins une racine quatrième de 16 ». Nous avons ainsi pu exprimer un jugement existentiel, un jugement qui, ne comprenant qu'un seul mot conceptuel : « racine quatrième de 16 », ne peut pas être converti en jugement particulier.

Frege reviendra à plusieurs reprises sur l'incapacité des logiciens à exprimer les jugements d'existence. Kant est nommément cité à la fin des *Gl.* L'argument dirigé contre lui recoupe substantiellement celui dirigé contre Boole : Kant n'a pas d'expression pour le jugement particulier 1) parce qu'il est resté tributaire de la forme sujet-prédicat ; 2) parce qu'il a surestimé « les jugements universels affirmatifs »[2] de la forme : « Tous les hommes sont rationnels » et négligé les jugements particuliers du type « Socrate est homme ». Nous savons que ces deux méprises sont liées à la priorité accordée aux concepts sur les contenus jugeables ; « Kant semble penser qu'un concept est déterminé par une simple conjonction de caractères, or c'est la manière la moins féconde de construire des concepts »[3] ; tout comme Boole plus tard, Kant n'a pas saisi les concepts comme articulés dans un contenu jugeable susceptible d'être décomposé. L'analyse kantienne de l'argument ontologique demande à être radicalisée comme nous aurons à le voir. Tout en la saluant, Frege note, dans une lettre à Peano, qu'il y a un zone d'ombre autour des jugements existentiels, que sa nouvelle notation permet enfin de dissiper :

> Il semble régner chez la plupart des logiciens une grande obscurité sur l'essence de ces jugements existentiels ; et cela est vrai aussi bien de ceux qui suivent Boole que des logiciens psychologistes, même si Kant semble s'être mis sur la bonne voie dans la critique de l'argument ontologique[4].

Seule la mise au premier plan des contenus jugeables – abstraction faite des concepts et de leur réalisation – nous permet d'estimer à leur juste

1. *P(à)* est le complémentaire de *P(a)* et *M(à)* est le complémentaire de *M(a)*.
2. *Gl*, § 88, p. 92, tr. fr., p. 212.
3. *Idem*, p. 93, p. 213.
4. *WB*, p. 176.

valeur les propriétés de négation, de généralité et de conditionnalité, propriétés à travers lesquelles le jugement particulier et le jugement d'existence trouvent leur expression.

SOLIPSISME, IDÉALISME, SCEPTICISME : LA SUPERFLUITÉ LOGIQUE DU "JE PENSE"

L'anti-psychologisme de Frege est un anti-psychologisme logique, autrement dit une attitude qui refuse de voir le caractère normatif de la logique se réduire au caractère descriptif de la psychologie. Nous n'en rappelons les traits essentiels que pour indiquer la manière dont il rend superflu toute référence à un « je pense » au sens de l'aperception transcendantale de Kant. Frege n'aurait pas désavoué le mot de W. James selon lequel la permanence du je pense est en fait celle d'un « je respire ». La réduction du je pense à une forme de naturalité empirique est opérée par Frege et c'est par cette réduction qu'il réfute la réduction du logique au psychologique.

En lieu et place d'un « je pense », porteur de représentations subjectives, on a une communauté de chercheurs qui mettent en commun des pensées et plus généralement une humanité qui partage un trésor commun de pensées. A la manière de Peirce[1], et plus profondément à la manière des médiévaux, c'est une « intelligence scientifique » (Peirce) ou un intellect non personnalisé, voire séparé, qui seraient les plus proches de l'activité de penser dont parle Frege.

L'anti-psychologisme de Frege est aussi une théorie présentée pour éviter le scepticisme à l'égard d'une validité générale de la connaissance. Il n'est que de façon incidente une critique de l'introspection. Celle-ci n'est écartée que dans la mesure où elle prétend donner les lois de la connaissance, dans la mesure où elle ne fait pas justice aux notions d'universalité et de nécessité. « Le psychologisme tel qu'il a été compris au XIXe siècle et aussi par Frege, implique le rejet d'une vérité *a priori* »[2] note H. Sluga. Il est pour Frege cette théorie qui donne à la subjectivité l'apparence de l'objectivité[3] et qui par là même conduit inévitablement à une forme d'idéalisme subjectif. Quelques années après les vives critiques de Frege,

1. Cl. Tiercelin parle à ce sujet de « confiance dans les capacités rationnelles et normatives de l'intelligence scientifique » in *C.S. Peirce et le pragmatisme*, Paris, PUF, 1993, p. 116.

2. H. Sluga, *Frege's alleged Realism*, Inquiry, 20, p. 229.

3. Compte rendu de *Philosophy der Arithmetik I* de E.G. Husserl, in *KS*, p. 182, tr. fr., p. 145.

Russell s'attaquera à son tour à l'idéalisme. Mais, dans l'Angleterre du début du XXe siècle, c'est l'idéalisme hégélien qui est la cible, alors que pour Frege, c'est l'idéalisme transcendantal des néo-kantiens comme Jacob Friedrich Fries[1] ou Friedrich Eduard Beneke qui vantent les droits de l'expérience et réduisent toute vérité à l'élément subjectif de la représentation. On a un aperçu de ce néo-kantisme dans le dialogue avec Pünjer sur l'existence, où on voit Frege combattre l'idée selon laquelle tout ce qui se présente à l'esprit serait objet d'expérience ou, dit autrement, tout ce qui est objet du jugement est « objet de représentation affectant l'ego ». Si c'était le cas, toute science serait impossible :

> Quand Leverrier posa la question de savoir s'il y avait des planètes au-delà de l'orbite d'Uranus, il ne se demandait pas si sa représentation des planètes au-delà de l'orbite d'Uranus était engendrée à partir de, ou pourrait être engendrée à partir d'une affection du moi[2].

Dans sa critique de la représentation, Frege rend connexes le solipsisme, l'idéalisme et le scepticisme. Mais que faut-il d'abord entendre par ce mot de représentation ?

> Depuis Christian Wolff le mot de "représentation" est devenu un terme technique appelé à jouer un rôle analogue à celui détenu précédemment par le mot "idée" dans la philosophie française et anglaise[3].

Bolzano avait mis l'accent sur les confusions entre concept et objet induites par l'idéalisme subjectif :

> quant à l'essentiel, l'idéalisme repose uniquement sur la confusion de l'objet d'une représentation avec la représentation elle-même, et il faut déjà accuser Leibniz, mais encore plus nettement Kant, Schelling et Hegel, dont les systèmes reposent sur une confusion permanente du concept de ce qui est pensé en soi ou du concept objectif avec l'objet[4].

Bolzano a montré qu'il y avait de la part de Kant, un transfert illégitime de la nécessité des jugements vers celles des intuitions. Selon lui, l'intuition est non seulement simple, indéfinissable mais encore incommunicable, « c'est un être pur sans nécessité, un être qui n'est pas celui d'un objet

1. Voir l'article "Psychologism" de Nicola Abbagnano, in *The Encyclopedia of philosophy*, ed. par Paul Edwards; Macmillan Publishing Co, Inc & The Free Press, New York, 1967, Volume 6, p. 520.

2. *NS*, p. 73.

3. A. Coffa, « The Emergence of Logicism », in W. Demopoulos, *Frege's philosophy of Mathematics*, Harvard, University Press, 1995, p. 30.

4. Lettre du 11 mars 1846 à R. Zimmermann, citée par E. Winter in *Der Josephismus*, Berlin, 1962, p. 266.

extérieur en tant que tel, mais seulement d'une simple représentation en moi »[1]. Il y a donc idéalisme et solipsisme dans l'intuition, Frege au § 26 des *Gl* note que « ce qui est purement intuitif n'est pas communicable »[2]. L'intuition kantienne contrefait la nécessité : son caractère inévitable ne signifie pas qu'elle est nécessaire :

> Selon ma conception il est assurément inévitable que notre imagination nous représente, à la pensée de n'importe quel objet spatial vu fréquemment, une image de celui-ci ; il est aussi utile et commode pour juger plus aisément de l'objet, que nous ayons cette image dans la tête ; mais je ne le tiens pas pour absolument nécessaire à ce jugement[3].

Frege se situe tout à fait dans cette ligne anti-transcendantaliste. Selon lui, il y a à l'évidence une usurpation de la nécessité du jugement par l'intuition kantienne. Il parle des mêmes confusions que Bolzano et les situe dans une valorisation indue de la notion de représentation. Les premières occurrences de cette notion sous la plume de Frege sont dans les *Gl*. Au § 27, note 2, des *Fondements de l'arithmétique*, il souligne combien chez Kant les deux significations du mot représentation, l'une logique, l'autre psychologique, sont restées indistinctes ; cette indistinction favorise à son tour la confusion entre une représentation et son objet, confusion qui est le propre même de l'idéalisme subjectif. Il faut donc pour des besoins de clarté et de spécification des domaines, opérer une séparation, c'est là l'un des trois principes énoncés dan l'introduction aux *Gl :* « séparer le psychologique du logique, le subjectif de l'objectif ». D'un côté le mot de représentation sera gardé pour rendre compte de nos idées subjectives comme occurrences réelles dans notre esprit ; de l'autre les mots d'objet et de concept seront proposés pour rendre compte de ce qui est objectif :

> La représentation au sens subjectif est ce à quoi sont reliées les lois psychologiques de l'association ; elle est de nature sensible et picturale. La représentation au sens objectif appartient à la logique et elle est essentiellement non sensible, bien que le mot qui signifie une représentation objective introduit souvent avec lui une subjective qui n'est cependant pas sa signification. La représentation subjective est souvent différente, on peut le prouver, chez différentes personnes. L'objective est la même pour tous. Les représentations objectives peuvent être divisées en objets et concepts. Pour éviter toute erreur, j'emploierai "représentation" dans le sens subjectif seulement. Kant, en associant à ce mot les deux significations, a donné à sa doctrine une coloration très subjective et

1. Bolzano, *Beiträge...*, § 4, tr. fr., J. Laz, *Bolzano critique de Kant*, Paris, Vrin, 1991.
2. *Gl*, p. 41, tr. fr., p. 154.
3. Bolzano, *op. cit.*, tr. fr., J. Laz, § 9, p. 181.

> très idéaliste, et a rendu difficile la rencontre avec son véritable point de vue. La distinction ici faite est aussi justifiée que celle qui est faite entre psychologie et logique. Puisse-t-on les maintenir toujours rigoureusement séparées[1].

A partir de ce texte, Frege, conformément à son dessein, considérera les représentations comme purement subjectives et s'emploiera dans d'autres textes à l'analyse de la différence et de l'asymétrie entre un concept et son objet. Il apparaît clairement dans ce passage que la notion de représentation est considérée comme un obstacle à la mise en commun des pensées ; sa coloration subjective et idéaliste lui donne un caractère solipsiste au point que les idées de Kant sont elles-mêmes peu communicables. C'est dans un contexte relatif à la définition du nombre que la représentation est critiquée. Celle-ci suspend la question de la référence et ne permet pas d'aborder l'objet logique qu'est le nombre. La représentation opère par abstraction comme le rappelle Frege dans son article « Le nombre entier », article dirigé contre E. Ballue[2].

Ballue considère que le nombre est un « représentant symbolique de la pluralité »[3] et la pluralité est définie comme : « la réunion de plusieurs objets distincts, sans se préoccuper de la nature ou de la forme de ces objets »[4], c'est ajoute Ballue « une réunion d'unités » et l'unité « un objet absolument isolé »[5]. Frege n'a pas trop de mal à montrer que l'abstraction opérée ici relève d'une pensée magique qui projette sur les qualités d'objet des opérations mentales et présuppose un changement de l'objet avant et après l'opération abstractive. Nous sommes en droit de nous demander s'il existe vraiment des objets isolés, « chaque particule matérielle étant en rapport avec chaque autre par la gravitation »[6]. Il faudrait préciser « le degré d'isolement nécessaire » (*notwendigen Vereinzelung*) ; cela est-il possible ? Par ailleurs, à quoi sert de faire abstraction de « la nature et de la forme » des objets considérés si ces objets ne perdent pas cette nature et cette forme ? Il y a là non seulement un acte superflu mais même complexe car dans la pensée abstractive[7], on court le risque de dédoubler la réalité : il

1. *Gl,* § 27 note 2, p. 41, tr. fr., p. 155.
2. Article paru en français dans la *Revue de Métaphysique et de Morale*, 3, Paris, 1895.
3. *KS,* p. 214.
4. *Ibid.*, cité par Frege.
5. *Ibid.*
6. *Ibid.*, p. 215.
7. Hintikka a raison de souligner que les enjeux de la critique de l'abstraction par Frege dépassent largement le combat contre le psychologisme : comme l'abstraction permettait d'obtenir chez quelqu'un comme Cantor les classes comme des regroupements d'objets, elle fut rejetée par Frege au nom de l'antériorité des concepts sur leur extension. Ainsi l'abstraction est rejetée non pas simplement pour des raisons anti-psychologistes, mais aussi

y aurait l'objet tel qu'il est extérieurement à ma représentation et l'objet de ma représentation; or celui-ci ne m'apporte aucun savoir particulier car il est à chaque fois distinct, ma représentation n'est pas celle d'un autre :

> Le soleil par exemple comme corps matériel, lumineux, ayant une forme, occupant un lieu, serait différent du soleil considéré en tant que distinct, abstraction faite de sa nature et de sa forme. On dirait que celui-ci est créé par l'acte de le considérer, et puisqu'un objet extérieur ne peut être crée ainsi, il faudrait que ce fût une représentation subjective ou quelque chose de semblable dans l'âme de la personne faisant cette considération et cette abstraction. Chacun, en considérant le soleil se ferait une telle idée à lui, distincte de celle d'une autre personne. Alors les pluralités seraient subjectives aussi. Cela ne s'accorderait pas avec le fait que les naturalistes donnent une information objective, quand ils précisent le nombre des pistils dans une fleur [1].

La définition du nombre comme objet logique est comparable à « l'information objective » du naturaliste· Le nombre des pistils d'une fleur n'est pas acquis par abstraction c'est-à-dire par altération et représentation. Il est une pure référence et non une représentation. Si cela n'avait pas été le cas, nous serions condamnés au plus grand scepticisme et au plus fort solipsisme. Contre une pensée par représentation qui valorise une activité du « je pense », empirique et singulier, Frege oppose une double distinction: la distinction entre représentation subjective et information objective et la distinction entre sens et référence. La première, dirigée comme on l'a vu contre Kant permet d'explorer le rapport concept/objet et construit une théorie de l'objectivité dont nous aurons à rendre compte. La seconde distinction, tout en lui étant connexe, est différente, elle prévient tout risque de scepticisme, au sens où elle indique que ce n'est pas de nos représentations que l'on parle quand on parle « scientifiquement » mais bien des choses elles-mêmes :

> Du côté idéaliste ou sceptique, il y a une objection qui est peut-être déjà ancienne : "Tu parles ici sans plus de la lune comme d'un objet; mais d'où sais-tu que le nom "la lune" a une signification quelconque, d'où sais-tu que quelque chose, quel qu'il soit, a une signification ? ". Je réponds qu'il n'est pas dans notre intention de parler de notre représentation de la lune, et que nous ne nous contentons pas non plus du sens, quand nous disons : "la lune"; mais nous présupposons une signification. Ce serait

pour des raisons mathématiques dans la mesure où elle permettait d'obtenir des classes sans référence obligée à des concepts. Voir Jaako Hintikka et Gabriel Sandu, « La vérité est au fond du puits : Frege et les interprétations standard et non standard H», *in* M. Marion et A. Voizard, *Frege logique et philosophie*, Montréal, Harmattan, 1998, p. 171-209.

1. *KS*, p. 216.

> directement manquer le sens, si l'on voulait supposer que dans la proposition "la lune est plus petite que la terre", il s'agit de notre représentation de la lune. Si c'est cela que voulait le locuteur, il aurait utilisé la tournure "ma représentation de la lune" [1].

Répondre à l'objection du sceptique, pour lequel tout est représentation, c'est mettre en avant le couple sens/référence. La variante sceptique du psychologisme se manifeste ici par « l'intrusion ou l'appel à des processus mentaux dans l'analyse du sens » [2]. Or l'appel à de tels processus nous enferme dans un solipsisme sans retour car nous nous interdisons alors toute confrontation d'opinions ; et la logique ne pourrait plus accomplir son rôle d'arbitrage dans ce conflit possible. Frege assume ici pleinement le caractère dialectique de la logique, au sens aristotélicien du terme "dialectique" : pour qu'il y ait un questionneur et un répondant comme le demande Aristote, il faut, ajoute Frege, que ce dont il est question soit partageable, c'est-à-dire que les deux parties s'entendent sur le *topos* à discuter, il faut donc que ce *topos* ne soit pas le contenu d'une représentation subjective, autrement dit que l'on n'ait pas affaire à des images non communicables. Dans la préface aux *Gg*, s'opposant aux logiciens psychologistes, c'est-à-dire à ceux qui ne font pas le départ entre le caractère objectif des pensées et le caractère subjectif des représentations, autrement dit à tous ceux qui utilisent le même mot de "représentation" pour ces deux perspectives différentes, Frege souligne qu'en faisant ainsi : « tout débouche sur l'idéalisme et avec la plus grande cohérence sur le solipsisme » [3] et reprenant l'exemple de la lune, il ajoute :

> Si chacun désignait quelque chose de différent par le nom "lune", à savoir l'une de ses représentations, comme s'il exprimait, disons, sa douleur par le cri "aïe !", alors bien sûr le point de vue psychologiste serait justifié (*gerechtfertigt*) ; mais une discussion (*Streit*) au sujet des propriétés de la lune serait sans objet : l'un pourrait affirmer parfaitement bien de sa lune le contraire de ce que l'autre dirait de la sienne, avec le même droit. Si nous ne pouvions rien saisir d'autre que ce qui est en nous-mêmes, un conflit d'opinions, [ou] une entente mutuelle, serait impossible, car il manquerait un socle commun et aucune représentation au sens de la psychologie ne peut en être une [4].

Il faut donc sauver les conditions de possibilité d'un partage des pensées, non pas au sens de pensées jugées mais au sens de pensées

1. *SuB*, in *KS*, p. 147-148, tr. fr., p. 107-108.
2. M. Dummett, *Frege : Philosophy of Language, op. cit.*, p. 659.
3. *Gg*, préface, p. XIX, tr. fr., *in* Belna, *op. cit.*, p. 332.
4. *Ibidem.*

jugeables : le conflit est toujours possible, le jugement peut être rendu différemment, mais, il suppose qu'un même contenu soit saisi par les parties qui le rendent. Dans l'exemple de l'astronomie, on ne peut se contenter d'une confrontation de deux contenus à valeur égale portant sur la lune, car cela ne donnerait à ce contenu qu'une valeur rhétorique, la rhétorique étant le domaine de l'également possible. Si nous engageons comme le dit ce passage les propriétés de la lune, nous faisons nécessairement basculer le contenu dans un domaine objectif, auquel cas, nous engageons le sens que l'on accorde à ce terme et non plus les représentations que nous associons à celui-ci.

Contrairement à la représentation, le sens n'est pas processuel, mais fixe et partageable entre les individus; il n'est pas de nature linguistique bien qu'il ne soit accessible à l'homme que par le langage; pour sauver la pleine objectivité du sens, Frege s'est refusé à identifier le sens d'un mot avec l'usage de ce mot[1]. Le sens ne se confond pas non plus avec la référence car il peut arriver que celle-ci fasse défaut, cela ne signifie pas que le sens fait aussi défaut : la saisie d'une question au tribunal par un jury – tel individu a t-il ou non commis tel meurtre ? – celle d'un problème par une communauté scientifique – La tuberculose du bœuf se transmet-elle à l'homme ? – sont des saisies non subjectives, elles supposent une information objective qui conduit en général à une référence, sans être cette référence elle-même. Le partage du sens exige qu'aucun "je" n'intervienne.

Le sens peut donc être « la propriété commune de plusieurs individus : il n'est donc pas partie ou modification de l'âme individuelle. Car on ne pourrait pas nier que l'humanité possède un trésor commun de pensées qui se transmet d'une génération à l'autre »[2], combien même elle connaîtrait une période de sommeil hivernal. La représentation en revanche, changeante chez un même individu, et *a fortiori* d'individu à individu, est « une partie ou modification de l'âme individuelle ». Par cette indication, on voit que pour Frege, il importe peu de distinguer l'acte de représenter de la représentation elle-même : « partie ou modification », la représentation est avant tout un élément subjectif, fluctuant, qu'on ne peut pas avoir en commun avec d'autres individus et sur lequel donc ne peut reposer aucun savoir déductif.

Plus encore que le scepticisme c'est l'idéalisme propre à une théorie de la connaissance, qui réduit tout à la représentation et que Frege critique vivement. Il est particulièrement sensible à la manière dont la psychologie physiologique très en vogue à son époque, part du réalisme le plus fort pour

1. Voir à ce sujet les analyses de Dummett, *The interpretation of Frege's philosophy*, p. 51-52.

2. *SuB*, in *KS*, p. 146, tr. fr., p. 106.

aboutir à l'idéalisme le plus inconséquent. En réalité ce qui est reproché à une telle théorie, ce n'est pas l'explication de nos représentations par le biais de *stimuli*, de cellules ganglionnaires et de filaments nerveux, mais c'est bien plutôt le fait de ne pas s'en tenir au domaine propre de la représentation :

> Mais on ne s'arrête pas là : on passe aussi au penser et au juger, et soudain le réalisme du début se renverse en un idéalisme extrême, et de cette façon cette théorie coupe elle-même la branche sur laquelle elle s'assoit. Maintenant tout se dissout en représentations et ainsi les premières explications apparaissent elles-mêmes illusoires. L'anatomie et la physiologie deviennent littérature [1].

C'est bien à un problème de limitation de domaines que nous avons affaire. La psychologie physiologique a un domaine délimité dont la reconnaissance ne pose pas problème. Ce qui en revanche en pose un c'est la prétention de cette science à contenir dans la représentation les activités de la pensée et du jugement. Dans ce cas, on perd de vue le monde extérieur et l'idéalisme confine au plus grand solipsisme :

> ou bien la proposition que seul ce qui peut être objet de mon examen est ma représentation est fausse, ou bien tout mon savoir et mon connaître se limitent au domaine de mes représentations, à la scène de ma conscience. Dans ce cas, je n'aurais qu'un monde intérieur et je ne saurais rien des autres hommes [2].

Dans l'article *La Pensée*, Frege montre l'inconséquence de cette seconde solution en indiquant non seulement comment le psychologue en vient à nier ses propres principes de départ comme on l'a déjà vu, mais aussi comment une telle attitude est en soi défectueuse.

Soit le problème de la représentation d'un arbre. Celui qui glisse imperceptiblement d'une position réaliste à une position idéaliste croit que les rayons lumineux « venant se briser dans l'œil, rencontrent les terminaisons du nerf optique et y produisent une modification » [3]. De proche en proche, de filaments nerveux en cellules ganglionnaires, relayés par des processus divers du système nerveux, on aboutit à des « impressions de couleur » qui, associées, donnent lieu « à ce qu'on peut peut-être appeler représentation d'un arbre » [4]. Ce processus, que l'article « Logik » avait considéré comme valide en lui-même, dans la mesure où il s'en tient à la

1. « Logik », in *NS*, p. 156, tr. fr., p. 169.
2. « La pensée », in *NS*, p. 355, tr. fr., p. 186.
3. *Ibid.*
4. *Ibid.*

genèse de la représentation, est ici frappé de suspicion. Qu'est-ce qui nous assure que la représentation de l'arbre est issue des rayons lumineux et d'un arbre extérieur? Ce qui est en «connexion immédiate» avec ma conscience, ce sont des «processus chimiques, physiques, psychologiques», mais nullement les rayons lumineux ou un arbre extérieur. D'ailleurs, il est possible qu'il y ait eu réflexion des rayons lumineux dans un miroir *avant* qu'ils ne viennent se briser sur mon œil. Dans ce cas, on obtient exactement les mêmes effets, qu'il existe ou qu'il n'existe pas d'arbre : « une lumière réfractée peut également produire, par l'intermédiaire de l'œil et du système nerveux, une représentation qui ne correspond à rien». Ainsi, Frege a pu montrer que la représentation ne prouve aucunement l'existence du monde extérieur. Elle ne prouve que l'immédiate connexion entre un système nerveux et une conscience particulière, et même dans ce cas, il faut distinguer entre l'immédiate connexion d'un système nerveux et d'une conscience avec la donnée immédiate de l'excitation du nerf optique. Cette excitation ne peut être qu'une hypothèse : en réalité « nous n'éprouvons que la fin de ce processus qui fait irruption dans notre conscience ». Nous n'en connaissons pas toutes les étapes. Les impressions sensibles et les excitations nerveuses peuvent avoir d'autres causes que les choses indépendantes et extérieures à nous. Les hallucinations sont un bon exemple de causes qui peuvent être à l'origine de représentations sans que rien d'extérieur ne leur corresponde. En toute rigueur, « nous n'éprouvons que des représentations et non leurs causes »[1]. Si bien qu'en l'absence d'hypothèses formulées sur l'excitation du nerf optique, « ne restent au chercheur que des représentations »[2]. En mettant l'accent sur la représentation comme fin de processus, Frege veut montrer que toute analyse génétique de la représentation, pour être crédible, doit se mesurer au degré de certitude des hypothèses émises sur ses causes. Même la position réaliste de départ ne peut faire l'économie d'une évaluation des causes avant d'en fixer celles qui lui semblent probantes. En l'absence de cette réflexion non naïve sur les causes, le réalisme tourne vite « à l'idéalisme extrême ».

En voulant montrer que tout ce qui est objet d'examen ne se résout pas en représentation, Frege est allé plus loin encore : il a montré que la représentation elle-même, loin de réduire à elle tout objet d'examen, peut en être un parmi d'autres; il suffit pour cela de faire un usage raisonné de la causalité : à défaut de réduire les raisons qui justifient nos jugements à des causes, il est possible de considérer les causes de nos représentations comme des éléments d'analyse susceptibles de déboucher sur des

1. *Ibid.*
2. *Idem*, p. 356.

jugements vrais ou faux. On comprend pourquoi Frege, dans la présentation qu'il fait du couple sens/référence dans l'article *SuB* indique qu'« une représentation peut elle-même être prise comme objet en tant que telle »[1], c'est-à-dire qu'il est possible d'analyser les représentations en termes de sens et de référence.

Des deux éléments de l'alternative soulevée dans l'article « La Pensée »[2], tout porte à croire, maintenant que la pensée et le jugement ne sont pas susceptibles de se réduire à la représentation[3] et par voie de conséquence que « ce dont j'énonce quelque chose n'est pas nécessairement (*notwendig*) ma représentation »[4].

Représentations, pensées et actes mentaux

La critique de la représentation est donc clairement associée chez Frege à la critique d'une usurpation de nécessité. Il ne s'agit pas pour lui de discréditer le savoir psychologique mais, pour reprendre une métaphore chimique qu'il utilise souvent, d'éviter le mélange des domaines, de parvenir à quelque chose de « purement logique ». C'est en ce sens que les représentations, comme "parties" et comme « modes de l'âme » sont considérées comme logiquement superflues, même si elles sont psychologiquement inévitables. Elles passent d'une prétention à la nécessité que veut leur conférer le sceptique et l'idéaliste à une superfluité logique. Avec elles c'est une forme du « je pense » qui se trouve liquidée. Si, du côté de la représentation, le mode n'est pas distinct du représenter lui-même, il n'en va pas de même pour les pensées. Frege distingue nettement l'acte de penser et la pensée. L'acte de penser n'appartient pas à la logique alors que la pensée est de ce domaine, l'acte de pensée est mental, la pensée est indépendante de l'esprit, puisqu'elle appartient à un troisième domaine qui n'est ni celui des représentations, ni celui des références.

Qu'est-ce qui distingue l'acte de penser de l'acte de représenter? Les deux appartiennent à la psychologie. Mais l'acte de penser est dans un rapport d'extériorité à l'égard des pensées, ce qui n'est pas le cas de l'acte de représenter qui est organiquement lié à la représentation. Dans le

1. *SuB*, in *KS*, p. 147, tr. fr., p. 107.

2. Voir *supra*.

3. Cette réduction revient à la réduction des raisons aux causes et de la justification de nos jugements à l'origine de nos représentations. Elle est longuement discutée par P. Engel dans « L'antipsychologisme est-il irrésistible ? » in *Frege logique et philosophie*, Paris, Montréal, 1998, p. 211-226. Il montre les faiblesses de l'argument frégéen en indiquant qu'on peut « conclure qu'une croyance est très probablement fausse en raison de son processus causal de formation ».

4. *KS*, p. 357, tr. fr., p. 188.

premier cas, seul l'acte est intérieur, la pensée appartient à un monde extérieur à l'esprit quoiqu'imperceptible. Dans le second cas, acte de représentation et représentation sont intérieurs.

Mais que dire plus spécifiquement de cet acte de penser? Frege le considère comme étant « peut-être le plus mystérieux de tous. Mais comme il est mental (*seelisch*) nous n'avons pas à nous en soucier en logique »[1]. Contrairement à l'acte de représenter, il ne procède pas d'associations en associations, par pure transitivité d'un contenu de conscience à un autre contenu de conscience. Il délivre quelque chose de totalement hétérogène par rapport à lui-même : c'est pourquoi Frege choisit pour l'activité d'un tel processus l'expression de "saisie" (*fassen*). Cette expression renvoie à l'idée que ce qui est saisi, par exemple dans une main, peut-être de nature totalement différente de la main. Il y a une homonymie de la notion de contenu :

> ce que je tiens dans la main peut certainement être considéré comme contenu de la main, toutefois c'est un contenu de la main tout autrement et bien différemment que ne le sont les os, les muscles qui constituent la main et leurs contractions[2].

Par cette image, Frege ne précise pas ce qu'est cet acte, il en donne simplement une propriété qui est la différence de nature entre le penser et la pensée. Seule cette différence lui semble devoir retenir l'intérêt du logicien et non le développement analytique de ce qu'est l'acte de penser. L'indépendance entre l'acte de penser et la pensée est la seule garantie pour que les lois de la nature et les lois de la logique soient saisies sans fluctuation ni altération. « Pourtant la saisie de cette loi [de la gravitation] est un processus de l'âme ! Mais un processus qui se tient à la frontière de l'âme et pour cette raison ne peut pas être pleinement compris d'un point de vue psychologique »[3]. La difficulté est que cet acte ne peut être appréhendé de façon satisfaisante ni du point de vue logique, ni du point de vue psychologique. Pour Frege, l'exploration de ce qui est saisi : la pensée, suffit, d'un point de vue logique. Il évite ainsi, en laissant en friche ce domaine de la frontière de l'âme, de créer des difficultés :

> il suffit que nous puissions saisir les pensées et les reconnaître pour vraies ; quant à savoir comment cela se produit, c'est une question à part. Au chimiste aussi, il suffit certainement de pouvoir voir, sentir et goûter ; et son objectif n'est pas de rechercher comment cela se produit. Il n'est

1. « Logik », *NS*, p. 157, tr. fr., p. 170.
2. « La pensée », in *KS*, note p. 359, tr. fr., p. 191.
3. *NS*, p. 157, tr. fr, p. 171.

> pas dénué d'importance, pour le succès d'une investigation scientifique, que des questions qui peuvent être traitées indépendamment des autres ne soient pas mélangées avec celles-là, et que des complications inutiles puissent être ainsi évitées [1].

La justification logique

C'est bien souvent contre Kant que Frege construit son anti-psychologisme. De même qu'il refuse d'accorder une objectivité quelconque à la représentation, il refuse de considérer que la distinction entre *a priori* et *a posteriori* ainsi que la distinction entre analytique et synthétique soit une distinction de contenu. Lorsqu'on considère de telles distinctions comme des distinctions de contenu, on accorde à la représentation les propriétés propres au jugement. Or dire qu'une proposition est *a priori* ou *a posteriori* ne signifie pas qu'une information est donnée sur « les conditions psychologiques, physiologiques ou physiques, qui ont rendu possible la formation du contenu de la proposition dans la conscience » [2]; on veut plutôt indiquer par là « les raisons de la justification » qui nous la font « tenir pour vraie » [3].

En ramenant la double distinction kantienne du contenu à la justification, Frege introduit dans l'analyticité un élément absent du kantisme : l'exigence d'une preuve; est analytique toute proposition démontrable à partir de lois logiques et de définitions données au préalable. C'est dans ce cadre que prend place la notion de justification logique.

La saisie des vérités ne doit rien aux connexions psychologiques, l'intuition y est totalement étrangère. La méthode pour cette saisie est la logique qui nous fournit les concepts fondamentaux et les définitions indispensables de la *mathesis*. Son développement pallie le manque de rigueur dans lequel sont maintenues les notions mathématiques de base, à un moment où les mathématiques connaissent une véritable révolution avec les résultats de l'analyse (continuité d'une fonction, calcul infinitésimal et calcul intégral) :

> Dès que je me familiarisai avec elle [la mathématique], (...) je remarquai çà et là des lacunes et je voulus consacrer mon temps libre à les éliminer, en vérité non par vanité, mais en vertu de l'intérêt profond que je trouvai dans de telles spéculations [4].

1. *Ibid.*
2. *Gl*, p. 15, tr. fr., p. 127.
3. *Ibidem.*
4. *Contributions...*, préface, p. X-XI, cité par J. Laz, *op. cit.*, p. 44.

Rapprochons ce passage de Bolzano qui ouvre les *Contributions à une exposition des mathématiques sur de meilleurs fondements* d'un autre passage d'ouverture, celui qui inaugure les *Fondements de l'arithmétique* de Frege :

> Après que la mathématique se fut un temps écartée de la rigueur euclidienne, elle y revient, et non sans de vifs efforts pour la dépasser. (...) Les développements ultérieurs de l'Analyse ont enseigné de plus en plus clairement que, en mathématique, une simple conviction morale (*eine blos moralische Überzeugung*) qui s'appuie sur le succès de nombreuses applications ne suffit pas. On exige maintenant une preuve pour de nombreuses choses tenues jusqu'ici pour évidentes par soi (*selbverständlich*)[1].

La nécessité d'une justification logique part donc du constat de la disparité entre le régime de l'évidence et celui de la preuve. La disparité entre la pratique des mathématiques et la rigueur concernant les mathématiques sont en partie responsables de l'erreur kantienne, celle qui consiste à rapporter à des intuitions pures les calculs de l'arithmétique, ou pour le dire autrement, à construire le caractère apodictique des jugements sur l'intuition. Là encore le constat de Bolzano recoupe amplement celui du Frege des *Gl* :

> Bien que les mathématiciens aient réussi à définir leurs concepts plus précisément et à donner des preuves plus fines que dans toute autre science, ils n'ont toujours pas réussi à définir leurs concepts fondamentaux les plus généraux, ils introduisent leurs propositions primitives soit sans preuve soit avec une preuve qui n'est pas vraiment scientifique. Ainsi les manuels ordinaires de l'arithmétique ne donnent pas une exacte définition du concept de somme. Si cela avait été fait, et s'ils avaient dit qu'une somme était une classe d'objets où l'ordre des parties n'importe pas, et où les parties de parties sont considérées comme des parties du tout (§ 84), ils auraient trouvé que la proposition analytique suivante suit immédiatement de cette définition "a+(b+c)= (a+b) + c". Par application de ce théorème et des définitions que 7+1=8, 8+1=9, etc., la proposition 7+5=12 est obtenue comme une vérité purement analytique pour laquelle aucune intuition n'est requise. Même Kant aurait pu être en difficulté pour trouver le genre d'intuition requis ici. Il conclut que, dans la mesure où les unités de 5 sont ajoutées à 7 l'*une après l'autre*, c'est sur une intuition du *temps* que reposent ces arguments. Quelle conclusion ! On

1. Frege, *Gl*, § 1, p. 13, tr. fr., p. 125.

pourrait dire, pour la même raison, que chaque sorite dépend de l'intuition du temps car nous ne parvenons à sa conclusion qu'en un temps [1].

L'intuition kantienne apparaît ici chez Bolzano, de même que chez Frege au § 26 des *Gl*, comme une auto-affection de l'esprit qui connaît une grande diversité de degrés et de variation selon les circonstances et les individus mais qui n'est pas susceptible de construire la preuve mathématique, encore moins la justifier. Il est donc inexact de penser que l'intuition qui n'est qu'une représentation puisse avoir les propriétés d'un jugement : opérer de façon nécessaire la liaison au sein d'un contenu jugeable, or cette liaison est supposée dans la notion d'*a priori* qui signifie selon Kant « toute proposition apodictique liée à la conscience de sa nécessité » [2]. Nous trouvons chez Bolzano déjà le déplacement des notions d'*a priori* de la notion de représentation à celle du jugement :

> Selon mon opinion, la différence entre l'empirique et l'*a priori* dans nos connaissances ne concerne originairement que nos jugements et ce n'est que par ceux-ci qu'elle peut aussi être étendue indirectement à nos concepts ou à nos représentations [3].

Ce déplacement qui, de façon analogue chez Frege, s'opère d'une théorie des contenus de conscience vers une théorie de la justification nous autorise à parler d'un souci épistémologique chez ce logicien. Mais, quand on le voit préciser la notion de justification par le qualificatif de "logique", on doit distinguer fortement entre le domaine de la « justification logique » et celui de la justification dans les autres domaines du savoir. Dans l'introduction aux *Gl*, Frege, dans un passage très proche de celui de Bolzano que nous avons cité, indique que les mathématiciens s'interrogent peu sur « la justification logique » [4] (*logische Rechtfertigung*) des définitions qu'ils utilisent. Or un tel questionnement est pleinement requis car il permet de tester la rigueur des preuves :

> rigueur qui demeure une illusion, même si la chaîne d'inférences est ininterrompue, quand la définition reçoit sa justification après coup, par le seul fait qu'on n'a rencontré aucune contradiction [5].

Rendre compte de la justification logique consiste dans ce cas à construire une logique comme théorie déductive du raisonnement où la double question de l'objectivité du sens et de la vérité a la primauté.

1. Bolzano, *Wissenschafslehre*, L. III, § 305.
2. Kant, *Critique de la raison pure*, tr. fr., Paris, Pléiade, p. 781.
3. Traduction de Laz, *op. cit.*, p. 174.
4. *Gl*, p. 9, tr. fr., p. 122.
5. *Ibidem*.

Le souci épistémologique n'est donc pas premier, il laisse place à une analyse logique au sens strict du terme :

> Considérer l'épistémologie comme point de départ de la philosophie, même construite comme rassemblant toutes les justifications de quelque type qu'elles soient, c'est reconnaître que les questions relatives à ce que nous savons et à ce qu'est la base de la connaissance peuvent être traitées avant l'analyse des références des propositions qui expriment la connaissance. Frege au contraire ne pense pas que nous pourrions de façon utile entreprendre l'examen de la justification de notre acceptation des lois fondamentales de l'arithmétique et des théorèmes prouvés pour elles, sans parfaire d'abord une analyse des références des propositions dans lesquelles ces lois et ces théorèmes sont exprimées [1].

Dummett donne donc la primauté aux questions de justification logique. Si Frege avait procédé autrement, s'il s'était préoccupé de la justification de notre savoir au sens large, tout porte à croire qu'il aurait travaillé dans le sillage de ceux qu'il a critiqué : il aurait fait de l'« idéalisme épistémologique » [2] à la façon kantienne ; les questions de l'objectivité n'auraient pas été posées à partir du couple sens/référence mais à partir des contenus de conscience et des représentations.

En procédant comme il l'a fait, c'est-à-dire en cherchant à sauver l'objectivité du sens et de la référence, il a certes évité la dérive idéaliste du psychologisme, mais il n'a pas évité, par sa position fortement réaliste, « le fossé entre ce qui fait qu'un jugement est vrai et ce à la base de quoi nous sommes capables de le reconnaître comme vrai » [3]. La question demeure de savoir comment nous dérivons notre saisie du vrai. « Là est le point de rencontre de l'épistémologie et de la théorie de la référence ; c'est un domaine que Frege a laissé inexploré » [4]. Nous avons vu que pour Frege ce domaine est celui des complications inutiles. En revanche le domaine de la signification au sens large, comprenant une théorie du sens des expressions et une théorie de la référence est massivement investi par une analyse qui entend, par le biais d'une telle théorie, rendre compte de la justification logique des jugements.

La nécessité épistémique du sens

Frege, à partir de l'article « Sinn und Bedeutung » (1892), renoncera à la notion de contenu jugeable, celui-ci se trouve divisé en pensée et valeur de

1. Dummett, *Interpretation of Frege's Philosophy (IFP)*, *op. cit.*, p. 62.
2. *NS*, p. 155.
3. Dummett, *IFP*, p. 71.
4. *Idem*.

vérité, comme nous le rappelle la préface des *Gg* qui fait le point sur ces changements :

> Auparavant, j'avais distingué deux éléments dans ce qui a la forme externe d'une proposition affirmative : 1) la reconnaissance de la vérité, 2) le contenu qui est reconnu comme vrai. J'appelai le contenu, contenu jugeable. Ceci est maintenant analysé en ce que j'appelle pensée et valeur de vérité. C'est la conséquence de la distinction entre sens et référence d'un signe. Dans ce cas, le sens de la proposition est la pensée et sa référence la valeur de vérité [1].

L'analyse doit toujours être poursuivie en logique jusqu'à la reconnaissance d'éléments simples, indécomposables. Il faut donc admettre que Frege a fait un progrès analytique entre le moment (1879) où il parlait de contenus jugeables et le moment (1892) où ce contenu se trouve "analysé" en sens et référence pour les noms propres et en pensée et valeur de vérité pour les propositions.

Quel est l'enjeu d'une telle conquête analytique ? Il semble difficile de présenter ce changement notionnel sans rappeler son contexte : il s'agit d'une présentation de la relation d'identité. Or c'est parce que Frege renonce à la conception qui fut la sienne dans la *BS* concernant l'identité, qu'il renonce à la notion de « contenu jugeable » pour adopter le couple sens/référence ou pensée/valeur de vérité. C'est donc l'identité [2] qui lui fait le pas analytique nécessaire. Quelle fut donc d'abord sa conception de l'identité du temps de la *BS* ?

Pour le Frege de la *BS*, l'une des grandes avancées de la science vient du fait que deux contenus jugeables se trouvent exprimer un même contenu conceptuel. Si, comme nous l'avons dit, l'idéographie prend son point de

1. *Gg*, p. X, une traduction de la préface est proposée par J.P. Belna, in *La notion de nombre chez Dedekind, Cantor, Frege, Mathesis*, Paris, Vrin, 1996, annexe, p. 322.

2. Baker et Hacker refusent de considérer que la distinction entre sens et référence soit d'abord faite pour résoudre le problème de l'identité. Pour eux, cette distinction ne concerne pas simplement les noms propres mais également les énoncés dont le sens est une pensée et la référence une valeur de vérité, cf. *Frege logical Excavations*, p. 282 : « La distinction [entre sens et référence] est généralement conçue comme entièrement motivée par le problème d'identités non triviales du point de vue de la connaissance. Ceci est une erreur car on est amené à croire que les noms propres est le point focal pour l'application de cette distinction, et donc à considérer comme dérivé son application aux énoncés et aux mots conceptuels. (...) En fait, moins d'un tiers de « Sens et référence » concerne les noms propres, alors que le reste met l'accent sur a thèse centrale que énoncés ont comme référence des valeurs de vérité. Plus important encore est le fait que « Fonction et concept » introduit la distinction entre sens et référence d'abord pour le cas particulier des équations et inéquations, puis pour les énoncés en général, et en fin de compte et seulement implicitement pour les noms propres ».

départ dans les contenus jugeables, elle reste guidée par le projet d'augmenter notre stock de vérités, c'est-à-dire de nous aider à reconnaître sous la forme de deux contenus jugeables un même contenu conceptuel. C'est là l'enjeu de l'identité dont le statut n'est pas similaire à celui de la généralité, de la conditionnalité et de la négation. En effet contrairement à ces propriétés, l'identité « ne se rapporte pas aux contenus mais aux noms »[1]. Quand elle est réalisée, nous savons alors que nous sommes en présence d'un « même contenu conceptuel ». Elle n'est pas la propriété d'un contenu jugeable mais bien le résultat d'un jugement qui a permis de reconnaître à travers deux contenus jugeables un même contenu conceptuel. Elle n'a pas le rôle de structurer un contenu jugeable mais celui de désigner sous des noms différents un contenu conceptuel.

C'est dans un contexte kantien et un contexte polémique sur la relation d'identité que s'élabore la distinction entre sens et référence. En 1892, il s'agit de montrer contre Kant qu'il y a bien une fécondité des jugements analytiques, autrement dit que ces jugements sont producteurs de connaissance. Dans un jugement de la forme "a = b", nous n'avons pas une relation synthétique *a priori*, autrement dit nous n'avons pas construit dans l'intuition le concept de cette identité, il s'agit bien d'un jugement analytique à travers lequel nous reconnaissons le même objet à travers deux modes de donation distincts, que Frege appelle "sens" et qu'il distingue soigneusement des signes "a" et "b". La relation d'identité n'a plus lieu cette fois-ci entre noms, mais entre objets donnés de façons diverses. Ces façons diverses sont autant de méthodes d'identification d'un objet.

Si dans la *BS*, l'identité était une relation entre noms c'est pour éviter de la réduire à la trivialité de dire qu'un objet est identique à lui-même. Pour préserver la valeur cognitive de l'identité, Frege avait alors refusé de considérer l'identité comme une relation entre objets. Dans *SuB*, la notion de sens va sauver cette valeur cognitive; il est alors possible de passer à la considération des objets, sans tomber dans la trivialité. Si elle permettait d'éviter celle-ci, la relation d'identité dans la *BS* avait cependant un inconvénient majeur : valant entre noms et ces derniers étant stipulés librement, l'identité devenait une relation où le choix des signes, seul en jeu, sans aucune indication de connaissance, devient totalement arbitraire au point que même un événement ou un objet quelconque peut servir de signe :

> cette relation existerait entre les noms ou signes dans la seule mesure où ils dénomment ou désignent quelque chose. Elle naîtrait de la liaison de chacun de ces deux signes avec la chose désignée. Or une telle liaison est

1. *BS*, § 8.

> arbitraire; on ne peut interdire à personne de prendre n'importe quel événement ou objet arbitrairement choisis comme signe pour quelque chose. En conséquence la relation a=b ne concernerait plus la chose même, mais la manière dont nous la désignons; nous n'y exprimerons aucune connaissance propre. C'est cependant ce que nous voulons dans plusieurs cas[1].

Frege propose de considérer le sens comme ce qui remplit une telle fonction de connaissance. Le sens, sans être une réalité linguistique est « donné à quiconque connaît suffisamment la langue ou l'ensemble des désignations auxquelles il appartient »[2]. Il est saisi par l'individu et matérialisé dans la langue sans être ni un produit de l'individu ni un produit de la langue. Dire que l'étoile du matin est la même que l'étoile du soir, renvoie au même objet du monde à travers deux sens distincts, c'est-à-dire à travers deux manières de considérer le même objet-étoile, deux routes menant à la même destination, et la destination est ici l'objet appelé référence ou dénotation *(Bedeutung*[3]*)*. Le sens est un mode de présentation mais ce n'est pas un mode de désignation, « une différence dans le mode de désigner un objet est une différence dans les signes qui s'y rapportent. « "four", "vier", "quatre", "iv", "IV" sont tous des modes différents de désigner le nombre 4 mais ne sont des moyens différents de le présenter »[4] :

> La référence (*Bedeutung*) d'un nom propre est l'objet lui-même, que nous désignons par ce nom; la représentation que nous avons dans ce cas est entièrement subjective; entre les deux réside le sens, qui n'est pas subjectif comme l'est la représentation, mais qui n'est pas non plus l'objet lui-même. La comparaison suivante éclairera peut-être ces rapports. Quelqu'un observe la lune au moyen d'un télescope. Je compare la lune elle-même à la référence; c'est l'objet de l'observation auquel l'image réelle projetée dans la lunette par l'objectif et l'image rétinienne de l'observateur servent d'intermédiaire. Je compare la première image au sens, et la seconde à la représentation ou intuition.

1. *KS*, p. 142, tr. fr., p. 103.
2. *KS*, p. 144, tr. fr., p. 104.
3. Littéralement "signification". On peut tout aussi bien garder ce terme de signification et montrer le caractère incongru de son usage ou bien opter pour les termes de référence ou de dénotation qui lèvent cette incongruité. Les traducteurs et commentateurs anglo-saxons hésitent également entre "*meaning*" et "*reference*". Quand on veut mettre l'accent sur la valeur sémantique du travail de Frege, mieux vaut il est vrai opter pour "signification"; si, en revanche, on veut indiquer que Frege par cette notion vise quelque chose qui n'a rien de linguistique et qui, dans certains cas (celui des noms propres) coïncide avec l'objet ou l'individu, on peut alors opter pour "référence".
4. Baker et Hacker, *op. cit.*, p. 285.

> L'image dans la lunette est partielle (*einseitig*) sans doute, elle dépend du point de vue de l'observation, mais elle est cependant objective dans la mesure où elle est peut être utilisée par plusieurs observateurs. Elle pourrait au besoin être disposée pour que plusieurs en fassent usage simultanément. Chacun aurait néanmoins une image rétinienne propre[1].

Les sens des noms propres sont présentés ici comme des médiations objectives[2] même si ce ne sont que des médiations partielles; on peut avec précaution les caractériser comme « les aspects des choses »[3] tout en sachant qu'il n'y a pas là d'indication ontologique particulière, Frege insistant d'ailleurs dans ce passage sur le fait que le sens n'est pas un objet. Il reconnaît explicitement une valeur cognitive à cette médiation objective, et cette valeur consiste à illuminer la référence par un biais particulier, le sens n'est pas une entité abstraite supplémentaire qui tracerait la route qui va du signe à la référence qu'il désigne. La référence est l'objet même; cette notion d'objet étant entendue en un sens très large, qui va des personnes aux valeurs de vérité, en passant par les objets physiques comme les chaises et les objets abstraits comme les nombres[4]. Pourquoi n'y a-t-il pas de superfluité à éclairer la référence de plusieurs façons? Parce que chaque sens éclaire un aspect d'une chose; et chaque aspect diffère de l'autre. Le sens n'illumine qu'une partie de la référence (*nur einseitig beleuchtet*). Le problème sera donc de neutraliser autant que possible les différences entre les aspects des choses pour pouvoir reconnaître toujours la même chose sous ces différents aspects. D'où l'exemple en note du nom propre d'Aristote :

> Avec un nom propre véritable (*eigentlich*) tel qu'Aristote, les opinions relatives au sens peuvent différer. On pourrait par exemple accepter les sens suivants : l'élève de Platon et le maître d'Alexandre le Grand; quiconque fait cela lierait à la proposition "Aristote naquit à Stagire", un sens autre que celui qui accepterait comme sens de ce nom : le maître d'Alexandre le Grand né à Stagire. Tant que la référence demeure la même, nous pouvons tolérer ces fluctuations de sens, encore qu'elles doivent être évitées dans l'exposé systématique d'une science démonstrative et ne pas se produire dans un langage parfait[5].

1. *KS*, p. 146, tr. fr., p. 106.
2. Frege utilise dans ce passage le verbe *vermitteln* que nous avons rendu par « servir d'intermédiaire ».
3. I. Angelleli, *Studies on Gottlob Frege and traditional philosophy*, D. Reidel, Publishing Company, Dordrecht, 1967, p. 47.
4. Voir à ce sujet notre dernière partie, p. 189-193.
5. *Ibid.* p. 144.

Hormis le problème qui consiste à considérer ici les descriptions définies comme des noms propres saturés et non comme des expressions incomplètes – Frege ne disposant pas comme Russell (1905) d'une théorie qui puisse distinguer ces deux types d'expressions –, cette référence à l'exemple du nom propre d'Aristote pose un problème sur le statut du sens : si les fluctuations de sens ne doivent pas figurer dans l'exposé systématique de la science, cela signifie-t-il qu'elles sont superflues ? Si c'était le cas, comment comprendre d'autres passages de Frege où il est dit que la science progresse parce qu'on a pu aborder une même réalité de deux manières (sens) différentes [1] ? Frege ne peut donc vouloir dire ici que les fluctuations de sens ne sont pas désirables dans l'absolu. C'est du seul point de vue de la systématicité des preuves, que l'économie de la fluctuation doit être faite, mais le cheminement souvent heurté vers ces preuves exige la pluralité des sens. La systématicité des preuves comme la rigueur arrivent en dernier; leur rôle est d'effacer le travail qui a mené à elles et sans lequel elles ne sont pas comprises :

> Si les premiers éléments des mathématiques doivent être enseignés dans une forme logique la plus rigoureuse possible à un débutant, celui-ci trouvera cette façon de faire très peu naturelle à cause justement de cette rigueur logique. Le résultat est que ce qui est enseigné n'est pas du tout compris ou ne l'est que de façon imparfaite. On doit donc, tout au début, relâcher un peu de rigueur, puis chercher à en éveiller graduellement le besoin. Même dans l'histoire des mathématiques nous trouvons que la plus grande rigueur vient toujours en dernier [2].

Si les fluctuations du sens n'ont pas d'occurrence dans un langage parfait, en revanche, leur place est justifiée pleinement et par une théorie de la compréhension et par une sémantique, distinctes ici de l'exposition finale et systématique de l'enchaînement des preuves. Si « l'étoile du matin » et « l'étoile du soir » sont des signes différents donnant accès au même objet Vénus, néanmoins chacun de ces deux signes répond de façon différente à la question du mode de donation de l'objet Vénus. Si l'on se

1. L'exemple astronomique et élémentaire du soleil qui ouvre l'article de *SuB* suffit à indiquer l'importance de la diversité des sens : « la découverte que chaque matin se lève le même soleil et non pas un nouveau soleil, a bien été une des découvertes les plus fécondes de l'astronomie », *KS*, p. 143, tr. fr., p. 102; cf. aussi *NS*, p. 153-154 et tr. fr., p. 166-167 : « Il est certain que les premières et plus importantes découvertes dans une science ont souvent trait à la ré-identification de quelque chose. Si évident qu'il puisse nous paraître que c'est le même soleil qui s'est couché hier et levé aujourd'hui, et si insignifiante que puisse donc nous sembler cette découverte, elle a pourtant été l'une des plus importantes de l'astronomie, et peut-être celle qui a vraiment conduit au fondement de cette science ».

2. *NS*, p. 7, tr. fr., p. 15.

place du point de vue de la découverte, les deux sens associés aux mots sont requis, car c'est en posant l'identité entre les deux signes « étoile du matin » et « étoile du soir » que l'on met à jour cette découverte astronomique ; il en va de même de l'exemple de la découvert géographique donné par Frege : "Afla" et "Ateb" sont des signes qui désignent la même montagne, mais la différence de nom révèle une différence dans le mode de donation de cette montagne. En effet, il s'agit de deux explorations faites en toute indépendance l'une de l'autre. Les comparaisons ultérieures montrent qu'il s'agit de la même montagne explorées sur deux versants différents. Tant qu'on ne sait pas qu'il s'agit de la même, il importe de garder pleinement les diverses routes (sens) qui y conduisent. Mais une fois la découverte de l'identité faite, l'un des deux noms peut être « abandonné ou les deux peuvent être utilisés comme des synonymes » [1] ; l'un des deux peut être jugé superflu :

> Supposons qu'un explorateur voyageant dans un pays non exploré voit à l'horizon nord une haute montagne couverte de neige. En faisant une enquête auprès des indigènes, il apprend qu'elle se nomme "Afla". Il détermine aussi précisément que possible sa position en la voyant de différents points, la porte sur une carte et écrit dans son journal : "Afla a une hauteur d'au moins 5000 mètres". Un autre explorateur voit une montagne couverte de neige à l'horizon sud et apprend qu'elle a pour nom Ateb. Il la porte sur sa carte sous ce nom. Plus tard, la comparaison montre que les deux chercheurs ont vu la même montagne. Le contenu de la proposition "Ateb est Afla" n'est pas une simple conséquence du principe d'identité, mais contient une valeur précieuse pour la connaissance géographique [2].

Il y a donc bien deux phases importantes et fort distinctes : celle de la découverte et celle de l'exposition. Du point de vue de la découverte, la pluralité des sens est une condition nécessaire alors que du point de vue de l'exposition, elle peut se révéler superflue. C'est que lors de l'exposition systématique du savoir, nous sommes assurés des références, que celles-ci soient les références de noms propres ou celles des propositions. Mais, avant de disposer des références, il arrive, et c'est souvent le cas, que notre savoir soit en attente de validation ou de révision, il arrive aussi que l'on tienne un énoncé du type « Afla est d'une hauteur d'au moins 5000 mètres » comme vrai et un énoncé du type « Ateb est d'une hauteur d'au moins 5000 mètres » pour faux, car « qu'un même objet soit déterminé de façons

1. M. Dummett, *Frege philosophy of language*, p. 97.
2. *BW*, p. 128.

diverses n'est pas évident par soi (*selbverständlich*) »[1]. Cette évidence est en revanche concomitante de l'exposition du savoir, non de son acquisition. Dans ce cas, il importe de fixer le sens des signes que nous utilisons non par des stipulations libres qui sont en réalité des définitions, mais par des éléments que nous nous efforçons de saisir et qui sont la valeur cognitive et objective des références que nous cherchons à atteindre. Dans ce cas précis, on peut parler d'une nécessité ou d'un réquisit épistémique du sens. Mais, pour autant ce réquisit ne signifie pas que la réalité du sens est d'être saisi. Selon Frege, le sens des noms propres comme celui des propositions est indépendant de nous et du temps. La question de son existence ou de sa subsistance n'est pas thématisée par lui ; seule l'est la question de son objectivité.

Le sens vs *intuition pure*

L'objectivité du sens nous permet d'échapper à toute velleité de le constituer subjectivement *via* une théorie du schématisme. Le sens n'est pas objet d'intuition, il remplit cependant la fonction que celle-ci remplissait chez Kant : « Kant et Frege partagent le point de vue que tout objet doit nous être donné d'une façon particulière »[2] souligne M. Dummett; pour Kant l'objet est donné par l'intuition, pour Frege, il est donné par le sens qui lui est associé. Mais il ne faut pas pousser plus loin cette analogie : le sens est objectif, l'intuition subjective. Le sens nous est accessible bien qu'il existe sans nous; nous y avons accès par une connaissance discursive. Ce n'est pas lui qui se règle sur nos dispositions à le saisir, l'usage des mots ne suffit pas à le circonscrire. Son extériorité résiste à toute manipulation subjective. Si la fonction du sens est d'éclairer la référence, alors ne sont retenus comme sens d'un mot ou d'une expression que les caractéristiques susceptibles d'influer sur la valeur de vérité de l'énoncé dans lequel ce mot ou cette expression a une occurrence. Ainsi les différences que nous serions prêts communément, dans l'usage ordinaire des mots, à considérer comme des différences de sens, comme par exemple la différence entre "et" et "mais", ne sont que des différences de "coloration" du sens mais non des différences de sens car, du point de vue déductif, aucune importance n'est induite par cette différence.

Il reste que Frege donne très peu d'indications sur la notion de sens qui, de fait se révèle primitive et non analysable. En disant que le sens est un mode de présentation, il considère que cette notion va de soi ou qu'elle

1. *Ibidem.*

2. M. Dummett, *Les origines de la philosophie analytique*, tr. fr., Paris, Gallimard, 1991, chap. VII, p. 63.

devient claire par « ses discussions de cas particuliers d'identité et de différence de sens » [1]. On peut considérer que cette méthode est peu satisfaisante ; pour reprendre l'exemple du nom propre "Aristote", la comparaison entre le sens de ce nom propre et celui de la description définie « le précepteur d'Alexandre le Grand » donne peu d'éclaircissement sur ce qu'est le sens vu que dans la description définie il y a de nouveau un nom propre "Alexandre". Il y a là comme un régression à l'infini ; si on reprend la distinction entre usage et mention chère à Strawson et à Quine, on dira qu'il y a chez Frege un usage du sens sans mention de ce qu'il est.

Frege ne considère pas qu'il faille rendre compte de la compréhension du sens en termes dispositionnels. Comme le note Dummett, « pour lui, appréhender un sens n'est pas une aptitude pratique mais un élément de connaissance » [2]. Aussi, la critique adressée à la fois par Quine et par Wittgenstein à ceux qui réifient le sens ne peut pas concerner véritablement Frege car le sens dont il nous parle n'est pas fixé par l'usage des mots mais véhiculé simplement par cet usage. Il reste en quelque sorte une objectivité idéale, élément de connaissance faisant route vers les choses et vers le vrai.

Il n'y a pas d'indication chez Frege sur la distinction entre la « saisie dispositionnelle » [3] d'un sens ou d'une pensée et sa « saisie épisodique », car comme on l'a déjà noté, il n'y a aucun questionnement sur l'acte de saisie du sens. Dans le premier cas – saisie dispositionnelle –, il s'agit de « notre capacité à comprendre une proposition exprimant une pensée totalement nouvelle pour nous » à partir « de notre connaissance préalable du sens des composantes de cette proposition » [4]. Dans le second cas – saisie épisodique –, il s'agit de « la façon dont un terrien saisit pour la première fois une pensée déterminée » [5]. Dans une tradition wittgensteinienne, le type de capacité engagée par la saisie dispositionnelle ne relève pas d'actes ou de processus mentaux, c'est donc lui qui est privilégié pour rendre compte de la compréhension considérée comme un phénomène non psychologique. Dans le cas de Frege c'est plutôt la saisie épisodique, confondue avec un acte mental « des plus mystérieux » qui est privilégiée. Elle concerne selon Dummett les pensées complètes alors que la saisie dispositionnelle se rapporte aux sens isolés. Selon le principe de contextualité et le principe de l'antériorité des contenus jugeables sur les concepts, « la saisie dispositionnelle du sens ne peut être réalisée qu'au

1. Baker et Hacker, *op. cit.*, p. 300.

2. *Frege and other philosophers*, Oxford, Clarendon Press, 1991, p. 278.

3. M. Dummett, *Les origines de la philosophie analytique,* tr. fr., Paris, Gallimard, 1991, p. 92.

4. *Ibid.*

5. *Ibid.*

moyen de la saisie épisodique d'une pensée »[1]. Quand Frege dit que la saisie du sens des noms propres se fait à partir de la connaissance de la langue ou de « l'ensemble des désignations auxquelles il appartient » ; il invoque cette saisie dispositionnelle du sens, seconde par rapport à la saisie épisodique, qui renvoie, elle, au principe de contextualité (« *nach der Bedeutungen der Wörter muss im Satzzusammenhange, nicht in ihrer vereinzelung gefragt werden* »)[2]. Ce principe formule un principe sémantique fondamental : la proposition, plus que le mot, a le premier rôle dans une théorie philosophique de la signification. Il est affirmé à un moment (1884) où Frege n'a pas fait la distinction entre sens et référence (1892). Et comme il n'a jamais été explicitement abandonné par la suite, force est de penser que ce principe continue à valoir après 1892 et qu'il concerne bien plus le sens que la référence[3].

Ce principe, introduit pour affirmer la pleine objectivité des nombres et écarter ainsi tout psychologisme, joue aussi un rôle important dans une théorie de la compréhension du sens des expressions. Affirmé en introduction des *Gl* avec les deux autres principes que sont la séparation du logique et du psychologique et la séparation du concept et de l'objet, il est réitéré au § 60 des *Gl*. Il permet de transgresser « les bornes du représentable »[4] et répond à l'exigence suivante : Comment assurer un contenu objectif aux noms d'objets non donnés dans la perception ou l'intuition, comme les termes numériques ?

Quand nous prenons isolément un mot et essayons d'en expliquer la signification, nous avons naturellement recours à l'introspection, or celle-ci nous livre des images sans nous donner pour autant la manière de les appliquer. En prenant les mots dans une chaîne associative d'images, on ne se donne pas le moyen de comprendre leur rôle au sein de la proposition ; or c'est cela que nous devons examiner car c'est par ce biais que nous pourrons déterminer les conditions de vérité des énoncés où le mot a une occurrence. Les contenus jugeables ne sont pas des idées ou des images du processus mental. Attribuer un sens à une expression exprimant un contenu jugeable ne relève pas d'une activité d'imagination :

> Un mot pour lequel nous manque une image interne correspondante nous semble n'avoir pas de contenu. Mais il faut toujours avoir sous les yeux

1. *Idem*, p. 103.
2. *Gl*, introduction, p. 10, « ne pas demander la signification des mots de façon isolée mais seulement dans le contexte d'une proposition ».
3. Dummett, *Frege's philosophy of language*, *op. cit.*, p. 195.
4. *Gl*, § 60.

> une proposition complète. C'est seulement en elle que les mots ont véritablement une signification[1].

Le principe de contextualité est alors requis pour éviter le psychologisme et faire que les contenus jugeables soient communicables. Ce principe ne dit pas qu'un mot a une signification qui varie de contexte en contexte mais que le mot n'a de signification que dans un contexte déterminé. De plus, il faut le concevoir comme additionnel par rapport au principe selon lequel les expressions insaturées comme les expressions fonctionnelles et les mots conceptuels demandent toujours à être saisies dans des combinaisons, mais non comme tenant lieu de ce principe :

> Le principe de contextualité, tel qu'il est établi dans les *Grundlagen*, ne comprend pas le principe de l'incomplétude des concepts et des relations ; si c'était le cas il ne s'appliquerait qu'aux expressions prédicatives et relationnelles, alors qu'il est établi comme uniformément valable pour toutes les expressions, qu'elles soient complètes ou incomplètes, et s'applique spécifiquement dans les *Grundlagen* aux noms propres[2].

Deux passages, l'un de la *Correspondance* et l'autre des *Ecrits posthumes* viennent compléter ce principe de la contextualité : il s'agit de concilier la prise en compte de la proposition comme unité de signification – le mot de signification étant ici pris au sens de 1884 – avec la participation des constituants de la proposition à sa signification – au sens du *Sinn*. En prenant comme unité de signification la proposition et non le mot, Frege ne dit pas que la proposition est une expression logiquement simple. Au contraire, nous avons pu montrer qu'elle était décomposable et donc analysable. De ce point de vue, il est tout à fait attendu que Frege dise que le sens d'une proposition est composé du sens des parties de cette proposition. Préoccupé par le désir de rendre compte notre compréhension des énoncés nouveaux, Frege utilise le modèle de la composition du sens des parties de la pensée[3] qui à première vue peut surprendre celui qui, muni du principe de contextualité, considère que si « un énoncé pris comme un tout possède un sens, alors ses parties composantes en dérivent leur contenu »[4] et non l'inverse. Pourtant dans une lettre à Jourdain, non datée (probablement de

1. *Gl*, § 60, tr. fr., p. 186.
2. Voir sur ce point la mise au point de Dummett dans *IPF*, p. 376-377.
3. Voir à ce sujet le chapitre 5 intitulé « Meaning and Understanding » de Dummett dans *IFP*, p. 73-82. Dummett y indique que selon Frege saisir une pensée c'est comprendre un énoncé pour nous autres être humains. Dans sa dernière période (1914-1925), Frege aurait utilisé la notion de sens pour rendre compte de la compréhension des énoncés ; c'est alors que « Frege identifie le sens comme *exprimé* et le sens comme *saisi* », p. 78.
4. M. Dummett, « Le principe du contexte : au cœur de la philosophie de Frege », *in* M. Marion et A. Voizard, *Frege logique et philosophie*, *op. cit.*, p. 71.

1910), Frege rend compte du lien entre la saisie du sens et la compréhension à partir d'un modèle compositionnaliste du sens :

> Une proposition dont on a besoin doit avoir un sens. Mais la proposition consiste en parties qui doivent contribuer à l'expression du sens de la proposition; elles doivent donc avoir un sens. Prenons la proposition "L'Etna est plus haut que le Vésuve". Elle contient le nom "Etna" qui apparaît dans d'autres propositions comme, par exemple, "L'Etna est en Sicile". La possibilité pour nous de comprendre des propositions, qui n'ont encore jamais été entendues par nous, repose évidemment sur ceci; savoir que nous construisons le sens d'une proposition à partir des parties qui correspondent aux mots. Si nous trouvons le même mot dans deux propositions, comme, par exemple, "Etna", alors nous reconnaissons aussi quelque chose de commun dans les pensées correspondantes. Sans cela le langage serait au sens propre impossible[1].

Le problème de la compréhension de nouvelles propositions ne se pose que parce qu'il ne nous est pas possible de saisir le sens d'un mot de façon isolée. A chaque fois, il faut évaluer son rôle dans la proposition où il a une occurrence.

Mais dans la mesure où les propositions sont des noms propres complexes qui nomment des valeurs de vérité, est-il encore possible de parler de contextualisme ? En étendant la distinction entre sens et référence aux énoncés eux-mêmes, Frege a succombé à cette propension à vouloir tout nommer qui est une des illusions du langage qui sera dénoncée plus tard par Russell et Wittgenstein : il est en effet difficile de penser qu'un énoncé nomme le vrai ou le faux comme sa référence à la manière dont un nom propre renvoie à un objet. Pour Frege, dans la mesure où les énoncés sont des noms propres complexes, il est dès lors facile d'opérer l'extension de la distinction sens/référence à leur cas.

Voyons un autre passage qui conforte la position exprimée dans la lettre à Jourdain : il s'agit de l'article posthume *Logik in der mathematik* (printemps 1914). C'est un passage où Frege s'étonne des performances linguistiques : avec quelques sons et quelques-unes de leurs combinaisons, on peut exprimer un grand nombre de pensées. Comment ces performances (*Leistungen*) sont-elles possibles ?

> En raison du fait que les pensées sont construites à partir de blocs de pensées. Et à ces blocs correspondent des groupes de sons à partir desquels la proposition qui exprime la pensée est construite, de telle façon que la construction de la proposition à partir de ses parties correspond à la construction de la pensée à partir de ses parties. Et de

1. *BW*, p. 127.

> même que l'on saisit (*auffassen*) la pensée comme sens d'une proposition, de même on peut appeler (*nennen*) sens la partie de pensée correspondante à la partie de la proposition [1].

Y a t-il comme le disent certains commentateurs une incompatibilité entre la métaphore de la saturation/insaturation et celle de la partie/tout telle qu'elle est ici appliquée à la pensée ? Pour répondre à cette question, il faut d'abord rappeler que la métaphore de la saturation/insaturation, apparue tôt dans l'œuvre de Frege, se situe au niveau de la référence des propositions : l'argument est saturé, la fonction insaturée. Cette métaphore, Frege l'applique par la suite au royaume du sens puisqu'il considère que le sens des expressions incomplètes est lui-même incomplet ou insaturé et que pareillement celui des expressions complètes est complet et saturé. Il y a donc une décomposition possible de la pensée en sens saturés et sens insaturés. Cette décomposition entre-t-elle en conflit avec la décomposition de la pensée en constituants de sens ? Oui si nous faisons du sens lui-même une fonction et un argument selon qu'il est saturé ou insaturé, et c'est ce qu'induit l'analyse de Baker et Hacker. Non si la métaphore de la saturation est employée sans pour autant donner lieu à considérer le sens comme une fonction ou un argument. Il semble que Frege ait appliqué cette métaphore sans introduire le sens dans le domaine du couple fonction/ argument. La métaphore est utilisée pour dire qu'il y a une forme de correspondance entre propositions/pensée/valeurs de vérité; mais ni la métaphore, ni la correspondance ne sont à prendre au sens strict. Frege était conscient des failles dans chacun des cas.

Quant à la métaphore de la partie/tout, elle aussi est mobilisée pour la correspondance et, tout comme celle-ci, elle est limitée dans sa portée. Plutôt que de dire que Frege n'a pas perçu l'incompatibilité entre les deux métaphores, mieux vaut reconnaître la limite des deux métaphores qui n'ayant qu'un rôle d'élucidation restent totalement informelles contrairement aux notions logiques qu'elles éclairent : fonction, argument, sens, référence.

A la question : face à la tension entre le principe de contextualité qui nous pousse à prendre l'énoncé comme point de départ et le principe de compréhension des énoncés nouveaux qui nous oblige à construire le sens de l'énoncé à partir de blocs constitutifs, faut-il comme beaucoup de commentateurs conclure à l'idée que Frege a abandonné le principe de contextualité dans les œuvres postérieures aux *Gl* (1884) ? Il nous semble

1. *NS*, p. 243, tr. fr., p. 267-268.

que la solution de Dummett[1] mérite d'être retenue ici : Frege, selon une procédure complexe a, d'une part, besoin d'une reconnaissance du vrai et du faux, ce qui suppose une prise en compte de l'énoncé comme un tout, donc du principe de contextualité, et plus particulièrement, la prise en compte du jugement de recognition ou d'identité non ; d'autre part, il doit se placer du point de vue du locuteur compétent qui comprend morceau par morceau son langage, mais qui ne peut précisément le faire que s'il dispose d'un critère d'identité, sinon comme le soulignait Frege dans sa lettre à Jourdain, « le langage est impossible » : retrouver le mot “Etna” dans deux propositions distinctes c'est être capable de communiquer une pensée et de la partager. Dummett présente ce cas comme une exception à la construction d'une sémantique :

> Une théorie de la *Bedeutung* doit nécessairement être formulée dans un langage donné. Dans la mesure où elle se propose de définir l'interprétation du langage-objet, la théorie doit être formulée dans un métalangage distinct du langage-objet, car ce dernier par hypothèse n'est pas encore compris. Si d'un autre côté, la théorie exhibe les *Sinne* existants ou visés des expressions du langage-objet, elle doit inclure uniquement ce qu'un locuteur compétent du langage-objet connaît. La théorie doit donc autant que possible s'abstenir d'exploiter ce qui peut être connu par la seule compréhension du métalangage. Mais il y a une exception inévitable à cela. Pour faire un jugement, il faut connaître les deux valeurs de vérité, mais il est impossible de formuler cette connaissance. Par ailleurs, il est nécessaire de comprendre une pensée pour faire un jugement et, en ce qui concerne les êtres humains, il faut posséder la capacité de parler un langage pour saisir une pensée. Il n'en demeure pas moins que c'est en supposant *connues* les deux valeurs de vérité que nous pouvons expliquer la compréhension d'un langage pour un locuteur compétent[2].

Il faut donc pour comprendre un langage à la fois disposer du vrai, et du faux, sur la base de quoi nous faisons des jugements de recognition, et construire par bloc nos pensées. Reste que si le mot “Etna” se retrouve le même dans deux propositions, comment puis-je être assuré que le sens attaché à ce mot est le même, et par conséquent comment puis-je être assuré que je suis conduit par ce sens à une même référence dans les deux cas ? En prenant en compte la capacité de compréhension du langage d'un locuteur donné, Frege se voit contraint à assumer une analyse des idiolectes.

1. M. Dummett, « Le principe du contexte : au cœur de la philosophie de Frege », *in* M. Marion et A. Voizard, *Frege logique et philosophie*, *op. cit.*, p. 82.
2. *Ibidem.*

Le partage du sens et les idiolectes

« Malgré son insistance sur la communicabilité des pensées par le langage-on pourrait même désigner la théorie de Frege comme une théorie du sens édifiée dans la perspective d'un idiolecte »[1]. Il est vrai que Frege a progressivement pris la mesure des implications réelles de sa théorie de la signification. Dans un premier temps, lors de l'élaboration de la distinction entre sens et référence (1892), l'essentiel lui semblait être la rencontre des sens en vue d'une détermination de la référence. L'exemple donné d'Aristote, élève de Platon ou maître d'Alexandre le Grand, était accompagné comme nous l'avons vu de la mention expresse que les fluctuations de sens pouvaient être tolérées tant qu'elles étaient sans dommage pour la référence. Cependant dès cette période (1892), ce qui apparaissait clairement c'est le fait que ce sont des locuteurs différents qui associent des sens différents à un même signe. Dans l'exemple de l'Etna, le point de vue d'un locuteur et de ses capacités de compréhension était aussi le seul envisagé par distinction d'avec par exemple un usage commun du langage. Il semble donc bien que Frege ait toujours donné la préséance aux idiolectes sur le langage commun. « Plusieurs philosophes, y compris Frege, ont parlé du langage de façon à identifier un langage, au sens strict, avec celui qui est parlé par un individu à une période de sa vie, en d'autres termes, un idiolecte. Selon ce schéma, la communication est possible car chaque individu possède un idiolecte et un recouvrement suffisant entre idiolectes constitue un dialecte commun »[2]. L'exemple du « Docteur Lauben » donné dans la première des *Recherches Logiques*, illustre bien ce point de vue : on y voit Frege radicaliser l'opinion émise en 1892 (l'exemple d'Aristote) et en 1910 (l'exemple de l'Etna). En effet, que se passe-t-il quand les fluctuations de sens menacent la référence ? Que se passe-t-il aussi quand le jugement de recognition n'est pa effectuable ?

L'intérêt premier de l'exemple du Docteur Lauben est que Frege thématise cette fois-ci le choix fait d'un nom propre véritable (*eigentlichen Eigennamen*). Jusqu'aux *Recherches Logiques*, les noms propres intervenaient dans les illustrations du sens ou de la référence sans être analysés pour eux-mêmes. Plus encore, certains étaient élucidés par d'autres noms propres : Aristote par Platon dans « l'élève de Platon », Aristote encore par Alexandre dans « le maître d'Alexandre ». Or, ici, Frege thématise la mention du “je” comme nom propre du « Docteur Lauben » et souligne la

1. Dummett, *Les origines de la philosophie analytique*, Paris, Gallimard, 1991, p 155.

2. M. Dummett, *Logical Basis of Metaphysics*, chap. 4, « meaning, knowledge and understanding », Londres, Duckworth, 1991, p. 86.

différence entre les expressions de « Gustave Lauben » et de « Docteur Lauben ». De quoi s'agit-il?

> Le Docteur Lauben dit: "J'ai été blessé." Leo Peter entend cela et rapporte quelques jours plus tard: "Le docteur Lauben a été blessé". Cette proposition exprime-t-elle la même pensée que celle que le Docteur Lauben a lui-même prononcée ?[1].

Pour répondre à cette question, il suffit d'envisager le cas où une personne, Rudolf Lingens, a l'expérience commune d'avoir écouté le Docteur Lauben énoncer sa proposition et d'entendre le récit de Leo Peter. Que faut-il supposer dans ce cas pour que Rudolf Lingens sache que « le propos porte sur la même chose » (*von derselben Sache die Rede ist*)? Suffit-il de dire qu'il est « pleinement maître de la langue allemande »[2] ? La réponse de Frege fondée sur la préséance de l'idiolecte indique qu'il y a « quelque chose de particulier avec la connaissance de la langue allemande quand il s'agit des noms propres »[3]. En effet, il faudrait, derrière le vocable « le Dr Gustave Lauben » avoir une même connaissance, c'est-à-dire décrire ce médecin de la même façon pour pouvoir partager à son sujet la même pensée. Or, dans le cas des noms propres, le recouvrement complet d'une description par une autre est une chose rare. Tant qu'il n'a pas lieu, il ne peut s'agir de la même pensée exprimée par le docteur et rapportée par Leo Peter. Pour bien marquer qu'il ne s'agit pas du tout d'une maîtrise quelconque de la langue commune, mais bien d'une rencontre d'idiolectes tous relatifs au parler de tel ou tel individu, Frege mentionne un autre locuteur Herbert Garner. Celui-ci nous fait prendre conscience 1) que Leo Peter n'est pas dans une position privilégiée: partir d'un idiolecte ne signifie pas privilégier un idiolecte sur un autre; 2) que le recouvrement des idiolectes peut ne pas se faire, auquel cas, « Herbert Garner et Leo Peter, pour autant qu'il s'agit du nom propre « Dr Gustave Lauben » ne parlent pas la même langue, bien qu'ils désignent en fait sous ce nom le même homme; ils le font et ils ne le savent pas »[4]. Reste à marquer dans la langue même, c'est-à-dire au niveau des signes, cette divergence des idiolectes, d'où la suggestion fregéenne d'utiliser dans un cas (Leo Peter) « le Dr Lauben » et dans l'autre cas (Herbert Garner) « Gustave Lauben ».

Le second intérêt de l'exemple du « Dr Lauben » est de montrer le lien entre la différence des pensées exprimées et la différence qui existe entre ce qui est vrai et ce qui est tenu pour vrai. C'est parce que les pensées ne se

1. *KS*, p. 349, tr. fr., p. 178.
2. *Ibidem*.
3. *Ibidem*.
4. *Ibidem*.

recouvrent pas toujours – bien qu'elles puissent avoir une même référence – que les unes peuvent être tenues pour vraies et les autres pour fausses :

> il est possible que Herbert Garner tienne pour vrai le sens de la proposition "Le Dr Lauben a été blessé", tandis que trompé par de fausses nouvelles, il tienne pour faux le sens de la proposition "Gustave Lauben a été blessé". Dans la dernière hypothèse les deux pensées sont différentes [1].

A travers la distinction entre "tenir pour vrai" et "vrai", on retrouve celle qui existe entre l'ordre de découverte des connaissances et leur ordre d'exposition. Dans l'exemple de l'exploration de la montagne, nous avons cette même orientation d'imposition de nom à partir d'un idiolecte défini :

> chaque objet peut être déterminé de diverses façons et chacune de ces façons de le déterminer peut donner lieu à un nom particulier, et ces noms particuliers ont alors des sens différents [2].

C'est cette divergence qui fonde la possibilité de tenir à la fois pour vraies et pour fausses des pensées qui ont la même valeur de vérité mais qui sont en tant que pensées, différentes. Mais une fois que l'on a pris conscience de l'identité de leur valeur de vérité, l'un des deux sens ne peut plus apparaître que comme superflu ou synonyme. Et tant qu'on n'a pas de recouvrement entre les différents sens d'une expression, la référence reste partiellement inscrutable. C'est pourquoi, il peut être important, souligne Frege, de ne déterminer le sens d'un nom propre que d'une seule façon; il n'y aura alors pas de flottement sur la valeur désignative d'un tel nom propre.

Contextes obliques et métaphores

La conception frégeenne du sens induit que la saisie de celui-ci ne peut se faire qu'à partir d'une compétence linguistique issue d'un idiolecte. Il n'y a pas au préalable une pratique commune linguistique, il n'y a pas non plus au préalable une connaissance commune du sens. On peut en déduire qu'il n'y a pas de sens standard, ou encore que le sens retenu comme commun n'advient qu'à partir d'une théorie de la vérité et non à partir d'une théorie de la compréhension : c'est parce que je sais qu'Afla et Ateb désignent la même montagne que je peux prendre indifféremment « l'ensemble des désignations » [3] auquel tel nom appartient ou l'ensemble des désigna-

1. *Idem*, *KS*, p. 350, tr. fr., p. 179.
2. *WB*, p. 128.
3. *SuB*, in *KS*, p. 144, tr. fr., p. 104.

tions auquel tel autre appartient, autrement dit l'ensemble des propriétés liées au signe "Afla" dont je fais usage ou l'ensemble des propriétés liées au signe "Ateb" dont je fais usage. Mais il n'y a pas, au préalable, avant mon identification de la montagne comme la même, un sens privilégié. Cette thèse a été critiquée par Dummett, la jugeant psychologiste, car elle nous oblige en dernière instance, à invoquer « la connaissance des règles que possède un joueur » alors que l'on devrait pouvoir « expliquer la signification d'un coup en nous référant uniquement aux règles mêmes »[1]. Certes, l'exemple du Docteur Lauben peut apparaître comme une traversée des intentions des locuteurs, mais on peut aussi le lire comme l'exigence de disposer d'une théorie de la référence pour stabiliser une connaissance commune, en cela l'objection psychologiste est levée.

Dummett reconnaît à D. Davidson le mérite d'avoir introduit, dans la théorie de la préséance de l'idiolecte sur la pratique commune du langage, un minimum social, à savoir la prise en compte non seulement du locuteur compétent comme le fait Frege mais aussi de l'auditeur, autrement dit Davidson a le mérite d'avoir thématisé le problème de l'adresse d'un discours :

> même la description d'un idiolecte devra le construire de telle sorte que le locuteur le conçoive comme l'instrument de la communication avec autrui (...). Ceci apparaît clairement dans la conception raffinée que donne Davidson du concept d'idiolecte, suivant laquelle, l'idiolecte est le langage qui (en un temps donné) est utilisé par tel locuteur pour s'adresser à tel auditeur[2].

Mais malgré ce minimum social, Dummett considère que Davidson a tort de donner la préséance à l'idiolecte et que sa conception, tout comme celle de Frege, envisage que la fonction fondamentale du langage est de « véhiculer une pensée »[3], plutôt que de communiquer. Il reconnaît cependant que l'objection psychologiste apparaît bien plus comme une menace liée à cette conception que comme une réalité. En effet, il y a psychologisme si, en invoquant des locuteurs distincts on invoque à chaque fois ce qu'ils ont en tête, mais on peut, à la manière de Frege, conclure que les locuteurs ne parlent pas le même langage, que dans la plupart du temps il y a incompréhension, plutôt que rencontre des intentions, dans ce cas là « cette présentation se protège de l'erreur que commettent les théories psychologistes »[4].

1. M. Dummett, *Les origines de la philosophie analytique,* tr. fr., p. 164.
2. *Idem*, p. 159.
3. *Idem*, p. 163.
4. *Idem*, p. 162.

L'intérêt de la thèse Frege-Davidson n'est pas seulement de fournir une théorie linguistique pour le véhicule des pensées; il est aussi dans les conséquences linguistiques que l'on peut tirer de l'idée selon laquelle il n'y a pas de sens standard. La première conséquence est de fournir une théorie cohérente de la métaphore. En effet, s'il n'y a pas de règles standard, de normes communes préalables pour la pratique linguistique, s'il n'y a pas de conventions premières qui fixent un sens littéral, *a fortiori*, il n'y en a pas pour les métaphores: « comprendre une métaphore est tout autant une entreprise créatrice que produire une métaphore, et aussi peu guidé par des règles »[1]. La métaphore n'est pas un sens second attribué à une expression puisqu'il n'y a pas même de règle pour attribuer un premier sens à une expression; certes des conventions autour du sens sont possibles mais c'est le langage qui les rend possibles et non ces conventions qui rendent possible le langage:

> je voudrais par conséquent suggérer que les philosophes qui font des conventions un élément nécessaire du langage ont renversé l'ordre des choses. La vérité est plutôt que le langage est une condition qui rend les conventions possibles[2].

D. Davidson (1978) souligne la parenté de ses analyses avec celles de Frege. D'un point de vue méthodologique, ce n'est pas tant l'exemple de la diversité des sens, de leur possible ou impossible recouvrement qui est retenu, mais plutôt la distinction frégéenne entre contextes directs et contextes indirects: un contexte direct est un contexte purement référentiel, où les termes utilisés ont leur référence habituelle; en revanche les contextes indirects, où il est question d'attitudes propositionnelles du type « je crois que », les termes des propositions subordonnées ont une référence inhabituelle; Frege indique qu'il s'agit alors du sens habituel de ces termes. Soit les deux exemples suivants: « Copernic croyait que les orbites des planètes étaient des cercles » et « Copernic croyait que le mouvement apparent du soleil était produit par le mouvement réel de la terre »:

> il n'est pas permis de remplacer une expression figurant dans la subordonnée par une autre ayant même référence habituelle; on peut

1. D. Davidson, « What metaphors mean », 1978, traduction P. Engel, in *Enquêtes sur la vérité et l'interprétation*, Nîmes, J. Chambon, 1993, p. 349.

2. D. Davidson « Communication et convention », 1982, traduction P. Engel, in *Enquêtes sur la vérité et l'interprétation*, *op. cit.*, p. 398. Voir également à ce sujet les développements de P. Engel dans *Davidson et la philosophie du langage*, Paris, PUF, 1994, à propos de la distinction entre sens littéral et sens non littéral. P. Engel souligne à juste titre que « Davidson nie que cette distinction ait le moindre fondement, et soutient qu'il n'existe pas plus de principes systématiques nous permettant de comprendre un sens littéral, qu'il n'en existe pour comprendre un sens non littéral », p. 126.

> seulement lui substituer une autre expression ayant même référence indirecte, c'est-à-dire le même sens habituel [1].

En quoi cette analyse est-elle instructive pour indiquer ce que les métaphores signifient? Selon Davidson, de même que le sens ordinaire ou littéral continue à être fonctionnel dans une métaphore – ce qui change étant l'usage qui est fait de ce sens, non ce sens – de même, le sens habituel continue à fonctionner dans les contextes modaux, mais son usage diffère puisqu'il coïncide maintenant avec une référence inhabituelle :

> Si nous associons Frege avec une conception frégeenne de la métaphore : on doit considérer un mot comme ayant en plus de son champ d'application au monde ou de sa référence mondaine, deux champs d'application spéciaux ou *supra*-mondains, l'un pour la métaphore, l'autre pour les contextes modaux ou contextes du même genre. Dans les deux cas, la signification originelle reste la même en vertu d'une règle qui relie les diverses significations [2].

L'intérêt de la mobilisation de la théorie frégéenne du discours oblique ou indirect dans le cas précis de la métaphore est de considérer celle-ci comme une modalité du discours, de même statut que la promesse ou le mensonge par exemple, et non comme un sens second. Par ailleurs, en invoquant la compétence et du locuteur et de l'auditeur, vu que l'acte de compréhension d'une métaphore est lui-même créateur de métaphore [3], Davidson montre qu'à partir d'un point de vue idiolectal, on gagne le fait de ne pas présupposer des règles données et communes ; ce qui est un avantage considérable si on veut reconnaître que la « métaphore est le travail de rêve du langage » [4] et surtout qu'elle n'est pas paraphrasable. La métaphore suppose que le sens est appris, non pas pour le suspendre ou le dédoubler, mais pour en faire un usage relativement au monde. Pour conforter la thèse de Davidson selon laquelle l'analyse des contextes indirects et modaux par Frege donne le bon point de vue sur la métaphore et ce dans la mesure où elle laisse le sens ordinaire des expressions totalement fonctionnel, tout en en indiquant un usage nouveau (comme référence inhabituelle), il faut ajouter qu'il n'y a pas de sens indirect chez Frege, autrement dit, on peut bien parler d'une référence indirecte ou directe mais il n'y a en réalité qu'un sens direct ou habituel ou encore ordinaire. « La théorie du sens indirect est

1. *SuB*, in *KS*, p. 152, tr. fr., p. 113.
2. D. Davidson, *What metaphors mean*, tr. fr., *op. cit.*, p. 358.
3. Ce que Frege reconnaît explicitement pour tout ce qui est coloration de la pensée : comprendre une coloration c'est la créer, cf. *SuB*, in *KS*, p. 147, tr. fr., p. 107.
4. D. Davidson, *op. cit.*, 1978, tr. fr., p. 349.

inutile et injustifiable »[1] note Dummett, dans la mesure où la reconnaissance d'une référence indirecte ne nous impose aucunement la postulation d'un sens indirect; en effet, on ne peut pas effectuer de « marche-arrière » de la référence au sens : c'est le sens qui illumine la référence et non l'inverse.

Coloration des pensées et pensées annexes.

La coloration *(Färbung)* des pensées renvoie à tout ce qui dans la pensée n'affecte pas la conduite des preuves, ce qui donc est superflu de ce point de vue là, sans bien sûr l'être du point de vue du langage ordinaire, ni de la communication des pensées. Une pensée reçoit sa coloration de la représentation qui lui est associée et cette coloration apparaît dans la différence que remarque tel locuteur et non tel autre dans l'expression d'une pensée ; à de « possibles différences » de ce type

> appartiennent les couleurs et les éclairages que l'éloquence poétique cherche à donner au sens. Ces couleurs et ces éclairages ne sont pas objectifs mais chaque auditeur ou lecteur doit les recréer à l'invitation de l'auditeur ou du lecteur[2].

La liberté de créer cette coloration de la pensée s'oppose à la contrainte de saisir le sens tel qu'il est en soi, objectivement. Pour rendre compte de ce vêtement que prend la pensée, Frege invoque toujours la personne à laquelle cette pensée est adressée. En effet, il ne suffit pas comme dans le cas de la simple expression des pensées, de prendre en compte ce que le locuteur exprime, mais, dans la mesure où l'éclairage de la pensée est fonction de la création par l'auditeur ou le récepteur, l'adresse de la pensée est dans ca cas essentielle. Dans un article posthume où Frege souligne la « séparation de la pensée avec ce qui l'entoure »[3], il est clairement indiqué que la langue étant « peu appropriée pour susciter chez l'auditeur des représentations à volonté avec la précision souhaitée », il ne reste plus qu'à "suggérer" et à indiquer « en laissant l'exécution à l'auditeur »[4].

Dans la *BS*, Frege avait déjà indiqué que la « distinction entre "et" et "mais" est une sorte de distinction qui n'est pas exprimée dans cette idéographie. Le locuteur utilise "mais" s'il veut avertir que ce qui suit est

1. *IPF*, p. 98, voir aussi *FPL*, p. 268. M. Dummett, de façon assez convaincante construit dans ces deux passages un amendement à la théorie frégéenne qui reconnaît *en passant* l'existence d'un sens indirect, *SuB*, in *KS*, p. 146, tr. fr., p. 105.

2. *SuB*, in *KS*, p. 147, tr. fr., p. 107.

3. *NS*, p. 150, tr. fr., p. 163.

4. *Idem*, p. 151, tr. fr., p. 164.

différent de ce qu'on pourrait d'abord supposer»[1]; nous sommes donc dans ce cas renvoyés encore à nouveau aux intentions du locuteur et à sa capacité toute subjective d'associer des représentations avec les pensées exprimées. On retrouve, dans cet exemple la radicalité de Frege concernant la capacité linguistique et la préséance des idiolectes sur le langage commun. En effet, en annulant toute différence de sens entre "et" et "mais", il refuse de faire endosser par le sens, c'est-à-dire par une instance objective, une telle différence. Il va de soi que pour quelqu'un comme M. Dummett, convaincu que la préséance est à accorder au langage commun, la différence entre "et" et "mais" a « une caractéristique objective »[2] de même ordre que celle qui existe entre "et" et "ou" ; et il faut souhaiter qu'une personne qui « espère parler anglais »[3] fasse la distinction entre "*and*" et "*but*". M. Dummett conteste qu'il puisse y avoir une uniformité entre tous les exemples donnés par Frege d'éléments qui éclairent le sens sans le constituer ; ainsi la différence entre "et" et "mais" ne peut pas être considérée comme étant du même type que celle qui existe entre "mort" et "décédé", "chien" et "cabot"[4]. Dans le premier cas, on engage une analyse d'un contraste possible entre deux énoncés selon que l'on utilise "mais" ou qu'on ne l'utilise pas. Dans le second cas, nous n'induisons aucun contraste entre les énoncés selon l'emploi de "mort" ou de "décédé". M. Dummett considère que l'exemple de "mais" et de "et" suppose que l'on puisse distinguer clairement entre suggérer et asserter, or il ne lui semble pas que cela puisse être le cas.

L'intérêt de l'analyse de M. Dummett est de poser à travers cet exemple de conjonction, le problème de la limite entre ce qui constitue le sens et ce qui ne fait que l'éclairer. Frege aurait-il négligé ce problème, en présupposant que le sens, de lui-même, était toujours clairement délimité ? Il ne semble pas. Aurait-il masqué involontairement le problème de la différence entre "et" et "mais"? Bien au contraire il traite cette question dans au moins deux autres passages[5] qu'il importe de mentionner pour comprendre la différence entre la coloration des pensées et leur sens. Une fois cette question traitée, il importera de voir où et comment Frege reconnaît les difficultés de délimitation entre l'éclairage des pensées et leur sens.

1. *BS*, § 7, p. 13, tr. fr., (1999), p. 27.
2. M. Dummett, *FPL*, p. 85.
3. *Ibidem*.
4. Un autre exemple célèbre pris par Frege dans la syntaxe est celui de la différence entre la voix active et la voix passive : « la distinction entre les formes active et passive a également sa place ici. La phrase "M donna à N le document A", "le document A fut donné à N par A", "N reçut de M le document A" expriment exactement la même pensée », in *NS*, p. 153, tr. fr., p. 166.
5. *SuB*, p. 158, tr. fr., p. 121 et *LU*, in *KS*, p. 384, tr. fr., p. 222.

Voyons d'abord le cas des mots logiques comme “et”, “ou”, “mais”. Dans l'article *SuB*, Frege revient sur la différence entre “et” et “mais”. Mais cette fois-ci le contexte est bien différent de la *BS*. Dans cette œuvre, Frege avait souligné que la différence entre “et” et “mais” importait peu dans le cas précis où on caractérise le “et” par la conditionnalité et la négation. Dans *SuB*, nous avons à notre disposition la distinction entre sens et référence et nous devons, nous dit Frege, déterminer si une proposition subordonnée exprime bien un sens complet. C'est dans ce contexte qu'intervient une réflexion sur le “et”. Dans une proposition telle que celle-ci : « Napoléon qui reconnut le danger menaçant son flanc droit conduisit lui-même ses gardes contre la position ennemie », nous avons bien deux pensées exprimées, l'une exprimée par la proposition « Napoléon reconnut le danger menaçant son flanc droit », l'autre par « Napoléon conduisit lui-même ses gardes contre la position ennemie ». Ces deux propositions peuvent être jointes par “et”. La conjonction préserve ici la complétude du sens. Il en va ainsi pour d'autres locutions conjonctives comme “bien que” : « les subordonnées introduites par bien que expriment elles aussi des pensées complètes ». Mais ces locutions elles-mêmes ont-elles un sens ? La réponse à cette question montre qu'on peut indéfiniment remplacer une conjonction par une autre pour peu que dans chaque cas la pensée exprimée soit complète. Mais pour qu'une telle substitution soit possible, il faut que la locution conjonctive n'ait aucun sens. Parlant de la locution “bien que” à laquelle il associe en note “mais” et “cependant”, Frege nous dit que « cette conjonction n'a proprement aucun sens, et ne change pas non plus le sens de la proposition; elle l'éclaire seulement d'une façon particulière »[1]. Ainsi les mots logiques n'ont pas de sens pour Frege, aussi ne convient-il pas de se demander si le sens est affecté par une substitution de “et” à “mais” ou à “cependant”. Le développement de M. Dummett sur la différence entre “et” et “mais” ne présenterait une véritable objection que si ces mots logiques avaient un sens. Dans les deux cas où la substitution intervient, Frege n'est préoccupé que par la substitution d'une pensée complète à une pensées complète ayant même valeur de vérité. De ce point de vue (la substitution) la différence entre “et” et “mais” ne peut avoir aucun effet.

En revanche il est des cas où, n'ayant pas affaire à des mots logiques mais à des « pensées annexes » (*Nebengedanken*) qui ne sont pas toujours exprimées, il peut s'avérer « problématique (*zweifelhaft*) » de savoir « si la

1. *SuB*, in *KS*, p. 158, tr. fr., p. 121 : « *Dieses Fügewort hat eigentlich keinen Sinn und verändert auch den Sinn des Satzes nicht, sondern beleuchtet ihn nur in eigentümlicher Weise* ».

pensée annexe appartient au sens de la proposition ou l'accompagne seulement »[1].

Frege analyse le cas où l'expression d'une pensée est en défaut par rapport aux pensées réellement mobilisées, autrement dit quand il y a une ellipse, on se demande alors si la pensée exprimée suppose de façon nécessaire une pensée non exprimée. Dans ce cas, la pensée annexe est nécessaire à la conduite des preuves et son ellipse suppose à chaque fois un raisonnement enthymématique dont l'analyse seule permet de restituer la pensée manquante et néanmoins opératoire dans la déduction. Ainsi dans la proposition :

Parce que la glace est moins dense l'eau, elle flotte sur l'eau,

on distingue :

1. La glace est moins dense que l'eau, 2. Si quelque chose est moins dense que l'eau, il flotte sur l'eau, 3. La glace flotte sur l'eau.

A la rigueur, il n'est pas besoin de mentionner expressément la troisième pensée, dans la mesure où elle est contenue dans les deux premières. A l'inverse, ni la première pensée jointe à la troisième, ni la deuxième et la troisième prises ensemble ne constitueraient le sens de notre proposition. On voit donc que dans la subordonnée : « parce que la glace a un poids spécifique inférieur à celui de l'eau, sont exprimées la première pensée et une partie de la deuxième »[2].

Frege prend au sérieux ce problème car il ne s'agit plus d'une question d'éclairage de la pensée ou de sa coloration, quelque chose qui adviendrait en surplus et qui dépendrait du bon plaisir de l'auditeur, parfois même de l'affinité entre représentations humaines sans quoi nous dit-il l'art serait impossible[3]. Non, cette fois, il s'agit de la conduite des preuves elles-mêmes : comment se fait-il que les pensées annexes si importantes pour déduire ne soient pas exprimées ? Frege indique que cela se produit de façon fréquente avec les propositions subordonnées où bien souvent la proposition subordonnée exprimée contient en elle-même une partie d'une autre proposition restée cette fois-ci dans l'ombre. On ne peut plus dire comme dans le cas de l'éclairage des pensées que le vrai n'est pas affecté. Là il s'agit de restituer la partie de la pensée manquante pour que la conduite des preuves ne souffre d'aucune faille.

Cette fois-ci le logicien pallie le sentiment de superflu du locuteur, qui souvent pour mieux emporter la conviction n'éprouve pas le besoin

1. *SuB*, p. 158, tr. fr., p. 122.
2. *SuB*, p. 160-161, tr. fr., p. 124.
3. *SuB*, p. 147, tr. fr., p. 107.

d'exprimer telle partie importante de la pensée, ou aussi pour ne pas donner l'impression qu'il dit une même chose deux fois. Nous assistons à une inversion des rôles entre le requis et le superflu par rapport au cas précédent des locutions conjonctives : ce qui est superflu pour la conduite des preuves est précisément ce qui est requis par l'éloquence poétique dans un cas, et ce qui est superflu pour cette même éloquence, élargie à la compétence linguistique d'un locuteur qui ne veut pas alourdir son expression de pensées annexes, se trouve proprement requis par le logicien préoccupé de ne pas laisser dans l'ombre et de façon implicite un morceau de pensée qui puisse être important pour sa déduction.

Seul ce cas des propositions subordonnées semble problématique pour déterminer si la pensée annexe implicite est ou non une partie de la pensée exprimée. En règle générale, les pensées annexes n'ont pas d'autre valeur que d'éclairer le sens, et leur résonance est une « gêne dans le domaine de la logique »[1]. Dans la dernière *Recherche logique* portant sur la composition des pensées, Frege attire notre attention sur l'absence de lien de sens entre les pensées composées dès lors que chacune est reconnue comme une pensée complète. Aussi l'intervention d'une locution conjonctive ne saurait avoir pour rôle d'effectuer un lien quelconque entre les pensées exprimées. Le "ou" nous permet de dire en toute vérité « Frédéric le Grand fut vainqueur à Rossbach ou deux est plus grand que trois ». Naît cependant en nous la pensée annexe selon laquelle les deux pensées ici exprimées doivent avoir une « certaine affinité » (*Verwandtschaft*), et n'en trouvant pas, nous manifestons notre surprise en niant même que la seconde pensée (« deux est plus grand que trois ») ait un sens. L'absence d'affinité entre les deux pensées nous pousse à ne pas même reconnaître de sens à la seconde proposition, et à conclure au caractère superflu de la seconde proposition, la caractérisant ainsi comme un « luxe de mots » (*Aufwand von Worten*) ; ce faisant, nous associons à la disjonction exprimée ces pensées annexes :

> on suppose d'habitude que si des propositions sont liées par "ou", le sens de l'une a quelque rapport au sens de l'autre, que ces propositions ont une certaine affinité. Dans un cas donné, on pourra peut-être même mettre en évidence cette affinité des propositions; mais dans un autre cas cette affinité serait d'un autre ordre, si bien qu'il est impossible de montrer une affinité de sens qui soit toujours attachée au mot "ou" et puisse être mise au compte du sens de ce mot[2].

Le problème soulevé par M. Dummett à propos des locutions conjonctives nous semble donc bien réel mais à condition de le transposer

1. *LU*, p. 384, tr. fr., p. 222.
2. *Ibidem*.

du cas de ces locutions à celui des pensées annexes. Il est vrai qu'il existe des cas où il est difficile de différencier clairement entre le sens et l'élément éclairant du sens. Pour le formuler autrement, on peut dire que le pouvoir de suggestion de cet élément éclairant est bien souvent aussi un pouvoir assertif, autrement dit, une puissance qui affecte la vérité elle-même. Frege, comme nous l'avons montré, était bien conscient de ce problème, et la réécriture des propositions subordonnées à la fin de son article *SuB* atteste de l'enjeu lié à la pensée enthymématique : l'ellipse peut concerner un élément de déduction, qui, s'il n'est pas restitué par l'analyse, donne bien lieu à une amputation du vrai. Dans le passage de *SuB*, où Frege souligne la perplexité où nous laisse certaines pensées annexes – sont-elles des colorations ? Sont-elles des éléments constitutifs du sens ? –, une note nous indique que de telles questions peuvent « avoir de l'importance pour déterminer si une affirmation est un mensonge, si un serment est un faux serment »[1]. Nous sommes donc dans le cas d'une difficile frontière entre la suggestion et l'assertion. L'idée de Dummett selon laquelle Frege a été induit à négliger la différence entre “et” et “mais” parce que son orientation vers les idiolectes l'éloignait *de facto* d'une prise en considération des différences stabilisées dans la langue, trouve un écho chez Frege. Dans un des articles intitulé « Logique » des *Ecrits posthumes*, on retrouve la même expression *zweifelhaft* que celle qui utilisée dans *SuB*, expression relative à la perplexité où l'on se trouve face à certaines pensées annexes :

> Certes des cas douteux (*zweifelhaften Fälle*) peuvent provenir de cet état de choses, compte tenu de la capacité de la langue à changer. Quelque chose qui initialement ne servait pas à exprimer une pensée peut finir par acquérir cette fonction en vertu d'un usage constant dans des cas de ce genre. Une pensée qui au début n'était que suggérée (*nahe gelegt wurde*) par une expression, peut en venir par être expressément assertée par elle (*behauptet werden*). Et pendant la période de transition différentes interprétations sont possibles[2].

Il y a donc bien le cas où, dans la langue, l'usage commun finit par fixer la coloration d'une pensée comme une pensée à part entière.

1. *SuB*, in *KS*, p. 159, tr. fr., p. 122.
2. *NS*, p. 152, tr. fr., p. 166.

CHAPITRE III

EXISTENCE, VÉRITÉ, OBJECTIVITÉ

JUGEMENT ESTHÉTIQUE ET RÉFÉRENCE SUPERFLUE

Fiction sans gravité requise

Le pouvoir de suggestion de la poésie se remarque dans le fait que les pensées sont en attente de complétion : en général, l'auditeur par son acte de compréhension de l'énoncé où une pensée est exprimée la complète, au sens où, nous dit Frege, il la crée. Celui qui reçoit un discours, dans le cadre de la poésie, est celui qui est invité à le recréer. Mais il peut arriver que la pensée soit complète tout en appartenant au domaine de la fiction. Dans ce cas, ce qui lui manque, ce n'est pas un élément constituant, mais la *nötige Ernst*[1], la gravité ou le sérieux requis qui va de pair avec la force assertorique :

> En poésie, nous avons le cas où des pensées sont exprimées sans qu'elles soient effectivement posées comme vraies, malgré la forme assertorique de l'énoncé; et ceci bien qu'il soit suggéré à l'auditeur de produire un assentiment (*zustimmendes Urteil*)[2].

La suggestion, cette fois-ci, ne se rapporte pas à un élément constituant de la pensée, mais à l'assentiment poétique qui ne saurait se transformer en assentiment au vrai car il manque à de telles pensées un contexte sérieux. L'ajout du mot "vrai" serait ici sans importance (*unerheblich*) car la force assertorique, comme nous aurons à le voir, ne réside pas dans cette expression.

1. *KS*, p. 347.
2. *KS*, p. 347, tr. fr., p. 176.

Selon Frege, l'acteur, sur une scène de théâtre, ne fait pas d'assertion, « il ne ment pas non plus, même s'il est convaincu de la fausseté de ce qu'il dit »[1], c'est-à-dire même s'il tient pour faux ce qu'il dit. mais tenir pour faux ce qu'il dit ne signifie pas que ce qu'il dit est faux. On a là à nouveau la distinction importante entre vrai/tenir pour vrai ; faux/tenir pour faux. Mais on peut tout aussi bien exprimer les choses autrement dans le cas de l'acteur et dire qu'il « joue à faire des assertions »[2]. En effet, comment peut-il chercher à produire un assentiment tout en étant en retrait par rapport à l'assertion ? M. Dummett souligne à juste titre que

> si nous utilisions un signe d'assertion, l'acteur le ferait aussi. La raison pour laquelle il ne fait pas d'assertion ne réside pas dans le fait qu'il fasse moins que cela – autrement dit exprimer simplement les pensées – mais qu'il fait plus que cela – il joue à faire des assertions[3].

Ce point aurait-il échappé à Frege ? Il ne semble pas, car dans ce même passage où il parle de l'acteur, il souligne combien la forme assertorique de l'énoncé est commune dans le cas du jeu et dans celui du parler sérieux. Certes, Dummett a raison de souligner que le contexte dramatique suffit à différencier le fait de jouer à faire des assertions et le fait d'en faire réellement et que le bon point de vue pour éviter de psychologiser l'acte d'assertion n'est pas celui de l'acteur ou de la personne qui parle sérieusement mais du contexte où l'énoncé est émis. Mais nous savons que ce risque a toujours été couru et évité par Frege : se plaçant en général du point de vue de l'idiolecte du locuteur et non du langage comme médium commun, il ne se prive pas de ce même point de vue quand il est question du jeu artistique. En indiquant que l'acteur ne fait pas d'assertion, Frege n'entend pas neutraliser totalement le domaine de la vérité, car l'acteur « est convaincu de la fausseté de ce qu'il dit »[4], et cherche à produire cependant, et c'est là tout son art, un assentiment chez l'auditeur comme si ce qu'il disait pouvait être vrai. Le jugement esthétique demande moins la neutralisation de la vérité qu'un jeu avec le tenir pour vrai et le tenir pour faux.

Dans les œuvres de fiction, la référence importe peu. La fiction est le règne de la pseudo-référence. Comme le note D. Bell, Frege distingue nettement entre intelligibilité et assertabilité : la non assertabilité des pensées sans référence « les rend inaptes à l'usage scientifique ou sérieux, mais cela ne les rend en aucun cas inintelligibles »[5]. D. Bell s'oppose à

1. *Ibid.*
2. M. Dummett, FPL, p. 311
3. *Ibid.*
4. *KS*, p. 347, tr. fr., p. 176.
5. D. Bell, « How "Russellian" was Frege ? », *Mind*, vol. 94, n°394, avril 1990, p. 273.

l'interprétation russellienne de Frege telle qu'elle est soutenue par G. Evans. Celui-ci tend à considérer que les propositions du type « *a* est un F », où *a* est un nom propre sans référence, n'expriment pas du tout de pensée ; Evans dénie à la notion de sens toute valeur sémantique et suggère « qu'elle est introduite en connexion avec certains problèmes en psychologie » [1]. Une telle interprétation est fondée selon D. Bell sur une traduction discutable : faut-il traduire l'expression de "*Scheingedanke*", utilisée par Frege pour désigner une pensée où certains constituants, voire tous, n'ont pas de référence, par « *mock thought* » (anglais) ou « pseudo-pensée » (français) ? Si nous adoptons une telle traduction et si par « pseudo-pensée », nous entendons quelque chose qui n'est pas véritablement une pensée [2], alors nous faussons l'analyse frégéenne qui s'évertue à montrer qu'il n'importe pas à une pensée d'avoir tous ou certains de ses constituants dotés d'une référence pour qu'elle même ait un sens et soit à part entière une pensée.

Dans *Einleitung in die Logik* [3], Frege dit que les noms propres désignent un objet et sont par ailleurs des constituants de propositions qui expriment des pensées, mais « qu'est-ce que l'objet a à faire avec la pensée ? » [4] demande Frege, l'objet, c'est-à-dire la référence du nom propre, « est-il un tant soit peu requis (*nötig*) pour l'expression de la pensée ? » [5] ; la réponse est bien sûr négative ; qu'il y ait ou qu'il n'y ait pas de référence au nom propre, la pensée qui contient celui-ci « demeure strictement la même » ; dans le cas où le nom propre aura une référence, la pensée sera simplement transposée « du domaine de la fiction à celui de la vérité » [6].

Les pensées qui n'ont pas de valeur de vérité peuvent être dites des "*Scheingedanke*" [7], littéralement des « pensées d'apparence » qui

1. D. Bell, *op. cit.*, p. 276. D. Bell renvoie ici au passage de G. Evans où celui-ci souligne le lien entre la « psychologie des attitudes propositionnelles » et la notion de sens. Evans reprend l'exemple de la montagne désignée par les expressions de "Ateb" et de "Afla". Les sens de ces expressions, identifiés à la valeur cognitive de celles-ci, dans la mesure où ils font intervenir des compréhensions distinctes par les deux explorateurs seraient selon Evans partiellement psychologiques : « La valeur cognitive est une notion partiellement définie dans les termes d'une psychologie des attitudes propositionnelles », in *The varieties of reference*, Clarendon Press Oxford, 1982, p. 19. Voir à ce sujet notre propre analyse de cet exemple de Frege, p. 135 et 145-146.

2. G. Evans note ceci : « Frege parle des énoncés contenant des noms propres utilisés dans la fiction, c'est-à-dire d'énoncés, contenant des termes singuliers vides, comme des énoncés exprimant de pseudo-pensées, c'est-à-dire des pensées qui ne sont pas véritables », *op. cit.*, p. 30.

3. *NS*, p. 208.

4. *Ibid.*

5. *Ibid.*

6. *Ibid.*

7. *NS*, p. 142.

appartiennent au monde de la poésie. Ce sont des pensées à part entière mais pour lesquelles ne s'applique ni le vrai, ni le faux :

> L'art poétique a, comme par exemple aussi la peinture, pour visée l'apparence. Dans la poésie, les assertions ne doivent pas être prises au sérieux : ce ne sont que des assertions apparentes. Les pensées également ne doivent pas être prises au sérieux comme dans la science : ce ne sont que des pensées d'apparence [1].

Si Frege insiste tant sur la nature de l'assentiment qui est donné aux œuvres d'art, c'est parce qu'on peut être amené à se méprendre sur la forme dans laquelle est exprimée l'art. Une forme déclarative en poésie, une peinture dite historique pourraient nous faire croire qu'une référence quelconque est engagée, alors que dans ce cas, la référence est totalement superflue : une peinture historique en tant qu'œuvre d'art « ne prétend pas mettre sous les yeux ce qui s'est effectivement produit » [2]. Là encore, on voit Frege mettre l'accent sur la réceptivité de l'œuvre d'art : tant que nous recevons une pensée comme esthétique, la question de la référence devient superflue, nous devons nous en tenir uniquement aux apparences, à l'effet esthétique produit [3], « le tonnerre du théâtre n'est qu'un tonnerre apparent » [4], et c'est cette apparence qui le constitue comme un tonnerre "joué" et non sérieux. La poésie est un jeu où la référence est "superflue" [5] mais non suspendue comme aime à le répéter Ricœur; il ne s'agit pas de dédoubler la référence en référence ordinaire et référence métaphorique :

> Le désir de vérité qui pousse à avancer du sens vers la dénotation n'est expressément accordé par Frege qu'aux énoncés de la science, et paraît bien être refusé à ceux de la poésie. (...). Toute mon entreprise vise à lever cette limitation de la dénotation aux énoncés scientifiques. (...). Dans l'œuvre littéraire, le discours déploie sa dénotation comme une dénotation de second rang, à la faveur de la suspension de la dénotation de premier rang du discours [6].

L'enjeu ontologique de ce dédoublement de la référence est analysé par nous dans un chapitre ultérieur [7]; Notons ici que Frege refuse un dédoublement de la référence comme il refuse aussi un dédoublement du sens.

1. *NS*, p. 142, tr. fr., p. 154.
2. *Ibid.*
3. Cet effet esthétique ne se réduit pas à l'éclairage d'une pensée car cet éclairage n'appartient pas à la pensée, alors que dans le cas considéré ici, il s'agit encore de la pensée.
4. *KS*, p. 346, tr. fr., p. 176.
5. *SuB*, in *KS*, p. 148, tr. fr., p. 109.
6. P. Ricœur, *La métaphore vive*, Paris, Le Seuil, 1975, p. 278-279.
7. Voir, p. 173-180.

S'il n'y a qu'un sens ordinaire, lui-même soumis comme on l'a vu au croisement des idiolectes, il n'y a qu'une référence ordinaire qui peut arriver à manquer quand on ne parle pas sérieusement ou quand on produit ou reçoit de la poésie.

Reste à examiner ce que signifie recevoir l'art poétique ou la peinture comme une apparence, tout en excluant le fait que cette apparence ne soit que privée. La difficulté est donc de reconnaître les pensées d'apparence de la poésie comme des pensées à part entière. Frege ne parle pas à leur sujet de représentations, qui, elles, comme nous le savons, sont privées et incommunicables. Il dit que ce sont des pensées. Nous pouvons reprendre les exemples de la peinture ou du tonnerre donnés par Frege et nous demander comment il se fait que la simple apparence de la peinture reçue ou du tonnerre entendu soit en même temps inscrite dans une pensée qui est objective et communicable, en un mot intelligible comme le souligne Bell. La solution présentée par Bouveresse et Putnam aux difficultés soulevées par une conception (comme celle de Maxwell), qui fait de la sensation de la couleur quelque chose de privé qui n'a pas de nom, peut servir ici de point d'appui pour comprendre que nous ne renonçons pas à saisir des pensées quand nous regardons une œuvre d'art :

> Même si elles ne sont pas indépendantes des observateurs humains, au sens auquel peuvent l'être d'autres propriétés physiques, les couleurs ne sont pas pour autant privées, (...), de plus même la couleur considérée comme une sensation (...) n'est pas davantage privée. Comme le dit Putnam, "le point important est que, que l'on dise ou non qu'elles sont en un certain sens "phénoménales", les couleurs – et les "apparences" de couleur – sont des faits publics, et non des affections privées (*Sense, Nonsense, and the Senses*, p. 486, note 2) [1].

Il est donc possible, pour ce qui est de l'art, de produire des jugements esthétiques qui supposent des pensées complètes et ne pas confiner l'art dans des pensées qui seraient incomplètes. Il convient ainsi de ne pas limiter la poésie aux effets éclairants des pensées. Si les éclairages ou les colorations de la pensée relèvent bien de la poésie, on ne peut réduire celle-ci à cette seule fonction. D'une part, il arrive comme on l'a vu, que la coloration bascule en réelle pensée, que la suggestion à laquelle nous invite les colorations de la pensée soit difficilement séparable de la pensée elle-même au point que ce qui est suggéré finit par être asserté, dans ce cas là on quitte le domaine du jeu pour entrer dans celui du parler sérieux, mais c'est tout de même un passage qui se fait dans le doute et la perplexité. D'autre part, la suggestion qui concerne non pas un élément constituant de la pensée

1. J. Bouveresse, *Langage, perception et réalité*, Nîmes, J. Chambon, 1995, p. 466.

mais l'assentiment que l'on donne, *via* un jugement, à telle production artistique, indique que l'art poétique, la peinture, le théâtre sont bien le domaine de pensées entières, communicables et publiques, même si celles-ci se meuvent dans le royaume de l'apparence et du jeu, même si ce ne sont que des pensées d'apparence (*Scheinegedanken*). Si Frege avait voulu dire de ces pensées qu'elles étaient des pseudo-pensées, il n'aurait pas employé l'expression de "*Scheinegedanke*" mais celle de "*uneigentlich*" qu'il utilise communément pour rendre compte de ce qui est "pseudo" chez Hilbert[1].

Le langage magicien

L'intérêt pour les pensées d'apparence et pour les pensées annexes est indissociable d'une analyse fine du langage, que ce soit à travers l'implicite ou l'excès exprimé, le langage intervient comme l'habit de la pensée dont il faut à chaque foix prendre les mesures. Cependant le langage n'est pas « l'objet propre »[2] de la logique mais bien les pensées et leurs conditions de vérité et de fausseté. Comme la tâche de la logique n'est pas de dire comment les gens pensent ni d'indiquer ce qu'ils tiennent pour vrai, il ne convient pas d'accorder une grande importance au langage. Mais dans la mesure où, pour nous humains, la pensée se donne toujours sous la forme d'une expression, il devient inévitable de traiter du langage, en particulier des illusions que celui-ci entretient sur la nature des pensées exprimées, comme par exemple l'illusion de voir naître et disparaître les pensées par le seul fait de les affirmer ou de les nier.

La relation magique aux choses que le langage entretient est bien sûr sensible dans les questions relatives à l'existence. Le dialogue que Frege a eu avec le théologien Pünjer et qui figure dans le *Nachlass*[3], montre combien cette relation magique du langage est confortée par des arrières pensées théologiques. Déjà dans les *Gl*, au § 53, Frege avait indiqué que l'argument ontologique est sans portée dans la mesure où la proposition « Dieu existe » donne au mot "Dieu" un statut de nom propre, alors que l'existence ne peut se dire que des concepts : affirmer l'existence c'est dire qu'un concept n'est pas vide, qu'il y a au moins un objet qui le satisfait, autrement dit que le concept n'est pas un concept contradictoire mais un concept réalisé. L'existence est donc un concept de second ordre, et ce concept est propriété de concepts de premier ordre. Or le langage entretient l'idée que l'existence est un concept de premier ordre susceptible de

1. Voir *supra* p. 45-50.
2. *LU*, tr. fr., note, p. 180.
3. « Dialog mit Pünjer über Existenz » in *NS*, p. 60-75.

qualifier directement les objets. Le langage, en raison de l'absence d'une marque syntaxique propre, nous présente les propositions suivantes comme étant de même structure alors qu'elles sont logiquement très différentes : « L'homme existe », « Sachse existe ». Dans le premier cas, l'existence se dit du concept *homme* et la proposition est bien formée logiquement; dans le second cas elle semble qualifier le nom propre "Sachse"; or, contrairement au premier cas, nous n'avons là aucune information. Dans la mesure où la logique exclut les noms propres sans référence, il va de soi qu'en disant "Sachse", on présuppose qu'il y a bien un individu qui répond à ce prénom; ajouter "existe" ne peut que brouiller l'esprit et laisser installer cette confusion grave qui nous fera considérer l'existence comme une propriété des individus : l'existence serait dans ce cas, par le simple fait d'être énoncée, attribuée magiquement aux individus. Le théologien Pünjer, voulant maintenir une caractérisation des individus par l'existence, identifie l'expression "existe" à « peut être expérimenté ». Il défend par ailleurs une conception ambiguë de l'existence : ce n'est pas au même sens selon lui qu'il faut prendre les expressions de "existe" et de « il y a ». Le « il y a » est une donnée préalable de la pensée, une donnée indépassable qui fonde la condition de possibilité de la pensée. Ainsi pour penser les centaures, il faut d'abord les penser comme hors de nous sous la forme d'un « il y a » avant de dire qu'ils n'existent pas. Frege montre qu'aboutissant à une contradiction insurmontable sous la forme de « il y a des centaures qui n'existent pas », Pünjer n'a plus qu'un seul moyen pour éviter que la raison ne soit captive de contradictions insolubles : celui de reconnaître que le concept d'existence est très général, un concept qui n'a rien d'ambigu pour la simple raison qu'il ne caractérise pas différemment les objets du monde, vu que ce sont les concepts dont il dit quelque chose.

LE JUGEMENT D'EXISTENCE

Prémisses superflues

« Qui sait même ce que c'est qu'être qu'il est impossible de définir puisqu'il n'y a rien de plus général » Pascal, *Entretien avec M. de Saci.*

Le concept d'existence est-il équivoque ?

Nous sommes, depuis les célèbres pages de la *Critique de la raison pure*[1] consacrées à la réfutation de l'argument ontologique, familiers avec

1. Kant, *Critique de la raison pure,* Paris, PUF, édition de 1980, traduction de A. Tremesaygues et B. Pacaud, deuxième division, chap. 3, quatrième section, p. 425-431.

ce qu'on peut appeler de façon un peu radicale les sophismes de la raison concernant l'existence[1]. Mon propos n'est pas de rappeler l'argumentation kantienne, mais de reprendre ce débat du point de vue d'une analyse logique du langage, en montrant à partir d'un dialogue entre un théologien et un logicien de la fin du siècle dernier[2], les difficultés, voire les contradictions dans lesquelles s'enferme la raison quand elle considère l'existence comme une propriété directe des choses, quand elle considère, par exemple, que dans les énoncés: « Il y a des hommes », « Les hommes existent », les termes "existe" et « il y a » nous informent sur tel ou tel "homme". Je chercherai en particulier à voir en quoi il y a dans ce cas une méprise de la raison, en un mot comment la raison devient nécessairement captive de contradictions inextricables quand elle place l'existence dans la nature des choses et non dans celle des concepts, comment donc elle devient captive d'elle-même quand elle considère que l'existence délimite des choses et non des concepts.

On reconnaît généralement que la rectification logique qui fait de l'existence une propriété de concepts et non de choses n'est *que* logique, autrement dit qu'elle est elle-même prise dans des limites, et que par conséquent la question de l'existence continue à se poser à lourds frais sitôt le domaine logique quitté. Je pense en particulier à une tradition herméneutique représentée par P. Ricœur[3] dont le but avoué est de généraliser, par une refonte conceptuelle, la notion de référence, valable dans les contextes dits sérieux et telle que la travaillent des logiciens comme Frege, à des contextes de fiction. L'enjeu pour cette tradition est 1) de bénéficier des acquis logiques sur la référence, notamment du pouvoir de renvoyer à des objets du monde 2) de transférer ces acquis au monde de la fiction et 3) de donner à l'existence toute l'épaisseur que semble lui dénier l'analyse logique (comme par exemple de retrouver avec un sens élargi de l'être les façons possibles d'exister et de faire exister des mondes nouveaux et plus radicalement une façon de donner à l'être un sens plus général, à la fois spéculatif, métaphysique, pratique et poétique). Je chercherai à montrer que là encore, comme dans le cas de l'argument ontologique, il y a une méprise sur la notion de limite, que la logique ne réduit en rien le concept

1. *Idem,* livre II, p. 277 : « De tels raisonnements méritent plutôt, par rapport à leur résultat, le nom de sophismes que celui de raisonnements, bien que, cependant, à cause de leur origine, ils puissent bien prendre ce dernier nom, puisqu'au lieu de naître d'une manière fictive ou fortuite, ils sont tirés de la nature de la raison ».

2. G. Frege, « Dialog mit Pünjer über Existenz », in *NS*, Hambourg, Felix Meiner Verlag, 1969.

3. P. Ricœur, *La métaphore vive*, Paris, Le Seuil, 1975, voir en particulier la septième et la huitième étude.

d'existence, considéré par Frege comme surordonné (*übergeordnet*) à tous les concepts; surordonné ne signifiant pas surdéterminé (il n'a pas plusieurs sens); par conséquent vouloir élargir un sens déjà si étendu relève moins d'une exigence rationnelle que d'une volonté de faire une apothéose de la copule [1] en lui donnant le sens de l'être absolu.

De quoi s'agit-il d'abord dans ce dialogue, évoqué un instant et qui a probablement eu lieu aux alentours de l'année 1884, sur l'existence entre le théologien Pünjer et le logicien Frege? On peut dire que le dialogue se ramène à la question essentielle de la synonymie ou non des deux expressions suivantes: « Il y a » et "existe". Voulant sauver l'idée selon laquelle l'existence qualifie les choses mêmes, Pünjer s'empresse de faire de l'existence une qualité qui spécifie des êtres particuliers, ceux desquels on peut avoir une expérience. Mais il est acculé à rejeter comme impossibles tous les jugements négatifs. En effet, si l'on admet d'une part, comme Pünjer semble le faire, que « A existe » est équivalent à « A peut être expérimenté » et si "existe" ajoute une détermination à A, nier l'énoncé « A existe » devient impossible. La négation consisterait en un pure suppression, c'est ce qu'avait bien vu Kant quand il avait montré que si "existe" est un prédicat qui détermine le sujet, nier l'existence c'est supprimer le sujet, on n'a donc plus rien, ni sujet ni prédicat; c'était une façon de montrer contre Descartes que toute contradiction suppose au moins une proposition contradictoire et que dans le cas de l'énoncé « Dieu n'est pas », si "Dieu" a le statut d'un sujet particulier, on n'a pas même une contradiction, puisqu'en supprimant l'existence, on a du même coup supprimé la référence de ce sujet, à savoir Dieu, la proposition n'ayant plus de sujet, il ne subsiste alors plus rien de quoi il puisse y avoir contradiction[2]. On ne peut donc pas dire avec Descartes qu'il y a contradiction à garder à Dieu les perfections en lui supprimant l'existence, puisque dans ce cas la négation emporte tout, y compris le sujet de la proposition.

Il résulte qu'une première tentative du logicien dans ce dialogue consiste à permettre à l'attitude du théologien de s'énoncer, autrement dit d'accéder au langage, ne serait-ce que pour que les contradictions puissent se formuler. Cet accès n'est possible que si l'on reconnaît que la négation porte sur des concepts, et non sur les choses elles-mêmes. C'est ce que

1. Apothéose, ou divinisation, qui procède de l'isolement du "est" dans les propositions du type « sujet copule prédicat » noté encore « S est P ».

2. Kant, *op. cit.*, p. 427 : « Il en est exactement de même d'un être absolument nécessaire. Si vous lui ôtez l'existence, vous supprimez la chose même avec tous ses prédicats; d'où peut alors venir la contradiction? (...) Si vous dites: *Dieu n'est pas*, ni la toute puissance, ni aucun autre de ses prédicats n'est donné, car ils ont été supprimés tous ensemble avec le sujet et il n'y a plus la moindre contradiction dans cette pensée ».

Frege rappelle à Pünjer quand celui-ci dit que l'énoncé : « Il n'y a pas de centaure » signifie : « A l'idée, ou concept de centaure, il ne correspond rien qui puisse être expérimenté », car la négation ici porte sur le verbe *correspondre*, autrement dit elle n'a pas la valeur de découper les choses ou de les supprimer, mais simplement de qualifier les idées qu'on a de ces choses :

> Dans les propositions "il y a des hommes" et "il n'y a pas de centaures", on trouve également une classification. mais vous ne classez pas les choses qui, dans un cas, ne sont pas du tout, et qui, dans l'autre, ne sont pas rangées dans l'une des deux classes, mais vous classez les concepts "homme" et "centaure" dans la mesure où vous rapportez l'un à la classe des concepts sous lesquels quelque chose tombe, et où vous excluez l'autre de cette classe. c'est pourquoi je pense que les concepts sont les sujets réels de ces propositions [1].

Le dialogue montre qu'en réalité ce sont des concepts, voire des représentations, que la raison parvient à délimiter, non des choses, et que par conséquent ce sont les concepts qui sont les véritables sujets des énoncés sur l'existence. Quand Pünjer différencie entre deux sortes d'idées, les idées venant de soi seul et les idées venant des choses extérieures qui nous affectent, réservant aux secondes les jugements sur l'existence, ce sont bien des idées qu'il classe et ce sont bien des idées auxquelles on reconnaît la propriété que quelque chose leur corresponde ou non.

A ce stade du dialogue, la difficulté pour Pünjer est d'accepter que le centre de gravité de la discussion a changé : on pensait parler de l'existence, et voilà que ce sont les concepts qui demandent à être interrogés. Le tour de force du logicien est d'être parvenu à faire de la copule dans les jugements de type « S est P » un auxiliaire qui n'a qu'une valeur relationnelle ; dans un jugement tel que « le ciel est bleu », le contenu de ce qui est prédiqué est dans le prédicat " bleu" non dans la copule. L'exemple est ici bien choisi car la couleur est un universel et en tant qu'universel, elle peut qualifier un sujet, alors que le verbe être en tant que tel ne spécifie rien : ce n'est pas un concept ayant la possibilité de qualifier les choses. Devant cette radicalisation logique qui vide la copule de tout contenu, le théologien proteste en distinguant deux sens du verbe être, un qui correspond au « il y a » et le second à "existe". Sur quoi est fondée cette distinction ? Le « il y a » équivaudrait à un sens qui serait premier par rapport à l'existence et qui serait

1. *NS*, p. 61, tr. fr., p. 69.

applicable aussi bien au possible qu'au réel ; le terme “existe” en revanche poserait l'existence en individualisant les choses[1].

Cette distinction permet à Pünjer de dire que « les hommes existent » est une expression correcte, mais non « quatre existe » ou « les racines carrées de quatre existent »; il faudrait plutôt dire selon lui : « Il y a des racines carrées de quatre ». Mais à le suivre ainsi, on obtient l'expression paradoxale : « Il y a des racines carrées de quatre qui n'existent pas » ou bien encore : « il y a des centaures qui n'existent pas ».

On retrouve ici une rupture du discours comme dans le cas de la négation, mais comme la question de la négation n'avait pas été réglée, la voilà qui rebondit ici à travers le problème de la synonymie entre « il y a » et “existe” :

> Nous avons ici, selon vous, une contradiction réelle, dans laquelle la raison tombe nécessairement (*notwendig Gerät*), car on ne peut y remédier par un simple changement du mode d'expression[2].

Rupture du discours donc, car Pünjer ne parvient pas à substituer à l'expression paradoxale : “Il y a des centaures qui n'existent pas » une autre expression plus satisfaisante et conclut sur deux échecs du dialogue : 1) le premier est qu'on ne peut aller plus avant dans l'analyse des choses, 2) le second est que toute autre expression manquera à dire ce qui est visé. Dans les deux cas, la raison serait captive d'une contradiction manifeste dans la nature des choses mêmes. Je voudrais montrer maintenant comment on en est arrivé à cette captivité de la raison et comment l'analyse logique parvient à délier ce nœud de contradictions.

Il me semble que c'est pour avoir voulu donner à tout prix un contenu aux expressions « il y a » et “existe” et de façon corrélative ne pas avoir voulu interroger les concepts de “homme” dans « il y a des hommes », de « racine carrée de quatre » dans « il y a des racines carrées de quatre » de “centaure” dans « il y a des centaures », que les contradictions ont jailli[3].

1. On peut comprendre l'équivalence reconnue par Pünjer entre les expressions “existe” et « peut être expérimenté » comme une façon de montrer que les jugements existentiels ne sont pas analytiques; à la base de ces jugements il y aurait un sens de “l'être” logiquement premier par rapport à l'existence et que l'on peut caractériser à la suite de William Kneale, comme « un certain complexe d'universaux », p. 30, cf. *Is existence a predicate ?, Aristotelian society*, Supplementary Volume 15, 1936, repris dans *Language, meaning, and truth*, p. 29-43. W. Kneale ajoute ceci : « la thèse fondamentale de ceux qui croient l'existence être un prédicat est qu'il y a un sens de “être” logiquement premier à l'existence et applicable au possible aussi bien qu'au réel », p. 40.

2. *NS*, p. 66, tr. fr., p. 74.

3. On peut comparer ce point avec ce que dira Quine plus tard : « Il y a des philosophes qui persistent à dire que le verbe “existe”, dit à propos de nombres, de classes et de choses semblables, et le verbe “existe” dit à propos d'objets matériels, sont deux usages d'un même

Pünjer veut toujours partir de l'être entendu comme logiquement antérieur à l'existence et auquel celle-ci viendrait s'ajouter pour que puisse se former des jugements existentiels, dire par exemple : « Les centaures n'existent pas » suppose selon lui qu'on les pense d'abord comme existants hors de nous, la négation n'est possible que si l'on a posé d'abord quelque chose. Or poser selon lui, c'est faire être quelque chose que l'on dira exister ou non. On voit bien à travers cette démarche comment il en vient à refuser la synonymie entre « il y a » et "existe". Le « il y a » serait là pour initier le travail de la raison, mais on a vu que ce travail ne pouvait se continuer longtemps. Le véritable point de départ de la raison est le contenu jugeable et ses propriétés, comme nous avons pu le voir, ni un nom propre, ni un concept, encore moins un « il y a ».

Le singulier et l'universel : Aristote revisité

La raison peut ainsi faire l'économie de toute prémisse sur l'existence; quand, de l'énoncé « Sachse est un homme » on déduit « il y a des hommes », on n'a pas besoin d'affirmer en plus la prémisse « Sachse existe » pour que la déduction soit bonne; cette prémisse va sans dire contrairement à ce que pense Pünjer (P) :

> P : "quelques hommes sont des Allemands" ne signifie pas la même chose que "il y a des hommes allemands". De la seule proposition "Sachse est un homme" vous ne pouvez pas inférer "il y a des hommes", vous avez encore besoin pour cela de la proposition : "Sachse existe".
> F : A ce propos, je dirais : si "Sachse existe" veut dire "le mot 'Sachse' n'est pas un son vide, mais désigne quelque chose", alors il est vrai que la condition "Sachse existe" doit être satisfaite. Ceci n'est pourtant pas une nouvelle prémisse, mais la présupposition qui va de soi de tous nos mots. Les règles de la logique présupposent toujours que les mots utilisés ne sont pas vides, que les propositions sont l'expression de jugements, que nous ne jouons pas avec de simples mots. Dès lors que "sachse est un homme" est un jugement réel, le mot "Sachse" doit désigner quelque chose et je n'ai alors pas besoin d'une prémisse supplémentaire pour inférer "il y a des hommes". la prémisse "Sachse existe" est superflue (*überflüssig*), si elle doit signifier une proposition qui va de soi de toute notre pensée [1].

Cet échange entre Frege et Pünjer fait écho au passage où Aristote, dans les *Premiers Analytiques* en 47 a 10-30, indique que dans toute inférence il

terme ambigu "existe". Ce qui me déconcerte le plus c'est la fermeté de leur insistance », in *Le mot et la chose*, tr. fr., Paris, Flammarion, 1977, p. 193.

1. *NS*, p. 67, tr. fr., p. 75-76.

faut se demander s'il y a une ellipse qu'il faut restituer pour donner tous ses droits à la conclusion, ou s'il y a un ajout redondant :

> nous devons donc nous demander si nous avons pris quelque chose d'inutile ou laisser de côté quelque chose de nécessaire [1].

Seulement la difficulté est double, d'une part il faut restituer la ou les prémisses manquantes et cela peut être plus ou moins facile, d'autre part, concernant le nécessaire, il y a deux modes d'inférence distincts, tous deux dits nécessaires sans pourtant se recouper ; il y a ainsi le mode syllogistique et le mode non syllogistique. L'exemple donné par Pünjer relève précisément du mode non syllogistique tout en ayant une prétention à la nécessité puisque le théologien indique que nous avons besoin d'une prémisse supplémentaire – « Sachse existe » – dans l'inférence qui part de « Sachse est un homme » à « il y a des hommes ». Cet exemple rappelle celui qu'Aristote avait donné :

> Si, l'homme existant, il est nécessaire que l'animal existe, et, l'animal existant, que la substance existe, il est nécessaire que quand l'homme existe, la substance existe. Mais cette conclusion n'est pas encore une conclusion syllogistique, car les prémisses ne se présentent pas de la façon que nous avons indiquée. Nous sommes victimes d'une illusion dans des cas de ce genre, du fait que quelque chose de nécessaire résulte des propositions posées, et parce que le syllogisme est aussi quelque chose de nécessaire. Mais le nécessaire a une extension plus large que le syllogisme : tout syllogisme est nécessaire, mais tout ce qui est nécessaire n'est pas un syllogisme [2].

L'illusion dénoncée ici par Aristote consiste à restituer la prémisse manquante en la situant dans un rapport de généralité ou de particularité par rapport à celle qui est exprimée. Le mode d'inférence nécessaire et non syllogistique est celui où les prémisses permettant de conclure ne sont pas l'une par rapport à l'autre comme plus générale ou comme plus particulière. Ainsi dans l'exemple de Pünjer, sommes-nous dans ce cas car la prémisse restituée « Sachse existe » n'est pas plus particulière ni plus générale que la prémisse « Sachse est un homme ». De plus, ces prémisses ne correspondent pas au schéma syllogistique car elles font intervenir des noms propres, or les noms propres désignent ce qu'Aristote appelle des substances premières et nous savons que les substances premières ne

1. Aristote, *Premiers Analytiques*, tr. fr., *op. cit.*, p. 164. Nous ne suivrons pas H. Sluga, quand il note que « dans l'ensemble des écrits de Frege, il n'y a aucune indication selon laquelle il aurait lu les écrits logiques d'Aristote ou passé un temps quelconque à faire une recherche sur la logique d'Aristote », *op. cit.*, p. 52.

2. Aristote, *op. cit.*, p. 165-166.

peuvent ni être dans un sujet, ni être prédiquées d'un sujet, ce qui signifie que les termes qui les désignent ne peuvent pas prendre la place prédicative. Or il est essentiel dans un syllogisme qu'un même terme puisse être utilisé comme sujet et comme prédicat. Pour ces deux raisons conjuguées, l'exemple de Pünjer relève du cas d'une dérivation non syllogistique.

La réponse de Frege se comprend compte tenu de ce contexte. En effet, la prémisse requise par Pünjer peut être considérée comme superflue par Frege dans la mesure où ce n'est pas réellement une prémisse : l'existence n'est pas un prédicat qui nous informe sur Sachse d'une quelconque façon. La prémisse « Sachse existe » est superflue car en réalité, le nom propre, en contexte sérieux, draine avec lui tout ce dont nous avons besoin pour passer de « Sachse est un homme » à « Il y a des hommes » : Sachse est un nom propre non vide. Une telle exigence ne peut se traduire en prémisse mais relève de ce que Frege appelle « la présupposition qui va de soi pour tous nos mots » [1].

Le mode de dérivation utilisé par Pünjer, dans la mesure où c'est un mode de dérivation non syllogistique aurait dû informer le théologien sur le fait que « Sachse existe » n'est pas même une prémisse. Mais, la distinction entre mode syllogistique et mode non syllogistique peut n'être pas pleinement acquise ; elle peut, tout en étant formulée ne pas être appliquée ; c'est même souvent le cas chez Aristote comme nous allons le voir à l'instant. En effet, la confusion aristotélicienne, maintenue entre les deux usages de la notion de "substance", un usage particulier (substance première) et un usage universel (substance seconde) peut faire croire que l'énoncé « la substance existe » est une prémisse à part entière. Il peut arriver alors que l'on cherche à tout prix à reconstituer un syllogisme qui donne une place à une telle prémisse. Dans l'exemple aristotélicien, mentionné plus haut, le passage de « si l'homme existe alors l'animal existe, et si l'animal existe alors la substance existe ; ainsi si l'homme existe alors la substance existe », on peut être tenté de suppléer les prémisses manquantes par les deux propositions suivantes « tout homme est animal » et « tout animal est une substance ». En faisant jouer au mot "substance" le rôle de sujet et de prédicat tour à tour, on parvient à construire un syllogisme avec moyen terme. Mais cela se fait au prix de la confusion entre la substance comme individu et la substance comme universel. Cette confusion elle-même s'explique. En effet, on pourrait penser que, du fait que dans les premiers chapitres des *Premiers Analytiques* ne sont mentionnés que les termes universels, Aristote ne tient pas compte des termes

1. *NS*, p. 67, tr. fr., p. 75.

singuliers. En réalité ces termes sont compris dans les universels comme l'atteste le passage suivant :

> et nous disons qu'un terme est affirmé universellement quand on ne peut trouver dans le sujet aucune partie dont on ne puisse affirmer l'autre terme[1].

On peut dire que toute l'entreprise de Frege consiste à faire le travail en sens inverse : montrer d'une part que les universels, termes ou propositions, n'ont pas la puissance des particuliers ou des singuliers, d'autre part que les propositions singulières peuvent toujours donner lieu à des propositions existentielles, c'est-à-dire à des propositions à généralisation existentielle : de « Sachse est un homme » on peut passer sans prémisse supplémentaire à « il y a des hommes ».

L'opposition entre Pünjer et Frege engage donc non seulement une conception relative à l'existence, mais à travers elle, à une refonte des notions de singulier, de particulier, et d'universel. On comprend alors pourquoi Frege considère que Kant se soit arrêté à mi-chemin dans sa critique de l'argument ontologique. Kant a certes mis en évidence le fait que l'existence n'était pas un prédicat réel qui nous informerait sur un sujet quelconque, mais Kant a surestimé les jugements universels et n'a pas eu d'expression pour les jugements particuliers[2], en ce sens il est resté aristotélicien.

Le signe encore de l'aristotélisme de Kant est de confondre substance et être. Si l'on réserve le terme de substance comme désignation des termes singuliers, rien n'interdit de considérer à la fois le concept d'être comme susceptible d'occuper la place prédicative et le concept de substance comme n'ayant pas cette propriété. Aussi on peut remettre en question ce passage de Kant[3] : « le concept d'être (*Dasein*) ne peut jamais être prédicat mais seulement sujet dans un jugement, ainsi parlons-nous de façon impropre quand nous disons qu'une chose a l'être au lieu de dire : il y a une chose existante qui a tel et tel attribut ». Kant a voulu en fait montrer que l'existence n'était pas un prédicat réel, non qu'elle n'était pas un prédicat du tout. C'est un prédicat logique. Mais en raison de la confusion entre être et substance, Kant n'a pas tiré toutes les conséquences de sa découverte.

Nous savons que Frege rend hommage à Kant pour avoir écarté l'existence de la position prédicative, « La preuve ontologique de l'existence de Dieu souffre de cette faute qu'elle traite l'existence comme

1. Aristote, *op. cit.*, 24a28.

2. Cf. *supra*.

3. Kant, *Der einzig mögliche Beweisgrund zu einer Demonstration des Daseins Gottes*, cité par B. Bolzano, II, in *Wissenschaftslehre*, § 142.

un concept de premier degré »[1], mais la radicalisation de la critique de la preuve ontologique ne peut venir que de l'invention d'un symbolisme adéquat pour les jugements existentiels, qu'on ne peut plus tenir pour des jugements inhérents aux jugement universels :

> J'aimerais encore vous montrer comment la réfutation kantienne de l'argument ontologique devient intuitivement évidente grâce à mon genre de présentation et ce qu'est la valeur de la concavité, qui est mon signe de généralité, mais je crains de vous avoir déjà trop ennuyé avec cette longue lettre[2].

Prendre conscience que les jugements universels ne contiennent pas les jugements particuliers permet d'éviter la confusion entre substance et être, substance seconde et substance première, mode d'inférence syllogistique et mode d'inférence non syllogistique. C'est donc autour de l'élimination de cette confusion que se construit le noyau logique de la réfutation de l'argument ontologique. Cette réfutation ne concernerait pas le logicien s'il ne s'agissait que de s'opposer au mode de penser théologique voire religieux. Loin de remettre en cause la croyance en un Dieu[3], elle prétend plutôt en donner des conditions plus satisfaisantes. Mais l'enjeu logique qu'elle déploie se situe plutôt dans le rapport entre le particulier et l'universel et par voie de conséquence dans la mise en évidence de concepts vides opératoires :

> En un sens la proposition affirmative particulière dit moins que l'universelle affirmative, mais en un autre sens, elle dit plus, puisqu'elle asserte la réalisation des concepts, alors que la subordination a lieu aussi dans le cas des concepts vides – ce qui se produit invariablement dans le cas des propositions universelles affirmatives. De nombreux logiciens considèrent comme acquis la réalisation des concepts, et ne voient pas du tout le cas très important des concepts vides, peut-être parce qu'ils pensent que les concepts vides ne sont pas justifiés. C'est pourquoi j'utilise les expressions de "subordination", "d'universelle affirmative"

1. *FuB*, tr. fr., note p. 98.

2. *WS*, p. 165.

3. Au théologien qui identifie les expressions de "existe" de « ce dont on peut faire l'expérience » et de « ce qui affecte le moi », Frege répond ceci : « Quand on débat pour savoir s'il y a un Dieu, on ne débat pas pour savoir si notre représentation d'un Dieu est ou pourrait être engendrée à partir d'une affection du moi. Beaucoup de gens qui croient qu'il y a un Dieu, contesteront que la représentation qu'ils en ont soit engendrée à partir d'une affection immédiate. », in *NS*, p. 73-74, tr. fr., p. 83.

et de "particulière affirmative" en un sens différent du leur et parviens à des jugements qu'ils seraient prêts à considérer comme faux [1].

Dans les *Gl*, Frege reconnaît à Spinoza d'avoir bien mis en évidence le fait que la « détermination commune » ou concept est bien antérieure à sa réalisation, ou pour le dire autrement que le concept est antérieur à son extension, ce qui permet d'envisager les concepts vides. Nombrer suppose non pas des choses à nombrer mais des genres desquels nous nous demandons si oui ou non ils sont satisfaits :

> Nous trouvons chez Spinoza une confirmation de notre façon de voir. "Je réponds qu'une chose peut être dite seule ou unique simplement eu égard à son existence, et non eu égard à son essence ; car nous ne nous représentons les choses en nombres qu'après les avoir ramenées à une détermination commune. Celui qui par exemple a en main un sesterce et un écu ne pensera pas au nombre deux s'il ne recouvre pas ce sesterce et cet écu d'un seul et même nom, comme pièce d'or ou de monnaie : il peut alors affirmer qu'il a deux pièces d'or ou de monnaie, car il désigne par le nom de monnaie le sesterce mais aussi l'Impérial" [2].

Ce passage de Spinoza permet de construire une similitude (*Ähnlichkeit*) entre le nombre et l'existence : « affirmer l'existence ce n'est rien autre que nier le nombre zéro ». Disposer d'un concept ne suppose en revanche aucun engagement ontologique. S'il en avait été autrement, il serait impossible de parler de concepts tels que « cercle carré » ou « fer en bois ». Mais l'argument le plus décisif n'est pas celui-ci : on peut en effet contester qu'il puisse y avoir de tels concepts. On peut adopter une perspective purement extensionnaliste et objecter à Frege qu'il est fort difficile de faire abstraction de la réalisation des concepts. L'argument décisif pour montrer l'indifférence de l'essence à l'égard de l'existence, ou pour parler comme Frege, l'indifférence des concepts eu égard à leur réalisation ou instanciation, réside dans la double possibilité d'affirmer ou de nier l'existence. Si l'existence était donnée avec l'essence ou concept, « on ne pourrait pas nier l'existence et du même coup l'affirmation d'existence perdrait tout contenu » [3].

C'est précisément ce qui se produit dans le dialogue engagé avec Pünjer. Celui-ci accorde à l'existence des traits qui sont propres à l'essence. Il considère que l'existence détermine en quelque façon ce à quoi elle est attribuée ; l'équivalence qu'il propose entre « A existe » et « A peut être

1. *Gg*, note au § 13.
2. *Gl*, § 49, p. 62, tr. fr., p. 178.
3. *Ibidem*.

expérimenté» débouche par voie de conséquence sur l'impossibilité de nier l'existence :

> 10. *P :* L'énoncé «*A* ne peut pas être expérimenté» n'est pas possible. La question n'a par conséquent pas de sens. De même, la négation de l'expérience possible n'a pas de sens. <p. 61>
> 11. *Fr :* Alors, il m'apparaît superflu d'affirmer l'expérience possible de quelque chose.
> 12. *P :* «Il y a des hommes» veut dire «Au concept Homme correspond quelque chose qui peut être expérimenté» ou bien «Quelque chose de ce qui peut être expérimenté tombe sous le concept Homme». «Il n'y a pas de centaures» veut dire «A la représentation ou au concept Centaure ne correspond rien de ce qui peut être expérimenté».
> 13. *Fr :* Ici la négation se rapporte à "correspond"[1].

Les conditions de possibilité de la négation imposent donc que l'essence (ou concept) soit indifférente à l'égard de l'existence. En termes frégéens, nous dirions que l'existence ne saurait être une caractéristique de l'essence[2]. C'est la raison pour laquelle «la preuve ontologique de l'existence de Dieu n'atteint pas son but»[3]. L'existence est, tout comme le nombre dont elle est l'analogue, une propriété de concept et non de choses. Dans le *Nachlass*, Frege[4] souligne qu'il y a des propriétés de propriétés qui ne sont pas des propriétés d'individus ; il prend appui sur l'Hippias majeur de Platon : le pair est propriété de deux mais il n'est pas propriété de Socrate ni d'Hippias. «Mais est-ce que par hasard, pour la raison que tous deux ensemble nous sommes pairs, est-ce que pour cette raison chacun de nous deux, séparément, est pair? »[5]. Certainement pas. Mais l'argumentation est plus difficile avec le nombre un, car on est toujours prêt à dire qu'une chose, ou un individu est un, or l'unicité pas plus que l'existence, n'est un caractère d'un concept de premier ordre, dans la mesure où toute chose peut être dite une sous quelque rapport, le nombre un ne caractérise rien. Pour

1. *NS*, p. 60-61, tr. fr., p. 68.
2. On peut comparer cette thèse avec la thèse opposée induite par l'argument ontologique dans sa version cartésienne : «lorsque j'y pense avec plus d'attention, je trouve manifestement que l'existence ne peut non plus être séparée de l'essence de Dieu, que de l'essence d'un triangle rectiligne, la grandeur de ces trois angles égaux à deux droits», *Méditations métaphysiques*, cinquième, tr. fr., Paris, Vrin, 1978, p. 65.
3. *Gl*, § 53, p. 64, tr. fr., p. 180.
4. *NS*, p. 273, tr. fr., p. 299 : «Les mathématiques ont été mon point de départ. La tâche la plus pressante de cette science me semblait être celle de lui assurer un meilleur fondement. Je reconnus bientôt que le nombre n'était pas une collection, une série de choses, ni non plus une propriété d'une collection, mais que la donnée d'un nombre, faite sur la base d'un dénombrement, contient un énoncé à propos d'un concept (Platon, *Hippias majeur*) ».
5. Platon, *Hippias majeur,* 301a.

que l'unicité caractérise un concept, il faut « réunir sous un même concept tous les concepts sous lesquels un même objet tombe ... il subsumerait le concept "lune terrestre" mai non le corps céleste de ce nom » [1].

L'apothéose de la copule : variations sur l'être absolu

Dans le *Dialogue avec Pünjer*, Frege avait indiqué que l'amendement du paradoxe qui consiste à dire « il y a des sujets auxquels l'être doit être refusé » [2] n'est possible que si l'on considère comme superflu de dire « A existe » quand A est mis pour un terme singulier. Il peut sembler à première vue que l'équivalence reconnue par Frege entre les expressions « il y a » et "existe" ne fait que répondre à une réduction du sens de l'être; mais penser cela, c'est confondre deux objectifs bien distincts: celui de l'analyse logique et celui de la réduction ontologique. S'il y a bien une recherche logique pour éviter les pièges du langage, cette recherche ne se ramène aucunement à une réduction. En effet, dire : « il y a des hommes » ou « les hommes existent », c'est comme si l'on disait que l'énoncé « A, quel que soit A, ne tombe pas sous le concept "être homme" » est faux. On ne pose aucune restriction sur A, on ne pose pas que A a de l'être, à moins qu'on entende par cela que A est identique à A. Ainsi, quand l'existence apparaît dans un jugement sous la forme d'une copule ou du verbe "exister" comme dans « le ciel est bleu » ou « les hommes existent », il faut bien voir qu'elle n'a que la forme d'un prédicat et non le contenu de celui-ci. Etre, existence sont des quasi-concepts sans contenu, à cause de leur extension illimitée, ce sont des concepts surordonnés (*übergeordnet*) et non surdéterminés; surordonnés, cela signifie que le concept d'existence est une propriété de tous les concepts possibles (y compris ceux de la forme « cercle carré » ou « fer

1. *Ibidem*.

2. Proposition que Frege réécrit ainsi « quelque étant tombe sous le concept de non étant » pour rendre manifeste le paradoxe. En effet si "il y a" revient à dire "étant", alors le paradoxe est inévitable. S'agit-il d'une version antérieure du paradoxe de Meinong, « *Es gibt Gegenstände, von denen gilt, dass es dergleichen Gegenstände nicht gibt* », soit « il y a des objets dont il est vrai de dire qu'il n'y a pas de tels objets » ? Malgré les similitudes apparentes, les problématiques sont fort différentes. Meinong prend soin, comme le montre J.F. Courtine dans son introduction à la traduction de A. Meinong, *Théorie de l'objet et présentation personnelle*, Paris, Vrin, 1999, p. 33 *sq.*, de distinguer l'être posé de l'être duquel on dit « "il est vrai que", "c'est le cas", "c'est ainsi" ». L'allemand distingue le *geben* du *gelten*; aussi seul celui qui "aime le paradoxe" (*op. cit.*, § 3, p. 73), perdra de vue la distinction entre « l'acception véritative de l'être » induite par le *gelten* et l'acception « la plus large et la plus commune de l'être » donnée par le *geben*. Une telle problématique est absente chez Frege où la notion induite par le *gelten* et le mot même de *gelten* sont absents de la discussion avec Pünjer.

en bois »)[1] mais certainement pas une détermination de quelque-uns d'entre eux, il aide simplement à évaluer numériquement l'extension des concepts, même quand cette extension est nulle, comme dans le cas de « cercle carré ». Il n'est donc pas lui-même un concept privilégié ou premier ou à contenu quelconque, quoi qu'en disent les théologiens relayés par les philosophes quand ils parlent de l'être absolu. Dans le cas de l'être absolu, nous avons une « apothéose de la copule »[2], caractéristique d'un *prôton pseudos*, d'une tromperie originelle ou une faute première qui rend la raison captive et la fait se méprendre sur ses limites :

> Si vous exprimez la proposition "il y a des hommes" sous la forme "des hommes existent" ou "parmi l'étant, quelque chose est homme", alors le contenu de ce qui dit ne réside pas dans "exister" ou dans "étant", etc. Voilà le *prôton pseudos*, vous avez dû être conduit inévitablement à des jugements contradictoires ; à savoir que le contenu de ce qui est dit dans la proposition "quelques hommes existent" ou "quelque existant est homme", ou encore "des hommes existent" était compris dans le mot "exister"[3].

L'expression de *prôton pseudos*, figurant en grec dans le texte allemand[4], peut être caractérisée comme biblique puisque c'est ainsi qu'est désignée le péché originel. Elle aurait alors ici une valeur ironique contre le théologien, mais c'est aussi une expression aristotélicienne que l'on trouve dans les *Premiers Analytiques*, elle met l'accent sur le caractère premier de cette erreur de laquelle d'autres suivent : « le faux argument provient d'une première erreur »[5] nous dit Aristote, or c'est précisément ce que vise ici Frege car l'erreur première de Pünjer, de laquelle suit le paradoxe de l'étant qui n'en est pas un, réside dans le fait d'accorder au mot "exister" un contenu, de convertir en somme le quasi-concept d'être – concept qui n'a que la forme d'un prédicat – en un prédicat réel. Le théologien Pünjer se trompe donc sur les limites de la raison en les comprenant comme une impuissance à se débarrasser de contradictions du type : « Il y a des centaures qui n'existent pas »[6] ; les limites sont plutôt à rechercher dans les

1. *Gl*, tr. fr., de Claude Imbert, Paris, Le Seuil, 1969, paragraphe 49, p. 178 : « On peut aller des caractères du concept à celui-ci, ce qui réserve le cas où aucun objet ne tombe sous le concept. Si cette procédure était exclue, on ne pourrait pas nier l'existence, et du même coup l'affirmation de l'existence perdrait tout contenu ».

2. Le texte allemand dit : « *eine Vergötterung der Kopula* », *NS*, p. 71, tr. fr., p. 80.

3. *NS*, p. 69, tr. fr., p. 78.

4. *Ibidem*.

5. *Premiers Analytiques*, 66a16.

6. *NS*, p. 66, tr. fr., p. 74, « *Fr* : Nous avons donc ici selon vous, une contradiction réelle, dans laquelle la raison tombe nécessairement, car on ne peut y remédier par un simple changement du mode d'expression ».

concepts que la raison manie, comme ceux de centaure, d'homme, de racine carrée, non dans l'extension illimitée d'un concept surordonné à tous les concepts : celui de l'existence.

L'analyse logique demande donc que l'on interroge les constituants du contenu jugeable ou de la pensée ainsi que leur éventuelle valeur de vérité, l'essentiel dans des expressions telle que « les hommes existent » ou « Sachse est un homme » se joue dans le sens et la référence du mot "homme" ou du mot "Sachse", non dans "existent" ou "est". Ainsi grâce à la distinction que Frege établit entre sens et signification ou référence, la question de l'existence se trouve traitée indirectement et ce à partir du couple notionnel sens/référence ; quand je dis « Ulysse fut déposé sur le sol à Ithaque dans un profond sommeil »[1], je reconnais un sens à cette proposition, mais je ne dis pas pour autant que le nom d'Ulysse a un référent dans le monde. La proposition entière manque de référence si un de ses termes n'en a pas. Mais, comme nous avons pu le voir dans le chapitre consacré à l'absence de référence en esthétique, la pensée exprimée ici reste entière. Dans ce cas :

« il serait superflu de faire une avance jusque dans la référence du nom ; on pourrait se contenter du sens si on voulait s'en tenir aux pensées »[2].

En revanche, quand je dis que « Kepler mourut dans la misère »[3], l'expression "Kepler" a non seulement un sens mais aussi un référent. Le nom propre "Kepler" est d'abord présenté par une description définie qui indique que nous sommes dans un contexte sérieux de l'examen scientifique. Kepler c'est en effet d'abord pour Frege : « celui qui a découvert la forme elliptique des orbites planétaires ». Sur la base d'une proposition qui nous dit que l'individu désigné par cette description est mort dans la misère, nous faisons une assertion ; or dans ce cas s'ensuit « toujours la présupposition allant de soi que les noms propres utilisés, qu'ils soient simples ou composés, ont une signification (*Bedeutung*) »[4]. Mais il faut prendre soin de distinguer cette présupposition de tout notion de sens ou de partie du sens, sans quoi on retombe dans les difficultés propres à l'analyse de Pünjer, à savoir celles qui se rapportent aux conditions de possibilité de la négation d'une proposition :

> Quand on asserte donc "Kepler est mort dans misère", il est supposé par là que la nom "Kepler" désigne quelque chose. Mais la pensée que le nom "Kepler" désigne un individu n'est pas pour autant contenue dans le sens

1. Exemple doné par Frege dans *SuB*, in *KS*, p. 148, tr. fr., p. 108-109.
2. *Ibidem*.
3. Autre exemple donné par Frege dans le même article *SuB*, *op. cit.*, p. 154, tr. fr., p. 116.
4. *Ibidem*.

> de la proposition "Kepler mourut dans la misère". Si tel était le cas, la négation ne serait pas entendue ainsi :
> "Kepler mourut dans la misère",
> mais :
> "Kepler ne mourut pas dans la misère ou le nom "Kepler" n'a pas de référence"
> Que le nom "Kepler" désigne quelque chose est au contraire aussi bien une présupposition pour l'affirmation "Kepler mourut dans la misère" que pour l'opposée [1].

On retrouve dans ce passage, sans que la notion d'existence soit thématisée, tous les enjeux conceptuels présents dans le dialogue avec Pünjer : les propositions à terme singulier présupposent que ce terme n'est pas vide et nous dispensent d'asserter l'existence ; plus encore, si nous avions quelque velleité à faire cette assertion, nous rendrions impossible l'opposition logique d'une affirmation et d'une négation, opposition neutre à l'égard de l'assertion, opposition, qui, comme nous l'avons vu, ne peut pas se transformer en force de rejet à moins d'avoir un concept théologique de l'existence et de la négation, où affirmer l'existence serait la créer et nier l'existence serait la détruire.

La relation qu'entretient tout terme singulier avec son référent est une relation de présupposition (*Voraussetzung*). Elle est une des conditions requises pour que la proposition : « Kepler mourut dans la misère » soit interrogée quant à sa valeur de vérité, l'autre condition étant que le mot conceptuel « mourut dans la misère » renvoie à un concept aux limites précises.

Ces deux exemples d'Ulysse et de Kepler indiquent que dans un cas ce qui prime c'est « le plaisir artistique » alors que dans l'autre c'est « l'examen scientifique » [2], tant que le plaisir que nous prenons à lire de la poésie est engagé, il est totalement superflu de se poser la question du référent, ou de la *Bedeutung* de nos expressions. Il est en revanche nécessaire de se poser cette question quand nous sommes animés du désir de rechercher la vérité. Cette distinction frégéenne entre un champ de la fiction où la question de la référence ne se pose pas et un champ de la connaissance scientifique où la référence retrouve un droit de cité, est directement liée aux conséquences avancées dans le dialogue avec Pünjer sur l'existence car elle permet d'éviter les paradoxes du type « il y a un Ulysse qui n'existe pas ».

1. *Ibidem*.
2. *Idem*, p. 149, tr. fr., p. 109.

On peut, du point de vue de la fiction, refuser de considérer que ce domaine soit non référentiel. Le travail entrepris par P. Ricœur, dans *La métaphore vive* consiste à généraliser la distinction sens/référence[1] au domaine de la fiction. En réalité, P. Ricœur ne fait que reprendre indirectement, et en les transposant dans le contexte de la production littéraire, les arguments du théologien Pünjer. Sa volonté de généraliser la référence au domaine de la fiction revient à absolutiser de nouveau le verbe être, d'en faire comme dirait Frege une apothéose. Partant de l'idée selon laquelle le désir de vérité ne doit pas être confiné à la science, il construit le concept de vérité métaphorique. Ce ne sont pas tant les transpositions de la proposition au texte, entendu comme poème ou roman, ou celle de la sémantique à l'herméneutique, qui font problème dans l'analyse de Ricœur[2]; mais c'est plutôt l'appel à suspendre toute référence pour pouvoir déployer la référence métaphorique et parvenir ainsi à un dédoublement de la référence. Ce « dérèglement de la logique »[3], pour reprendre les termes mêmes de Ricœur, peut paraître comme « un plaidoyer pour l'irrationnel »[4], car d'une part on suspend la référence au monde; d'autre part on introduit la référence métaphorique, autrement dit on reconnaît à la métaphore une portée spéculative, en un mot on « ébranle le règne de l'objet »[5] auquel on pensait se référer jusque là.

Comment Ricœur entend-il lever l'objection d'une plaidoierie pour l'irrationnel? La réponse à une telle objection s'organise comme suit: il s'agit pour lui 1) d'exposer ce qu'il appelle le « préjugé positiviste », ce préjugé consiste selon lui à distinguer d'abord le dénotatif du connotatif, le descriptif de l'émotionnel, et à confiner ensuite la poésie dans le connotatif et l'émotionnel[6]; 2) d'éviter en second lieu ce préjugé, de rendre donc

1. P. Ricœur, *La métaphore vive, op. cit.*, p. 274-278 : « Cette distinction du sens et de la référence, que Benveniste établit dans toute sa généralité, avait déjà été introduite par G. Frege, mais dans les limites d'une théorie logique. Notre hypothèse de travail est que la distinction frégéenne vaut en général pour tout discours. (...) Le désir de vérité qui pousse à avancer du sens vers la dénotation n'est expressément accordé par Frege qu'aux énoncés de la science, et paraît bien être refusé à ceux de la poésie.(...) Toute mon entreprise vise à lever cette limitation de la dénotation aux énoncés scientifiques ».

2. Après tout il y a le domaine du sens où on peut faire de l'herméneutique une théorie de la compréhension.

3. *Op. cit.*, p. 387.

4. *Idem.*

5. *Idem.*

6. Ricœur reprend ici une citation de Carnap, présente dans l'ouvrage de Jean Cohen, *Structure du langage poétique*, Paris, Flammarion, 1966, p. 199-225 : « Le but d'un poème dans lesquels apparaissent les mots "rayon de soleil" et "nuage", n'est pas de nous informer de faits météorologiques, mais d'exprimer certaines émotions du poète et d'exciter en nous des émotions analogues». On peut également renvoyer à Frege qui dans l'article *SuB*, tr. fr., in

dénotatif un poème en montrant que l'émotion est portée en général au compte de l'objet et non du sujet, que la tristesse poétique est une qualité du monde. Ce transfert de l'émotion au compte de l'objet se fait à la faveur du rappel d'une citation de Mikel Dufrenne: «Sentir, c'est éprouver un sentiment non comme un état de mon être mais comme une propriété de l'objet»[1]. Ce second point assure à lui seul une portée dénotative ou référentielle à la métaphore car relevant d'une migration conceptuelle et d'un transfert de prédication, la métaphore consiste à faire céder un objet à un prédicat auquel il résiste d'abord. Si dans l'énoncé: «Cette peinture est triste», le mot "peinture", comme sujet de l'énoncé, résiste à prendre la caractéristique d'un sentiment, il finit par céder, à la faveur de cette migration du prédicat "triste" du registre du sentiment à celui de la peinture.

De ces conditions de possibilité de la métaphore référentielle on passe au concept de vérité métaphorique que Ricœur place au cœur du verbe être. Il y aurait, selon lui, en dehors d'un sens relationnel de la copule, un sens existentiel marqué par une tension qui fait basculer l'être entre l'être et le non-être; quand on dit «la nature est un temple»[2], le verbe être porte également ici sa négation: «la nature n'est pas un temple». La vérité métaphorique consiste alors à affecter la copule de cette tension entre être et non-être, tension que l'on retrouve dans les expressions du type «être comme», expression que Ricœur écrit avec un trait d'union, «être-comme» et qu'il justifie ainsi: «Le comme ne serait pas seulement le terme de la comparaison entre les termes, mais serait inclus dans le verbe être dont il modifierait la force»[3]. Le verbe être est donc chargé ici d'un contenu; on voit comment se réalise petit à petit ce mouvement d'absolutisation du verbe être, mouvement qui entend assumer pleinement ce que Frege appelait «erreur première». Tout d'abord on oublie le sujet et le prédicat que ce verbe relie, on oublie donc par là même le caractère relationnel de la copule; dans un second temps on distingue entre un verbe être d'équivalence, exemplifié dans la proposition: «La nature est un temple», et un verbe être de détermination, exemplifié dans la proposition: «La rose est rouge»; enfin on ne retient que le "est" d'équivalence «caractéristique du

Écrits logiques et philosophiques, Paris, Le Seuil, 1971, p. 109, note ceci: «Si l'on écoute une épopée, outre les belles sonorités de la langue, seul le sens des propositions et les représentations ou sentiments que ce sens éveille, tiennent l'attention captive. De là vient qu'il importe peu de savoir si le nom d'Ulysse a une dénotation aussi longtemps que nous recevons le poème comme une œuvre d'art».

1. *Phénoménologie de l'expérience esthétique,* Paris, PUF, 1953, t. II, p. 544.
2. Allusion au poème de Baudelaire "Correspondances".
3. P. Ricœur, *La métaphore vive,* Paris, Le Seuil, 1975, septième étude, p. 312.

procès métaphorique »[1], car seul il permet la tension entre être et non-être : la nature est un temple et n'est pas un temple.

Cette attitude n'est pas moins paradoxale que celle du théologien dont nous avons déjà examiné les arguments. Dans les deux cas, on cherche à donner un contenu au verbe être à partir d'une méprise sur sa fonction dans le langage et plus particulièrement d'une méprise sur son statut logique. On se souvient que Ricœur voulait élargir la référence au domaine de la fiction, c'est-à-dire se doter d'un critère d'identification d'éléments n'appartenant pas au monde objectif; mais sa démarche reste sinon paradoxale, du moins obscure, car il aborde Frege à partir d'une lecture herméneutique : Frege aurait selon lui donné une détermination univoque au verbe être en sacrifiant son équivocité, autrement dit il aurait tranché – dans le débat médiéval entre « la maîtrise de l'univocité par la logique du genre » et « l'impuissance d'un discours livré à la dissémination des significations »[2] – en faveur du premier terme du débat. C'est ce qui ferait de son entreprise une entreprise limitée qui appelle de la part de Ricœur un élargissement. On peut au contraire souligner que la force de l'analyse frégéenne est d'échapper totalement à ce débat dans lequel on a voulu penser la difficulté à dire et la difficulté à être. En montrant avec précision que l'existence ne saurait être un genre, en montrant qu'elle surordonne tous les concepts sans être délimitée à la façon d'un genre, Frege ne saurait être tenu pour partisan de l'univocité du sens de l'être au sens d'une délimitation d'une région de l'être[3]. Ce procès ne peut lui être fait qu'à partir de la distinction entre un sens relationnel et un sens existentiel du verbe être, or cette distinction recoupe la distinction entre formel et matériel et nous avons déjà vu, dans notre lecture du dialogue sur l'existence, que cette distinction ne tenait pas : l'être est un quasi-concept sans contenu et non un concept qui vaut tantôt comme forme, tantôt comme contenu; il n'a donc pas un contenu particulier comme peut l'avoir une couleur. Certes on peut dire que le sens existentiel que veut réhabiliter l'herméneutique ne renvoie pas à son tour à un contenu particulier et qu'en réalité il transcende toutes les catégories; Ricœur reprend ici la distinction aristotélicienne entre puissance et acte qui semble bien venue pour rendre compte du caractère métaphorique du verbe

1. *Idem*, note 2, p. 312

2. *Op. cit.*, p. 393-394.

3. On peut rappeler les distinctions faites par Frege entre le "est" de l'identité dont un exemple est : « Vénus est l'étoile du matin », le "est" de la subsomption d'un individu sous un concept comme dans « La terre est une planète » et le "est" de subordination d'un concept à un autre concept comme dans « les hommes sont des êtres vivants ». La liste n'est pas exhaustive puisqu'il y a également le cas de la subsomption d'un concept sous un autre concept. Mais elle est suffisamment indicative pour montrer que Frege est extérieur au débat sur l'univocité et l'équivocité de l'être, et qu'il ne fait donc pas de choix de l'univocité.

être comme étant et n'étant pas, un verbe être qui aide à parcourir toutes les catégories sans se fixer sur aucune d'entre elles. Cette distinction, à nos yeux, loin de généraliser la référence au domaine de la fiction, n'aide qu'à participer à l'absolutisation du verbe être. Si l'existence servait à qualifier les choses et non les concepts, on comprendrait qu'il faille l'élargir à la qualification des êtres fictifs *via* la référence métaphorique. Le paradoxe construit autour de la copule sous la forme « cela était et n'était pas »[1] apparaît alors beaucoup plus comme un jeu que comme une tension du vrai, un jeu qui se déploie dans le monde du sens tel que Frege entend ce terme mais qui n'a pas pour autant une portée référentielle, un jeu où notre « plaisir artistique » a sa place mais non « l'examen scientifique »[2].

NÉCESSITÉS LANGAGIÈRES OU NÉCESSITÉS LOGIQUES ?

Qu'est-ce que nommer un concept ?

Le point de départ de l'analyse logique n'est donc pas dans un « il y a », mais il repose tout entier sur ce que Frege appelait « le contenu jugeable » en 1879 et qu'il appelle "la pensée" à partir de 1892. Contenu jugeable et pensée sont décomposables en fonction et argument et non en sujet et prédicat comme nous avons pu le voir. Une fois que l'existence a été caractérisée comme un concept de second ordre, propriété de concepts de premier ordre, il s'agit de voir comment rendre compte des concepts insaturés, de quelque ordre fussent-ils, vu que nous nous sommes interdits de les considérer comme préalablement donnés dans un « il y a » pour l'existence, ou dans une image isolée pour ce qui est des concepts de premier ordre.

Par ailleurs, il y a chez Frege non seulement une logicisation de l'arithmétique au sens où un nombre est défini par les notions logiques d'extension de concept, mais il y a aussi une mathématisation de la logique au sens où un concept, notion logique et philosophique, est caractérisée comme « une fonction dont la valeur est toujours une valeur de vérité »[3].

Le concept a alors tout comme une fonction un caractère insaturé (*ungesättigt*) ; il est la référence d'un mot conceptuel. Il n'a pas contrairement à un objet le caractère fermé sur soi et saturé. La distinction entre concept et objet est alors catégorielle. Cette distinction permet, comme on

1. Il s'agit selon R. Jacobson de « l'exorde habituel des conteurs majorquins », *in* Ricœur, *op. cit.*, p. 282.

2. *SuB*, in *KS*, p. 148, tr. fr., p. 108-109.

3. *Fonction et concept*, tr. fr., p. 90.

l'a vu, une reformulation du rapport entre le singulier et l'universel, reformulation qui est à la base des jugements existentiels et des jugements particuliers qui trouvent leur expression dans l'idéographie et mettent fin à la suprématie où furent tenus les jugements universels[1], d'Aristote à Kant compris. L'intérêt de l'écriture conceptuelle de 1879 est de mettre fin aux « fausses analogies du langage »[2].

Sur cette base, Frege rencontre un problème spécifique : comment parler d'un concept c'est-à-dire d'une objectivité insaturée ? Le problème se pose dès lors que l'article défini, "*le*", dans « *le* concept » est distinctif d'un nom propre[3]. Aussi dire que « le concept *cheval* est un concept » consiste à faire une confusion catégoriale, mais dire que « le concept *cheval* n'est pas un concept » c'est assurément énoncer quelque chose de paradoxal. Comment sortir de cette difficulté ?

> Par une certaine nécessité de langage (*gewissen sprachlichen Notwendigkeit*), mon expression parfois, prise à la lettre, manque la pensée dans laquelle un objet est nommé là où un concept est visé. Je suis pleinement conscient que dans de tels cas je suis tributaire d'une rencontre à mi-chemin bien voulue par le lecteur qui ne fera pas l'économie d'une pincée de sel[4].

On retrouve ici le problème posé par la distinction entre ce qui est suggéré et ce qui est asserté, mais cette fois-ci il ne s'agit pas d'une difficulté de délimiter où s'arrête la suggestion et où commence l'assertion. Il s'agit plutôt d'invoquer la suggestion contre l'assertion. Mais si tel est le cas, n'y a-t-il pas là une distorsion faite au principe énoncé dans la *BS* selon lequel il ne faut rien laisser deviner par le lecteur dans l'exposition systématique de la science ? La difficulté n'est donc pas artificielle mais réelle. Cependant, tout en étant réelle, elle ne donne pas lieu à une nécessité d'un ordre autre que linguistique, autrement dit ce qui est laissé à deviner par le lecteur n'est pas nécessaire pour l'inférence valide et le principe énoncé dans la *BS* n'est pas totalement trahi. Frege rappelle ce point dans une note écrite, en réponse à une objection de Russell qui, dans les *Principles of mathematics,* avait critiqué la distinction concept-objet, et indiqué que nous étions conduits à utiliser (*wir genötigt sind*) substantivement des concepts comme termes :

1. Angelleli souligne à juste titre que Frege met fin « à l'aspect "positif" des universels » in *Studies on Gottlob Frege and traditional Philosophy*, Dordrecht, D. Reidel, 1967, p. 157.

2. *NS*, p. 74, tr. fr., p. 84.

3. *Gl*, § 66, note 2, voir aussi, *Gl*, § 24, § 38, § 51, § 69 note 1, § 76, § 97.

4. *BuG*, in *KS*, p. 177, tr. fr., p. 140.

> Mr B. Russell, au § 49 de son livre *The principles of mathematics*, vol. 1 (Cambridge, 1903) ne veut pas reconnaître la différence d'essence entre un concept et un objet; les *concepts* sont aussi toujours des *termes*. Il se fonde pour dire cela sur le fait que nous sommes contraints à (*wir genötigt sind*) utiliser un concept substantivement comme terme si nous voulons énoncer (*aussagen*) sur lui quelque chose, par exemple que ce n'est pas un terme. Selon moi, ce réquisit (*diese Nötigung*) n'est fondé que sur la nature de notre langage et n'est pas proprement logique. Cependant, en bas de la page 508, Mr Russell semble pencher pour mon opinion. J'ai traité cette difficulté dans mon article "Über Begriff und Gegenstand" [concept et objet], (*Vierteljahrsschrift für wiss.* Phil. XVI). Il est clair que nous ne pouvons pas présenter un concept comme indépendant, à la manière d'un objet; mais il ne peut être présent que dans une connexion. On peut dire qu'il peut être distingué d'elle mais non qu'il pourrait en être séparé. Toutes les contradictions qui peuvent apparaître et sur lesquelles on peut se heurter ici proviennent du fait que l'on veut traiter un concept comme un objet contrairement à sa nature insaturée. Cela est parfois requis (*nötig*) par la nature de notre langage. Mais cela n'est propre qu'au langage (*sprachlich*)[1].

L'une des raisons pour lesquelles il n'était pas possible pour Frege de partir des concepts est présente ici : les concepts sont insaturés, et cette insaturation est un réquisit logique; les concepts ne sont pas détachables d'un contenu jugeable et les termes conceptuels qui leur correspondent sont eux-mêmes insaturés :

> de même qu'il [le terme conceptuel] apparaît lui-même comme insaturé, il lui correspond, dans le domaine des significations aussi, quelque chose d'insaturé; ce que nous appelons concept. Cette insaturation d'un des constituants est nécessaire (*notwendig*), parce que, sans cela les parties ne peuvent adhérer l'une à l'autre[2].

Mais la tentation est forte de vouloir parler des concepts directement. Cela donne lieu inévitablement à une opération de nomination qui les transforme en objets. W. Kneale a raison de souligner que la notion de *Bedeutung* chez Frege que nous traduisons parfois par "référence", parfois par "signification", est le noyau focal de cette difficulté de nommer les concepts. Commentant la réponse que Frege a faite à Peano à la suite de la perplexité que celui-ci a exprimée concernant la manière de rendre en italien le couple *Sinn/Bedeutung*, W. Kneale note :

1. « Über die Grundlagen der Geometrie », in *KS*, p. 270.
2. *NS*, p. 192, tr. fr., p. 210.

> Frege répliqua (*Briefwechsel*, p. 196) que, à son avis, *Sinn* pouvait être rendu en italien par *senso* et *Bedeutung* par *significazione*. Cela suggère fortement qu'il ne reconnaissait pas de distinction entre signification et désignation parce qu'il pensait que tous les verbes comme *bedeuten* et *bezeichnen* étaient équivalents à "est un nom de" et qu'il considérait que cette relation est fondamentale dans sa théorie du langage [1].

Le privilège dont lequel est tenu la relation de désignation explique pourquoi nom propres, mots conceptuels et propositions ont une référence. Pour le cas qui nous intéresse, il faut cependant parvenir à distinguer, comme le demande Frege, entre la référence d'un nom propre et celle d'un mot conceptuel. Conformément à la réponse faite à Russell et que nous avons citée, il s'agit de montrer que la difficulté réelle reste néanmoins de l'ordre du langage et non de la logique. D'où la tentative essayée quelques années auparavant (après 1892) :

> A proprement parler, l'expression "la signification (*die Bedeutung*) du mot conceptuel *A*" doit être bel et bien rejetée, parce que l'article défini devant "signification" renvoie à un objet et dément la nature prédicative du concept. Ce serait déjà mieux de dire "ce que signifie le mot conceptuel *A*", car cette expression doit en tout cas être utilisée de façon prédicative : "Jésus est ce que signifie le mot conceptuel 'homme' ", au sens de 'Jésus est un homme' [2].

Mais le contexte de cet article n'est pas relatif au simple problème de reformulation. Il s'agit de voir en quel sens on peut dire que la signification ou référence de deux mots conceptuels est la même sachant que la relation d'identité ne vaut qu'entre objets et que les mots conceptuels réfèrent à des concepts. Frege fait alors une concession aux extensionnalistes et dit que la reconnaissance d'une même signification pour deux mots conceptuels revient à dire que les « extensions de concept correspondantes coïncident » [3]. En engageant la notion d'extension de concept et la relation d'identité entre significations de mots conceptuels, Frege ne peut plus réduire à une simple nécessité langagière le problème de la désignation d'un concept. Dans la correspondance qu'il entretient avec Russell, il est bien obligé de reconnaître que l'axiome V des *Gg*, qui tombe sous le coup du paradoxe de Russell, demande plus qu'une révision du langage ; il exige

1. W. Kneale, *Le dernier mot de Frege concernant les concepts*, *in* Archives de philosophie, 41, 1978, 237-266, p. 248.

2. *NS*, p. 133, tr. fr., p. 144. Ce que propose ici Frege est un préalable pour convertir l'expression « ce que signifie le mot conceptuel A » en l'expression « il y a quelque chose qui… », par cette conversion l'essentiel est dans la quantification existentielle, non dans la relation de référence.

3. *Ibidem*.

une révision logique. En effet, le paradoxe que Russell révèle en 1902 indique que dès lors que les objets tombant sous un concept F et formant son extension, donnent lieu en tant qu'extension à un objet susceptible de tomber sous ce même concept F, on obtient une contradiction sur la base de la donnée d'un concept du type « ne pas être prédiqué de soi ». L'année de sa mort, dans une lettre adressée à Richard Hönigswald, Frege notait encore :

> l'expression "l'extension du concept F" semble si naturelle par ses nombreux usages et tellement garantie par la science qu'on ne tient pas pour requis (*nicht für nötig hält*) de l'examiner de façon plus exacte [1].

En réalité l'erreur majeure masquée par l'usage fréquent de la notion d'extension de concept fut de considérer comme allant de soi le passage d'un concept comme « être une racine carrée de -1 » à l'objet « la racine carrée de -1 ». La distinction catégorielle entre concept et objet sert d'abord un objectif précis : ne pas tenir les nombres pour des concepts mais pour des objets. Les nombres sont les sujets ultimes de la prédication, comment peuvent-ils être comparés à des concepts ? Est-il si important de les considérer comme des extensions de concept ? Frege est catégorique : « pour ma part je n'attache pas une importance décisive à l'introduction des extensions de concept » [2], l'essentiel est de voir les nombres comme des objets et les concepts comme « des porteurs de nombre » (*Träger der Anzahl*) [3]. C'est une autre façon de dire que les énoncés sur les nombres portent sur des concepts. Il est plus adéquat de dire que les concepts sont des porteurs de nombre que de dire que les nombres sont des extensions de concept. Après avoir énoncé que « le nombre qui appartient au concept F est l'extension du concept : "équinumérique au concept F" » [4], Frege ajoute une note embarrasée pour dire son hésitation sur le nombre comme "concept" ou comme « extension de concept » :

> "Je pense qu'on pourrait dire tout simplement "concept" à la place de "extension de concept". Mais on s'exposerait à une double objection :
> 1) Ce serait en contradiction avec ce que j'ai précédemment affirmé, à savoir que chaque nombre est un objet. c'est ce que montre la présence de l'article défini dans des expressions telles que "le deux" et l'impossibilité où nous sommes de dire : des uns, des deux, etc. au pluriel, ou encore que le nombre ne constitue qu'une parite du prédicat utilisé dans une proposition qui attribue un nombre.

1. *WB*, p. 86-87.
2. *Gl*, § 107, p. 106, tr. fr., p. 227.
3. « Über formalen theorien der Arithmetik », in *KS*, p. 105.
4. *Gl*, § 68, p. 76, tr. fr., p. 194.

2) Des concepts peuvent avoir même extension sans coïncider.
Je pense qu'on peut lever ces deux objections, mais ceci nous entraînerait trop loin [1].

Pour toutes ces raisons conjuguées, il est préférable de dire du concept qu'il porte le nombre plutôt que de dire que le nombre est extension de concept.

Dans la lettre adressée à Russell le 28/7/1902, Frege revient sur cette façon de dire qui, prend comme point de vue premier le concept et non le nombre :

> Dans les notes de la fin de la section 1. de votre essai *Sur la logique des relations*, vous écrivez : "le nombre cardinal d'une classe *u* serait la classe des classes semblables à *u*". Celà s'accorde complètement avec ma définition ; mais nous ne devons pas considérer les classes comme des systèmes, car le porteur d'un nombre (*Träger der Anzahl*) comme je l'ai montré dans *Les fondements de l'arithmétique*, n'est pas un système, un agrégat, un tout consistant en parties mais un concept pour lequel on peut aussi prendre l'extension d'un concept [2].

La délimitation des concepts

Le point de vue dominant est donc celui des concepts et non celui des extensions. Dans *Über formalen theorien der Arithmetik*, Frege note, comme dans la lettre à Russell du 28/7/1902, qu'il a remplacé le mot d'ensemble par celui de concept [3]. L'enjeu de cette substitution est bien celui de prendre une distance à l'égard des logiciens aux perspectives purement extensionnalistes comme Schröder pour qui toute la logique est enfermée dans la relation de la partie au tout, c'est-à-dire dans une relation d'appartenance, relation qui fait fi des concepts. Même quand Frege parle de l'extension des concepts, l'intéresse bien plus la coextensionnalité de deux concepts conçue sur le modèle de l'identité entre objets que l'extension d'un concept elle-même. Le § 107 des *Gl* dit que la notion d'extension de concept est sans importance, mais il y a aussi la *BS* qui n'envisage pas du tout la question de l'extension des concepts.

Cette notion d'extension de concepts indique combien il est difficile de dissocier les nécessités langagières des nécessités logiques. Si Frege finit par minorer cette notion, c'est pour mieux appliquer l'examen aux concepts eux-mêmes :

1. *Ibidem*.
2. *WB*, p. 223.
3. *KS*, p. 104-105.

> il faut que les concepts soient finement délimités, et si cette exigence ne pouvait être satisfaite, il serait impossible d'établir les lois logiques qui les régissent[1].

Les concepts doivent être rapportés à leur caractéristique, non aux individus qu'ils peuvent éventuellement subsumer[2]; on peut aller des caractères du concept à celui-ci; ce qui laisse ouverte la possibilité que rien ne tombe sous le concept. Un concept n'est pas la somme de ses caractéristiques. Boole considère comme résolu ce qui est le plus difficile: la formation des concepts, il néglige les concepts et les déductions pour s'en tenir aux extensions et aux égalités :

> Je ne crois pas maintenant que la formation des concepts puisse précéder le jugement, parce que cela supposerait que le concept puisse subsister de façon indépendante; au contraire je pense que le concept est produit par la division d'un contenu jugeable[3].

Frege n'adopte aucune perspective historique, psychologique ou naturaliste sur les concepts. Si les concepts peuvent être le produit d'une analyse, ils ne peuvent être définis[4]: ce sont des prédicats à une place (1891). Tout comme pour les nombres[5], la question importante n'est pas celle de l'existence mais celle de l'objectivité et cette objectivité est abordée à partir du principe de contextualité qui permet d'écarter les processus représentatifs du mode de penser psychologique. Ce même principe aide à comprendre l'*a priorité* des contenus jugeables sur les concepts: seule cette priorité permet d'éviter que nous nous donnions les concepts comme des idées isolées, de purs produits de notre imagination en somme.

L'objectivité des concepts

Frege passe progressivement de la terminologie kantienne à la sienne propre. Il reconnaît que la division des représentations en subjective et objective charrie avec elle les confusions du kantisme. Mieux vaut ne réserver le mot de représentation que pour les éléments subjectifs et consacrer le terme de concept aux parties objectives du jugement. Ce chan-

1. *FuB*, tr. fr., p. 93.
2. *NS*, p. 39, tr. fr., p. 45.
3. *WB*, p. 164.
4. Dummett, *Frege Philosophy of mathematics*, Londres, Duckworth, 1991, p. 23.
5. Voir dans « Le nombre entier » in *KS*, la manière dont Frege justifie l'intérêt porté aux symboles numériques : « Parce qu'on a éprouvé des difficultés à reconnaître des objets qui ne sont ni perceptibles aux sens ni psychologiques, on leur a substitué des objets visibles. mais on a oublié que ces symboles ne sont pas ce qu'on veut étudier », p. 213.

gement est le signe du passage d'une crypto-sémantique kantienne à une sémantique mûre. Certes sur ce chemin il y a B. Bolzano; seulement celui-ci avait gardé la terminologie kantienne même si derrière la similitude des termes c'est bien une nouvelle sémantique qui voit le jour : les « représentations en soi » n'ont plus rien à avoir avec le concept kantien de représentation car ce n'est plus un terme monolithique où se trouvent confondues "composantes" et "propriétés". Il y distingue, comme le fera plus tard Frege, pour les concepts, les notions de "composante" (*Bestandteil*) ou de "caractère" (*Merkmal*) d'une part, de celle de propriété de l'autre.

On ne peut pas arguer de l'insaturation des concepts, de l'impossibilité de les nommer et de la différence des places logiques occupées par les objets et les concepts pour reconnaître aux uns une objectivité non spatiale et la dénier aux autres. Joan Weiner note pourtant que « si on peut dire d'un objet qu'il est objectif mais non spatio-temporel, toute tentative pour dire la même chose à propos d'un concept (ou d'une fonction) échoue »[1]. On pourrait aussi arguer de la lettre adressée à Hönigswald[2] pour dire que les paradoxes des ensembles viennent de ce qu'on n'a pas observé les différences essentielles entre concept et objet. Pourtant la lettre adressée à Husserl[3] dit clairement que « l'objectivité des concepts est la même que celle des objets ». Comment comprendre alors la différence essentielle entre les objets saturés et les concepts insaturés (*ungesättigt*) sur fond de cette profonde similitude ?

Si l'objectivité est entendue comme un engagement ontologique ou métaphysique, Weiner a raison, car rien dans le texte de Frege ne permet de dire que les concepts sont des entités ; même pourrait-on dire, leur insaturation ne permet pas de les considérer comme des entités, car que serait une entité incomplète ? Mais, plutôt que d'abandonner l'objectivité non spatio-temporelle des concepts, mieux vaut abandonner la perspective métaphysique et lui substituer une perspective sémantique où l'objectivité bien plus que l'existence est thématisée.

Contre la perspective métaphysique ou ontologique, on peut aussi invoquer l'idée que Frege dit commencer par un contenu jugeable et non par les noms des objets ou par les mots conceptuels ; ces derniers sont obtenus par décomposition du contenu et ne sont pas premiers. S'ils avaient été premiers, la tentation aurait été forte de chercher derrière les références des mots conceptuels des entités quelconques. Mais cela revient-il à dire que « ce qui est objectif est ce qui est exprimable dans le langage »[4] ?

1. « Burge's literal interpretation of Frege », in *Mind*, vol. 104.415, Juillet 1995, p. 589.
2. *WB*, p. 85.
3. 24-5-91, tr. fr., p. 26-27.
4. « Burge's... », p. 596.

Le problème de Frege n'était pas d'expliquer comment le langage s'arrime au monde mais d'expliquer et de codifier les relations logiques entre les pensées et leurs expressions. La référence est ce qu'une expression doit avoir pour entrer dans le corps des arguments valides. Dans la *BS*, il n'est même question ni de vérité objective ni du vrai comme objet logique, simplement de l'expression adéquate de contenus jugeables.

Réalité et objectivité

La distinction opérée par Frege entre l'objectivité et la réalité ou effectivité lui permet de prendre pleinement ses distances avec le kantisme. Cette distinction l'éloigne un peu plus de Lotze et le rapproche un peu plus de Bolzano. Il s'agit pour nous de montrer que Frege assumant ici l'héritage de Bolzano plutôt que celui de Lotze refuse d'une part l'identification de l'être à la validité, explore d'autre part un domaine de l'objectivité distinct de celui de la réalité ou effectivité.

Objectif ne signifie pas réel, ne cessera de répéter Frege. Il est possible, contrairement à ce qu'avait dit Kant, de travailler avec des concepts vides. De tels concepts sont l'illustration éclatante de la séparation entre une représentation et son objet. Plutôt que de penser le concept dans l'intuition avec le risque de le prendre dans l'indistinction avec son objet, il est plus instructif de le penser dans le sens que délivre son caractère.

Dans un passage écrit contre l'intuition kantienne, Frege précise qu'il

> distingue objectif de palpable, spatial, réel. L'axe de la terre, le centre de gravité du système solaire sont objectifs, on ne peut les appeler réels comme la terre elle-même [1].

L'objectif se caractérise par deux facteurs : 1) l'objectif est ce qui ne requiert pas de porteur. 2) L'objectif doit être distingué de ce qui est *wirklich*, réel.

Cette théorie de l'objectivité débouche sur un renversement complet du kantisme, la distinction entre phénomène et noumène, si elle avait à être maintenue, devrait donner lieu à un message contraire à celui de Kant. Ce qui m'apparaît n'est que subjectif, impossible à partager avec les autres : « on ne peut pas communiquer ce qui est purement intuitif » [2]. Par voie de conséquence, le phénomène *stricto sensu* est inconnaissable. En revanche, les choses mêmes comme la terre, la lune sont objets de savoir, et non ma représentation de la lune ou de la terre. On a donc un renversement total de la perspective kantienne : ce sont les phénomènes qui sont hors de portée de

1. Frege, *Les fondements de l'arithmétique*, § 26, tr. fr., p. 153.
2. *Ibid.*, p. 154.

la connaissance et ce sont les “noumènes” au sens des références ultimes de mon discours qui sont connaissables. Dans un texte posthume intitulé « Logik », de 1891, Frege revient sur la distinction entre ce qui paraît et ce qui est :

> le soleil n'est-il pas peut-être pour certains une bonne ou une funeste divinité, pour d'autres un disque brillant qui lancé dans le ciel à l'Est retombe à l'Ouest, pour d'autres encore un énorme corps de forme sphérique chauffé à blanc et enveloppé de gazs incandescents ? Non. Pour un tel il peut *paraître* ainsi, pour un autre autrement. Il *est* ce qu'il est[1].

Ce renversement de la perspective kantienne n'a été possible que par la mise en place d'une sémantique en lieu et place de la philosophie transcendantale. Cette substitution avait déjà commencé à voir le jour avec Bolzano, comme nous l'avons noté. La critique de l'intuition kantienne est clairement faite par celui-ci : « Les personnes seules et non leurs intuitions tombent sous le concept “homme” »[2]. La notion d'intuition *a priori* est considérée comme contradictoire en soi et tout à fait mystérieuse : on ne voit pas comment la nécessité peut être attribuée à ces intuitions; les intuitions sont toutes empiriques, comment peuvent-elles « opérer une liaison apodictique entre les concepts ? »[3].

Mais plus encore c'est le privilège accordé à la connaissance des phénomènes au détriment des noumènes qui est fortement rejeté. Comment serai-il possible note Bolzano de connaître les « objets d'une expérience possible ou réelle » et non « les choses en général ou en elles-mêmes, ou noumènes » ? Autrement dit comment serait-il possible de connaître les choses d'une espèce particulière, à savoir les phénomènes, sans être familier avec les espèces générales auxquelles cette espèce appartient ? « Si vous connaissez plusieurs propriétés de figures simples, on ne peut pas dire que vous ne connaissez rien à propos des figures en général ». On voit comment Bolzano opère ici la substitution d'une sémantique à une philosophie transcendantale : le rapport du phénomène au noumène devient celui du rapport d'un particulier à un général. Frege est très proche de cette analyse : le phénomène, s'il est donnée intuitive, se confond avec nos idées subjectives, idées qui ont certes une réalité, une *Wirklichkeit*, mais aucune objectivité; n'ayant pas d'objectivité, elles sont soustraites à la connaissance. En revanche si le noumène est la chose en général, nous n'y avons certes pas d'accès immédiat, mais un accès *via* un sens objectif, qui n'est ni

1. *NS*, 2e éd., Hambourg, Felix Meiner Verlag, 1983, p. 8.
2. § 77, p. 142.
3. J. Laz, *Bolzano critique de Kant*, Paris, Vrin, 1991, p. 37.

une intuition, ni une représentation, ni une signification en nous de l'objet mais bel et bien une représentation ou une signification en soi de celui-ci.

Kant en nous interdisant la connaissance des choses en elles-mêmes et en nous confinant à l'apparence des choses n'échappe pas finalement au scepticisme :

> La *Critique*, enseigne avec des mots arides que ce n'est qu'à propos des apparences ou phénomènes, c'est-à-dire seulement des objets d'une expérience possible ou réelle, mais non des choses en général, ou en soi, ou noumènes, que nous jugeons synthétiquement, c'est-à-dire que seuls des phénomènes quelque chose peut être dit qui n'a pas été déjà pensé dans leurs concepts. Il est raisonnable de se demander ce qu'il faut entendre par les expressions de "chose en général", "chose en soi" ou "noumène". Habituellement l'adjonction "en général" ou "en soi" indique que le concept du mot relié à cette adjonction est à prendre dans sa complète généralité sans aucune limitation tacite. Ainsi le concept d'une chose en général devra être le plus élevé des concepts, le concept d'un objet, d'un quelque chose. Mais alors il serait absurde de dire que nous pouvons connaître quelque chose d'un phénomène, c'est-à-dire à propos d'un type particulier de choses, et rien à propos des choses en général. Car de celui qui connaît d'une certaine manière les choses, il ne pourra pas être dit que l'espèce globale à laquelle ces choses appartiennent lui est inconnue. Ainsi on ne pourra pas dire de celui qui connaît plusieurs propriétés des figures simples qu'il ne sait rien des figures en général. Par conséquent les philosophes critiques doivent avoir nécessairement compris par choses en soi ou noumènes quelque chose de différent des choses en général. On doit conclure de la distinction qu'ils font entre elles et les phénomènes que (…) seules les choses qui ne s'expérimentent pas, c'est-à-dire celles que nous ne pouvons pas intuitionner, peuvent être appelées choses en soi. Ainsi ils prétendent que nous ne pouvons construire aucun jugement synthétique à propos d'un objet que nous ne pouvons pas intuitionner, et qu'il est impossible d'avoir une quelconque connaissance concernant un objet suprasensible, tel que Dieu, ou notre âme, quelle que soit l'importance d'un tel objet pour nous. Bien sûr, cela n'est pas un total scepticisme, cependant il nous pousse à douter exactement là où il est le plus nécessaire de ne pas douter[1].

Plutôt que l'intuition c'est le sens ou « représentation en soi » qui est pour Bolzano notre médiation pour connaître les objets. Ce sens, nous n'avons aucun moyen de le créer; s'il est objectif et non réel, force est de croire en sa pleine indépendance par rapport à nous.

1. *WL*, I, § 44, p. 59.

Frege est très proche de cette analyse: le phénomène, s'il est une donnée intuitive, se confond avec nos idées subjectives, idées qui ont certes une réalité[1], une *Wirklichkeit*, mais aucune objectivité; n'ayant pas d'objectivité, elles sont soustraites à la connaissance. En revanche si le phénomène est « objet extérieur », nous n'y avons certes pas d'accès immédiat, mais un accès *via* un sens objectif, qui n'est ni une intuition, ni une représentation, ni une signification en nous de l'objet mais bel et bien une signification en soi de celui-ci.

Essayons de voir de près la théorie de l'objectivité selon Frege. Certains comme H. Sluga ont voulu la relier étroitement à celle de Lotze. Sluga nous dit que Lotze « endosse les trois assertions frégéennes sur l'objectivité »[2], à savoir :

> 1) L'objectif est ce qui est saisi par plus d'un être humain. En d'autres mots c'est l'intersubjectif. 2) L'objectif est ce qui ne requiert pas de porteur. 3) L'objectif doit être distingué de ce qui est *wirklich*, réel[3].

Concernant le premier point il est très difficile de souscrire à une quelconque analogie entre l'objectif selon Frege et l'intersubjectif. Aucun texte de Frege ne souligne cette parenté ou réduction. Frege est loin de partager une perspective phénoménologique ou transcendantale où l'objectif est pensé dans l'horizon de l'intersubjectif. Lotze, placé dans un horizon kantien, s'intéresse moins à ce qui est objectif qu'à ce qui est objectivé[4]. Frege n'a pas de notion qui correspondrait à ce que Lotze entend par objectif.

Par ailleurs – c'est le troisième point de Sluga – tout en étant distingué de ce qui est réel, l'objectif au sens de Frege, a pour schème d'interprétation le réel : nos pensées sont aussi objectives que l'est le soleil. L'objectif a comme le réel la propriété d'avoir une existence indépendante de nous. Le mathématicien ne crée pas le nombre pas plus que le géographe ne crée la Mer du Nord. Il semble bien que par ces analogies Frege veuille rompre avec une conception qui confine l'objectivité dans la représentation ou l'idée. Mais il n'a pas non plus, et là est la difficulté, affirmé un quelconque parti pris ontologique quant à l'objectivité, autrement dit la question de l'existence de ce qui est objectif ou réel n'est pas thématisée :

1. « Le nombre entier », in *KS*, p. 212.
2. H. Sluga, *G. Frege*, p. 117-118.
3. *Ibidem*.
4. M. Dummett, *Frege and other philosophers*, Oxford, Clarendon Press, 1991 : « Le terme auquel Lotze attache une signification importante n'est pas l'"objectivité" mais l'"objectification" », p. 106.

> Il n'y a pas place dans sa philosophie pour une distinction de type logique entre les événements, les pensées et les objets physiques (...) Il n'est pas concerné comme Lotze par le fait d'expliquer en quel sens le référent peut être dit exister ou être réel[1].

Aussi la différence établie par Lotze entre la validité des propositions et l'être confiné à l'existence matérielle ne recoupe aucunement la distinction frégéenne entre l'objectif et l'effectif puisque, comme nous l'avons noté l'effectif ou réel (la lune, le soleil, la Mer du Nord) est souvent pris comme paradigme de ce qui est objectif, en particulier quand Frege veut insister sur l'indépendance à l'égard de nous de ce qui est objectif. On peut objecter à cette lecture le fait que Frege souligne la non-indépendance de l'objectivité à l'égard de notre raison au § 26 des *Gl*, mais cette non-indépendance ne signifie pas que l'existence de ce qui est objectif dépend d'une activité de pensée que nous avons à son sujet, elle signifie simplement que nous ne pouvons pas appréhender l'objectif sans une saisie quelconque de la raison.

Quant à ce qui est effectif ou réel, son élément distinctif est d'être causalement efficient : ce qui est effectif (*wirklich*) est ce qui agit et subit[2]. Les pensées sont objectives, mais elles sont aussi en un sens réelles car elles agissent sur nous même si nous ne les produisons pas :

> "même si, à la rigueur, il est possible de parler d'une action des pensées sur les individus, il ne saurait en revanche être question d'une action des individus sur les pensées"[3],
> "les pensées ne sont pas non réelles, mais leur réalité est d'une nature différente de celle des choses"[4]

Frege reconnaît aux pensées le pouvoir d'agir sans que soit mise en cause leur intemporalité. Cette puissance d'action est « libérée par l'acte de celui qui les pense »[5] sans qu'elle soit modificatrice de la pensée saisie. Comment concevoir alors une communication des pensées qui modifie le monde extérieur sans que l'engagement de les communiquer les transforme d'une façon quelconque? En un mot, comment Frege parvient-il à neutraliser l'effet en retour de la part pragmatique d'une pensée assertée? Si l'assertion n'est ni une activité psychologique, ni un fait pragmatique de

1. M. Dummett, *Frege and other philosophers*, Oxford, Clarendon Press, 1991, p. 109-111.

2. *KS*, p. 212 : « les théorèmes de l'arithmétique ne traitent donc jamais des symboles mais des choses représentées. Ces objets, il est vrai, ne sont ni palpables, ni visibles, ni même réels, si l'on nomme réel (*wirklich*) ce qui peut exercer ou subir une influence ».

3. *NS*, p. 150, tr. fr., p. 162.

4. *KS*, p. 362, tr. fr., p. 195.

5. *KS*, p. 362, tr. fr., p. 195.

la langue, à quoi la reconnaît-on et comment sauve-t-on son caractère purement sémantique ?

Les réquisits d'un signe d'assertion : un problème de clôture

Frege utilise deux expressions qui peuvent nous sembler proches mais qui en réalité s'opposent pour une large part : l'expression de « reconnaissance de la vérité » (*Anerkennung der Wahrheit*) et l'expression de ìtenir-pour-vrai » (*das Fürwahrhalten*). La reconnaissance de la vérité suppose jugement et assertion, elle nous place face à des pensées opposées, et nous reconnaissons l'une vraie et l'autre fausse. De même c'est toujours la reconnaissance d'une pensée vraie qui est en question quand nous énonçons une proposition avec une force assertorique. La reconnaissance de la vérité est une des formes externes de la proposition assertée, l'autre forme externe étant le contenu jugeable :

> lorsque nous reconnaissons intérieurement une pensée comme vraie, alors nous jugeons; lorsque nous faisons part de cette reconnaisssance, alors nous assertons [1].

Le tenir-pour-vrai, comme le tenir-pour-faux, est un simple acte psychologique, il est tellement quelque chose d'autre que ce qui est vrai (respectivement ce qui est faux) qu'« il n'y a aucune contradiction à ce que quelque chose que tout le monde tient pour faux, soit vrai » [2] :

> on parle souvent de la versatilité des pensées des individus. Mais ce n'est pas que les pensées sont tantôt vraies tantôt fausses, c'est qu'elles sont tantôt tenues pour vraies tantôt tenues pour fausses [3].

Le tenir-pour-vrai est considéré comme un acte, une activité qui renvoie à la manière dont nous faisons l'acquisition d'une conviction. Si le tenir-pour-vrai correspond à des lois, celles-ci sont totalement distinctes des « lois de l'être-vrai », elles sont psychologiques et non logiques. Les lois de l'être-vrai se comportent à l'égard des lois du tenir-pour-vrai comme leur norme. Il y a alors place pour une justification de nos convictions et non plus simplement pour le récit de la genèse de ces convictions. Si, en revanche, au lieu de prendre en compte les lois logiques comme des normes, on les envisageait comme des moyennes, dans ce cas, les lois de la logique seraient psychologiques et :

1. *NS*, p. 150, tr. fr., p. 163. Cf. aussi *NS*, p. 2, tr. fr., p. 10.
2. Préface des *Gg*, tr. fr., *op. cit.*, p. 329.
3. *NS*, p. 147, tr. fr., p. 160.

> on peut alors seulement dire : ce que les hommes tiennent pour vrai se conforme en moyenne à ces lois, maintenant et pour autant que nous connaissons les hommes ; donc si l'on souhaite demeurer en harmonie avec la moyenne, on s'y conforme [1].

Partir de différents cas pour établir une moyenne relève d'une démarche inverse de celle qui définit *a priori* une norme qui prescrit ce qui doit être. La confusion des deux démarches est caractéristique d'une psychologisation de la logique.

La logique aura donc affaire à la reconnaissance de la vérité bien plus qu'au tenir-pour-vrai. Mais elle rencontre un problème de taille qui est celui de devoir inventer un signe pour l'assertion sans s'inspirer des langues naturelles car en ces langues il n'y a pas de signe pour indiquer que nous faisons une assertion, pas même dans le formulaire de Peano [2] :

> Nous voulons parfois asserter quelque chose et pour cette raison j'ai introduit un signe spécifique ayant une force assertive : la barre du jugement. C'est la manifestation de mon souci de réfléchir dans le symbolisme toute distinction objective. Avec cette barre du jugement, je clos (*schließe ich einen Satz ab*) la proposition, si bien que toute condition requise (*nötig*) pour sa validité s'y trouve aussi effectivement, et au moyen du même signe j'asserte comme vrai le contenu de la proposition ainsi close. M. Peano n'a pas un tel signe, mais au contraire il utilise son signe relationnel [3] tantôt avec tantôt sans force assertive. Et de fait, le signe principal de relation contient la force assertive [4].

L'idéographie de Frege a donc inventé la barre du jugement pour indiquer qu'un contenu jugeable (1879) ou une pensée (1892) est non seulement exprimée mais aussi assertée. Dans toute autre langue cette force est difficilement reconnaissable, vu qu'« à cette force assertive ne correspond souvent dans la langue aucun mot ni aucune partie de phrase (*Satzteil*), si bien que souvent cette force peut être seulement ressentie (*gefühlt werden kann*) » [5]. Essayons de détailler les raisons de son ellipse linguistique :

1) Elle ne saurait résider dans une locution du type « il est vrai que » car d'une part cette locution n'ajoute rien à la proposition énoncée et d'autre part elle laisse supposer qu'il y aurait deux façons de juger, l'une habituelle qui asserte p, l'autre inhabituelle qui asserte « il est vrai que p ». Cette locution n'a pas la même valeur que le signe d'assertion car elle intervient

1. Préface des *Gg*, tr. fr., de J.-P. Belna, *op. cit.*, p. 328.
2. *KS*, p. 232.
3. Il s'agit du signe de l'implication : $\supset$ dont nous avons parlé au début de ce travail.
4. *KS*, p. 232.
5. *NS*, p. 183, tr. fr., p. 200.

comme composante de la pensée exprimée et non comme élément extérieur comme l'est le signe d'assertion. En tant que composante de la pensée exprimée la locution « il est vrai que » n'ajoute rien au sens de cette pensée, bien qu'elle ne soit pas elle-même dépourvue de sens car si cela avait été le cas, si la locution n'avait pas de sens, alors c'est l'ensemble complexe formé de cette locution et de la pensée qui n'en aurait pas. Donc son intervention, si elle devait signifier quelque chose de plus, ne ferait que brouiller l'intelligence du propos asserté :

> Dans les deux phrases "Frédéric le Grand fut vainqueur à Rossbach" et "il est vrai que Frédéric le Grand fut vainqueur à Rossbach", nous avons à nouveau, ainsi que nous l'avons dit plus haut, la même pensée sous des formes linguistiques différentes. En assertant la pensée de la première phrase assertons aussi du même coup, la pensée de la seconde, et réciproquement. Il n'y a pas deux actes de jugement distincts mais un seul[1].

2) Elle ne réside pas non plus dans le "est" de la copule qui n'est qu'un mot-forme (*Formwort*) et n'a aucune force assertive; l'illusion de lui accorder une telle force vient d'une lecture erronée du credo selon lequel *Verum et ens convertuntur*. On ne peut comprendre ce credo qu'en précisant qu'une vérité est une proposition qui établit qu'une chose est telle qu'elle est et non qu'une telle chose existe. Dans une perspective que partageait déjà Bolzano, on peut dire que les vérités objectives n'ont pas d'existence effective.

3) Cette force, réside t-elle dans le prédicat lui-même? Le prédicat est souvent présenté comme ce qui est asserté de quelque chose dans une proposition. Si cela avait été le cas, il n'y aurait pas de distinction possible entre formuler une proposition et l'asserter. Or nous savons qu'il y a des cas où le prédicat est non asserté du sujet : celui des questions[2]. Il est même de la nature de chaque contenu jugeable d'être présenté avec la possibilité de son opposé, il n'y a en ce sens aucune priorité de l'affirmation « S est P » sur la question « S est-il P ou non P ? » :

> Nous saisissons le contenu de la vérité avant de le reconnaître comme vrai ; mais nous ne saisissons pas seulement ce contenu, nous saisissons aussi son opposé; car dans une question nous hésitons entre deux opposés. Bien que dans la langue, habituellement, un seul aspect est

1. *NS*, p. 153, tr. fr., p. 166.

2. De même il est difficile de dire que la force assertive réside dans le mode indicatif du verbe comme a pu le croire le Russell des *Principles of mathematics*, § 38, p. 35, en effet des propositions comme « soit il est sorti, soit il dort » il n'y a d'assertion ni du fait qu'il est sorti, ni du fait qu'il dort.

> exprimé, l'autre, de lui-même, pourtant, est toujours là ; car le sens de la question demeure le même si nous ajoutons : "n'est-ce pas ? ", et c'est même cela qui rend possible une telle économie dans la langue. Ce qui peut être mis sous forme de question, appelons-le contenu jugeable, par conséquent, "contenu jugeable" est le contenu de chaque vérité mais aussi celui de son opposé [1].

Au terme de ce premier parcours, on peut dire que la force assertive n'est ni dans la locution « il est vrai que », ni dans le "est" de la copule, ni dans le prédicat. On a ainsi montré sa valeur extérieure au contenu jugeable et justifié la possibilité de la traduire par un signe qui ne saurait être une partie du contenu jugeable lui-même.

Pour Frege, le signe d'assertion est, comme nous l'avons vu dans sa critique de Peano, un signe qui clôt la proposition, autrement dit c'est un signe qui ne laisse plus ouverte la proposition à des débats futurs ou à des révisions. La pensée exprimée par elle n'est alors plus controversée, elle est assertée comme vraie ou comme fausse. Sur l'interprétation d'une telle clôture de la proposition par le signe d'assertion, Wittgenstein considère que Frege n'a pas réussi à réaliser son projet. En particulier, il reproche à Frege de n'avoir eu de l'assertion qu'une conception psychologique, la réduisant à un acte d'assentiment. Après avoir indiqué la distinction entre une supposition et une assertion en ce que la première est une invitation à prolonger les déductions qu'elle ne fait qu'entamer et que la seconde est une clôture de telles déductions, il note ceci :

> Notre recherche nous conduit maintenant à la considération du signe d'assertion. Frege a introduit le signe du jugement "| – " en logique pour caractériser la proposition qui le suit comme une assertion. De là lui vient encore à l'esprit une distinction psychologique : le signe "| – " doit traduire d'une certaine façon l'acte d'assentiment ou d'affirmation, et son absence doit représenter la supposition. Si Frege avait simplement énoncé la grammaire du signe de jugement, c'est-à-dire la règle de l'emploi, tout serait en ordre. Au lieu de quoi, il donne une analyse psychologique du processus du jugement [2].

Tout lecteur attentif de Frege reconnaîtra sinon l'injustice d'une telle critique du moins sa sévérité. Comme nous l'avons souligné la « reconnaissance de la vérité » n'a pas de parfum psychologique chez Frege dans la mesure où elle est bien distinguée du tenir-pour-vrai. Mais essayons cependant de voir le fond de la critique de Wittgenstein : il concerne le

1. Frege, *NS*, p. 8.
2. L. Wittgenstein, *Dictées de Wittgenstein à Waismann et pour Schlick*, tr. fr., Paris, PUF, 1997, p. 195.

problème de la clôture propositionnelle par l'assertion. Fournir selon Wittgenstein la « grammaire du signe du jugement », c'est donner les règles de cette clôture. Il faut reconnaître qu'en partie elles sont données par Frege et en partie elles ne le sont pas. Quand Wittgenstein avance que :

> si Frege avait été conséquent, il aurait dû dire que la supposition"p" est identique à la supposition "¬ p" au sens au sens où les question "p est-il vrai ? " et "¬ p est-il vrai ? " sont les mêmes. En l'occurrence, si on laisse complètement ouverte la réponse, il est indifférent de poser la question sous l'une ou l'autre forme [1],

il fait un faux procès à Frege car c'est précisément ce que celui-ci effectue dans ses travaux, insistant sur l'identité du point de vue du contenu jugeable des formes affirmative, négative ou interrogative. En revanche, pour partie Wittgenstein a raison : l'ouverture de la supposition subsite tant que la clôture assertive ne s'est pas manifestée *aussi après* l'énoncé de la supposition, et non seulement en début comme c'est le cas dans l'idéographie :

> "En réalité le signe de Frege n'a qu'une valeur, qui est de marquer le début de la proposition. Le signe "| – " est un "point de départ" au lieu d'être un point final de la proposition précédente. Mais cela n'a absolument rien à faire avec un "processus d'affirmation" psychique. On pourrait simplement écrire le signe sous forme de parenthèses :
> | – p – |
> ce qui rend encore plus clair qu'il a en réalité seulement la valeur d'un signe de ponctuation indiquant les limites de la proposition" [2].

Pourquoi faut-il donc fermer par un autre signe d'assertion la proposition ? Précisément pour en marquer la clôture selon le vœu même de Frege, sinon, rien n'interdit à ce que la proposition "p" figure comme antécédent d'une autre proposition "q" et retrouver ainsi son statut de simple supposition :

> Si nous considérons les deux phrases :
> | – p – |
> | – (p→q) v (r→ s) – |
> cela a un certain sens de dire que le symbole "p" signifie dans le premier cas quelque chose d'autre que dans le second; on pourrait appeler l'un "assertion" et l'autre "supposition" [3].

1. *Ibidem.*
2. *Ibidem.*
3. *Idem*, p. 196.

Ainsi, en un sens, Wittgenstein accomplit le vœu frégéen, il achève le travail de clôture requis par le signe d'assertion en indiquant clairement l'assertion du propos par un signe de ferméture (– |).

Par rapport à l'indistinction repérée par Frege chez Peano entre la pensée exprimée et la pensée assertée, il faudrait dire que l'idéographie a besoin non pas d'un seul signe d'assertion mais de deux qui fonctionnent comme une parenthèse ouvrante et une parenthèse fermante.

Les superfluités linguistiques

Il y a aussi des éléments linguistiques auxquels la logique renonce ou qu'elle considère comme superflus de son point de vue : l'attention portée sur l'objet désigné en premier dans une proposition, le choix d'un changement de construction grammaticale entre le texte original et la traduction, voire les distinctions entre sujet et prédicat comme nous avons déjà eu à le montrer, n'ont aucune signification pour la logique :

> En traduisant d'une langue dans une autre il est de temps à autre requis (*genötigt*) de bouleverser complètement la construction grammaticale. Malgré cela, la pensée peut rester la même, et elle le doit, s'il doit être vraiment question de traduction. En revanche on doit parfois renoncer aux suggestions (*Winke*) faites à la représentation, ainsi qu'à la tonalité [1].

Pour Frege, ce qui relève du domaine de la suggestion est proprement superflu logiquement, mais le problème est qu'il est parfois difficile d'appliquer le moyen de distinguer entre une différence linguistique et une différence de pensée, ce moyen supposerait un point de vue atomistique sur la langue ; or Frege conçoit celle-ci de manière organique :

> Pour nous, la seule chose essentielle (*wesentlich*) est ici que chaque différence linguistique n'induit pas une différence des pensées, et que nous avons un moyen de décider ce qui appartient à la pensée et ce qui ne lui appartient pas, même si l'application de ce moyen peut parfois se révéler difficile en raison de la nature organique de la langue [2].

Cette difficulté est renforcée par le fait que les pensées partagent avec les représentations de pouvoir agir sur les individus, et sur leur vie mentale. C'est ce qui rend les pensées en partie effectives. Comment dès lors disposer de ce moyen pour séparer la pensée de la représentation ? De plus, « chez l'être humain, l'activité de pensée est naturellement mêlée à la représentation et au sentiment » [3]. Comment faire alors car cette séparation

1. *NS*, p. 153, tr. fr., p. 166.
2. *Ibidem*.
3. *Idem*, p. 167.

est pourtant cruciale comme l'est pour le chimiste « la pureté de l'objet de recherche »[1]. Elle est la condition pour reconnaître une pensée comme la même encore sous des habits différents et selon des voies d'accès différentes. L'une des solutions préconisées par Frege est d'allure wittgensteinienne : il s'agit de multiplier les applications pour avoir le critère ou le moyen qui préside à celles-ci. S'il est difficile de trouver le moyen de décider ce qui relève de la pensée et ce qui n'en relève pas, alors multiplions les voies d'accès à la pensée sous la forme de « l'apprentissage des langues étrangères », nous aurons ainsi une « éducation logique » car :

> en voyant que le vêtement linguistique de la pensée n'est pas constant, on apprend à le séparer plus clairement du noyau avec lequel il paraît s'être développé dans un langage donné. C'est ainsi que la diversité des langues facilite l'appréhension de ce qui est logique[2].

Un bon exemple de cette confrontation linguistique est donné par l'usage de la négation. L'absence de critère ou de loi logique qui sépare les pensées en affirmatives et en négatives comme en deux classes est sans cesse corroborée par la prise en compte de la diversité linguistique :

> Il semble assez inadéquat de chercher à mettre dans la première classe les pensées contenues dans les phrases "ce travail est mauvais" et "ce travail est satisfaisant", et dans la seconde classe celles qui sont contenues dans les phrases "ce travail n'est pas mauvais", "ce travail est insatisfaisant", parce que "insatisfaisant" et "mauvais" sont très proches quant à leur sens, et qu'il est très possible que dans une autre langue, le mot "insatisfaisant" soit rendu par un mot dans lequel on ne puisse pas plus reconnaître de négation que dans "mauvais". Il est impossible de dire sous quel point de vue les deux premières pensées devraient apparaître plus étroitement reliées que la première et la quatrième[3].

L'analyse comparée des langues nous conforte ici dans l'idée qu'il n'y a pas de distinction logique à proprement parler entre les pensées affirmatives et les négatives. Mais, comme nous venons de le voir, cette analyse conclut négativement à l'absence de critère, elle ne fournit donc qu'indirectement un moyen de séparer le linguistique du logique. Le langage formulaire, en revanche, fournit un bon moyen pour parvenir à saisir le noyau logique. Simplement ce moyen est de part en part construit, il n'est pas donné par le langage ordinaire ; mais dans l'esprit de Frege, la connaissance

1. *Ibidem*.
2. *Idem*, p. 168.
3. *NS*, p. 162, tr. fr., p. 176.

de ce moyen construit serait d'une grande utilité pour repérer son analogue dans le langage ordinaire, vu que les rapports logiques sont partout.

De même il y a une rigueur qui n'apparaît aisément que dans le langage formulaire. Mais la familiarité prise avec elle est une « éducation logique » qui vaut pour le langage ordinaire. Ainsi en va-t-il pour l'usage des guillemets qui permet de « distinguer le cas où [on] parle du signe lui-même de celui où [on] parle de sa référence ». Frege tient cet usage pour "nécessaire". De même qu'il tient pour nécessaire l'usage du signe d'assertion grâce auquel on parvient à reconnaître qu'une pensée n'est pas seulement présentée à l'examen mais qu'elle est aussi affirmée de façon assertive :

> De telles expériences nous apprennent combien il est nécessaire (*notwendig*) de poser les plus hautes exigences pour la précision de la manière de parler et d'écrire. Et je me suis efforcé d'y satisfaire, au moins partout où quelque chose me semblait en dépendre [1].

1. Introduction des *Gg*, tr. fr., *op. cit.*, p. 344.

CONCLUSION

Le propre de la logique est de définir et d'inférer. Pour ces deux tâches, les deux couples requis/superflu et nécessaire/superflu se révèlent éclairants. Concernant la première tâche, Frege dit que les définitions ne sont pas absolument requises au système déductif[1]. Les définitions sont des abréviations de signes; là où on a des signes simples, il n'y a donc pas définition. Il y a une nécessité didactique et pragmatique, non logique en tout cas, de clarifier les indéfinissables. C'est le propre des *Erläuterungen*, ou élucidations.

La distinction entre les définitions analytiques ou axiomes et les définitions constructives ou stipulations arbitraires de sens donne une première réponse à la question de la superfluité des définitions : il va de soi qu'on ne peut se passer des axiomes; en revanche pour les définitions proprement dites, dans la mesure où ce ne sont que des abréviations, on peut s'en passer. Toutefois, pour mener les déductions en un temps qui puisse rester contrôlable et humain, les définitions ne peuvent être considérées comme superflues; en droit, elles le sont; en fait le besoin se fait toujours sentir, lors d'une déduction, d'abréger des signes. Une fois, intégrées dans le processus déductif, elles sont requises car utiles, fécondes. Elles sont même transformables en jugements analytiques : quand l'expression définie est interprétée, elle devient un contenu jugeable analytique.

Quant à la seconde tâche de la logique : l'inférence; là encore, Frege tient compte du couple requis/superflu. Dans la mesure où ne sert dans l'inférence que ce qui est asserté, il s'agit de laisser de côté comme logiquement superflu tout ce qui n'est que suggéré et qui colore les pensées sans être partie constituante de ces pensées. Nous avons mis en évidence plusieurs situations où la ligne de démarcation entre le suggéré et l'asserté

1. *NS*, p. 225, tr. fr., p. 248.

était difficile à établir. Les pensées annexes, les pensées-accessoires, en raison de la mutation continue des langues, peuvent passer du statut de superflu au statut du requis, dès lors qu'elles deviennent parties du sens exprimé.

Y aurait-il ainsi des pensées intermédiaires entre les pensées à proprement parler et les représentations? Certains le pensent[1]. Mais on peut voir la situation autrement en reconnaissant la part importante jouée par l'idiolecte chez Frege : le partage des pensées suppose le croisement parfait des idiolectes. Or un tel croisement est difficile comme le montre l'exemple du Dr Lauben. Il y a une réelle difficulté pour les interlocuteurs d'une même langue, de partager un savoir, surtout quand celui-ci concerne les noms propres.

Tant d'intérêt pour la manière dont les interlocuteurs partagent les pensées pourrait laisser croire que Frege a surtout mis en avant une philosophie du langage, voire du langage ordinaire. Pourtant il appartient à une tradition philosophique initiée avec Bolzano où le grammatical est clairement distingué du logique, où les différences linguistiques sont expressément laissées de côté pour que l'analyse des pensées en elles-mêmes, soit possible, non entravée. Ecoutons d'abord Bolzano :

> ce que j'entends par proposition, ce n'est pas pour moi ce que les grammairiens appellent une proposition, à savoir l'expression verbale mais uniquement le sens de cette expression, lequel nécessairement et toujours ne peut être que vrai ou faux : une propsition en soi ou une proposition objective(...) Que nous pensions à une proposition, que nous jugions qu'une chose soit ainsi ou autrement, cela est quelque chose de réel, qui est apparu en un temps déterminé; les signes écrits, par lesquels nous couchons quelque part de telles propositions, sont de même quelque chose qui appartient à la réalité; mais les propositions mêmes n'appartiennent à aucun temps et à aucun lieu[2].

Comparons ce passage avec le suivant de Frege :

> Je n'emploie pas le mot "proposition" (*Satz*) exactement au sens des grammairiens. La grammaire a des propositions subordonnées. Une subordonnée, prise séparément, n'a pas toujours un sens dont on puisse examiner la vérité, tandis que l'ensemble propositionnel auquel elle appartient a un sens qui supporte cet examen[3].

1. Bouveresse, *Langage réalité perception, op. cit.*, p. 428 : « Il y a des pensées qui pour Frege semblent occuper une position intermédiaire entre les représentations et les pensées proprement dites ».

2. Cité par Jan Berg, *Bolzano's Logic*, Stockholm, Almqvist & Wiksell, 1962, p. 47-48.

3. *KS*, p. 346, tr.fr., p. 174.

Tout au long de notre travail nous avons mis l'accent sur les affinités entre Bolzano et Frege. Elles ne se rapportent pas simplement à cette volonté commune de séparer le grammatical du logique. Elles concernent aussi le respect des concepts, la puissance de l'analyse, l'intérêt pour le sens des propositions. Il nous semble que la comparaison est plus fructueuse entre Bolzano et Frege qu'entre Lotze et Frege : Frege n'était pas concerné par « le fait d'expliquer en quel sens le référent peut être dit exister ou être réel »[1]. Nous avons pu montrer que dans la polémique engagée entre Sluga et Dummett, celui-ci avait des arguments qui indiquaient de façon plus nette la rupture de Frege avec le néo-kantisme que représente encore Lotze.

Certes cette rupture radicale laisse ici ou là des problèmes : l'élimination de l'intuition, comme nous avons pu le montrer coûte assez cher à la construction idéographique et n'est pas totale quoiqu'en pense Frege. Elle permet d'accomplir ce qui était en fait déjà amorcé par Kant : la reconnaissance de l'existence plutôt comme une propriété de concept que comme une connaissance intuitive relative à des existants.

Tout en radicalisant Kant sur le jugement d'existence, Frege, et cela peut paraître paradoxal, ne thématise pas pour elle-même la question de l'existence. Cette non-thématisation apparaît clairement dans le traitement des distinctions conceptuelles entre l'objectivité et la réalité. Ce qui est réel existe au sens où il subit et agit : la terre, le soleil, etc. Ce qui est objectif existe au sens où il n'est pas spatio-temporel, palpable : l'axe de la terre, le centre de gravité du système solaire. De même le sens est objectif, mais on ne peut pas dire de lui que c'est une entité, ni qu'il est réel. La distinction entre le réel et l'objectif ne se traduit pas dans l'œuvre de Frege par une thématisation de l'existence. Ainsi les pensées qui ne sont ni en nous comme des représentations subjectives, ni hors de nous comme les arbres et les forêts, sont objectives, sans que rien ne soit thématisé quant à leur existence. Là encore au lieu de préciser leur mode d'être, Frege se contentera d'une approche sans qualification supplémentaire de la nature de l'existence des pensées. Aussi parler d'un platonisme de Frege est certainement abusif, dans la mesure où rien dans son œuvre ne va dans le sens d'une telle précision. Le supposé platonisme de Frege est un platonisme « non caractérisé »[2], au sens où l'indépendance des entités, comme les pensées, à l'égard de l'esprit humain n'est pas spécifiée. L'idée que Frege est platonicien est un adage dû en particulier à B. Russell, mais il est difficile, comme on l'a montré, de déduire cela du texte même du philosophe

1. M. Dummett, *Frege and other philosophers*, Oxford, Clarendon press, 1991, p. 109-111.

2. Tyler Burge, *Frege on knowing the third Realm*, *in* Mind, vol. 101.404, oct. 1992, p. 633-649.

d'Iéna. Russell, en effet, dans la seconde introduction des *Principles of Mathematics*, fait une rectification de la façon de voir qui était la sienne en 1903 sous la forme suivante : « A l'époque où j'écrivais les *Principes*, je partageais avec Frege la croyance en une réalité platonique des nombres qui, dans mon imagination, peuplaient le royaume intemporel de l'Être» [1]. Or, Frege n'a nulle part qualifié sa théorie du nombre comme un platonisme. Il ne faut pas sous estimer le poids de la lecture de Russell sur les commentaires qui ont été faits sur Frege. Cette lecture est aussi responsable du fait que l'on tienne encore trop souvent aujourd'hui la "*Bedeutung*" (signification, référence) de Frege pour "la dénotation".

En revanche, si l'on ne trouve pas aisément du platonisme chez Frege, il y a de façon explicite [2] dans l'*Idéographie* les références aux modes d'inférence que sont les différents modes du syllogisme aristotélicien (Frege cite *Felapton* et *Fesapo* dans sa rectification de l'import existentiel à partir de propositions particulières [3]), et leur réduction au *modus ponens*. Frege est bien plus en dialogue avec Aristote qu'avec Platon, ce que nous avons à maintes reprises souligné dans ce travail, c'est aussi ce sur quoi vont porter nos dernières remarques.

Quand Frege reprend à la fin de la première partie de l'*Idéographie* [4], ce qui est convenu d'appeler dans la tradition des commentaires aristotéliciens le carré aristotélicien et que lui-même nomme «*Die Tafel der logischen Gegensätze* » (le tableau des propositions logiques opposées), il prend soin de souligner que nous avons affaire à des propositions et non à des prémisses, à des « oppositions logiques » [5] et non à des assertions opposées. Cette différence est fortement marquée dans le *Peri Hermenias*, elle est à la base de la distinction entre prédiquer et asserter. Elle est d'importance car elle permet de distinguer le niveau de l'opposition logique des propositions de celui de leur contradiction : deux propositions peuvent s'opposer sans pour autant se contredire tant que nous n'avons pas donné notre assentiment à l'une et notre dissentiment à l'autre, tant que nous n'avons pas choisi l'une comme prémisse, et rejeté l'autre. Nous savons combien Frege, aussi bien dans l'*Idéographie*, que dans ses écrits ultérieurs, a pu mettre l'accent sur la différence entre ce qui est proposé au jugement et ce qui est jugé.

1. B. Russell, *The Principles of Mathematics*, tr. fr., J-M. Roy, *in Écrits de logiques philosophiques*, *op. cit.*, 1989, p. 14.

2. Frege, *Idéographie*, tr. fr., Paris, Vrin, § 22, p. 70-74 où les modes *Felapton, Fesapo* et *Barbara* sont cités et réduits.

3. *BS*, § 22.

4. Frege, *Idéographie*, tr. fr., *op. cit.*, § 12, p. 38.

5. *Idem*, p. 39.

Un débat avec Aristote est explicite à bien des égards. C'est bien Aristote qui nous a familiarisé avec les raisonnements enthymématiques, raisonnements qui donnent à Frege la base conceptuelle pour réfléchir sur la complétion des pensées et celle des modes d'inférence : nous avons ainsi pu montrer l'enjeu des pensées accessoires, des pensées annexes, de la réduction des modes d'inférence, etc. C'est encore Aristote qui pose explicitement le lien dans les *Premiers Analytiques*[1] entre le nécessaire et le superflu dans la suite des inférences; Aristote est aussi, mobilisé dans la reconnaissance des fautes premières[2] du raisonnement desquels découlent les sophismes sur l'existence. N'oublions pas non plus l'usage fait par Frege des modes d'inférence non syllogistique et la discussion sur l'estime dans laquelle le stagirite porte les jugements universels. L'idéographie de Frege, tout en écartant une réflexion sur la nécessité modale et tout en réduisant la nécessité à la nécessité logique, ne suppose pas un abandon de l'Organon d'Aristote, mais un dialogue avec lui.

1. Voir *supra* p. 167.
2. Voir *supra* p. 174.

APPENDICE

PRÉSENTATION DE QUELQUES SIGNES DE L'IDÉOGRAPHIE ET DE QUELQUES FORMULES TRANSCRITES EN SIGNES USUELS

Le trait du contenu, dit plus tard "horizontal" : ———

le trait du jugement : ⊢———

Les propriétés du contenu jugeable :

Le trait de la conditionnalité : 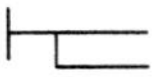

Le trait de négation :

La lettre latine de la généralité (variable libre) :

La lettre gothique de généralité (variable liée) :

Le jugement d'existence : 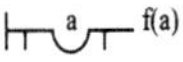 ou encore : « Il y a au moins un *a* qui satisfait la propriété f ».

Les 9 lois fondamentales de la BS :

1) $a \rightarrow (b \rightarrow a)$	§14	formule (1) de la *BS*
2) $[c \rightarrow (b \rightarrow a)] \rightarrow [(c \rightarrow b) \rightarrow (c \rightarrow a)]$		formule (2) de la *BS*
3) $[d \rightarrow (b \rightarrow a)] \rightarrow [(b \rightarrow (d \rightarrow a)]$		formule (8) de la *BS*
4) $(b \rightarrow a) \rightarrow (\neg a \rightarrow \neg b)$		formule (28) de la *BS*
5) $\neg\neg a \rightarrow a$		formule (31) de la *BS*
6) $a \rightarrow \neg\neg a$		formule (41) de la *BS*
7) $(c=d) \rightarrow [(f(c \rightarrow f(d)]$		formule (52) de la *BS*
8) $c=c$		formule (54) de la *BS*
9) $\forall a f(a) \rightarrow f(c)$		formule (58) de la *BS*

Les 4 propriétés essentielles de l'induction mathématique (partie III de la BS) :

1) $\forall d \forall a((F(d) \wedge dfa) \rightarrow F(a))$, *i.e.* « si un objet d a la propriété F, tout objet a qui est dans la f-relation à d possède la propriété F » : Formule 69.

2) $[\forall d \forall a(F(d) \wedge dfa \rightarrow F(a))] \rightarrow [\forall a((xfa \rightarrow F(a)) \rightarrow F(y)]$, *i.e* « y suit x dans la f-suite »

ou encore $xf^{*}y$: « y suit x dans la f-suite » : Formule 76.

3) $xf^{*}=z$, *i.e.* « z appartient à la f-suite commençant par x » ou bien « x appartient à la f-suite finissant par z » : Formule 99.

4) $\forall d \forall e \forall a((dfe \wedge dfa) \rightarrow (a=e))$, *i.e.* « si deux éléments dans une f-suite ont la propriété de suivre un même élément immédiatement, alors ils sont égaux » : Formule 115.

Le modus ponens : § 6 ; de ⊢┬── A et de ⊢─── B
                                          └── B

on obtient : ⊢─── A.

L'axiome V des Grundgesetze :

$(\text{“}\varepsilon f(\varepsilon)=\text{”}\varepsilon g(\varepsilon)) \leftrightarrow \forall x[f(x)=g(x)]$ où “$\varepsilon f(\varepsilon)=\varepsilon g(\varepsilon)$” est le symbole de l'identité des deux parcours de valeurs des fonctions f et g, notés “$\varepsilon f(\varepsilon)$” et “$\varepsilon g(\varepsilon)$”.

BIBLIOGRAPHIE

Œuvres et articles de Frege cités :

Les dates mises en accolades sont incertaines car il s'agit d'écrits posthumes (le *Nachlass*).

1879 – *Begriffsschrift, eine der arithmetischen nachgebildete formelsprache des reinen Denkens*, Halle, L. Nebert, 1879 (rééd. Ignacio Angelelli, *Begriffsschrift und andere Aufsätze*, Hidesheim, Georg Olms, 1977 et 1993). – Traduction anglaise *in* Jean van Heijenoort, *From Frege to Gödel*, Cambridge, M. Londres, Harvard University Press, 1967. – Traduction française partielle : M.A. Sinaceur in *Logique et fondements des mathématiques*, (sous la direction de F. Rivenc et Ph.de Rouilhan), Paris, Payot, 1992. – Traduction française intégrale, Paris, Vrin, 1999.

[1879-1891] *Logik*, in *NS*, 1969.

[1880/81] *Booles rechnende Logik und die Begriffsschrift*, in *NS*, 1969.

1882 *Booles logische Formelsprache und meine Begriffscchrift*, in *NS*, 1969.

1882 *Über die Wissenchaftlische Berechtigung einer Begriffsschrift* in *Écrits logiques et philosophiques*, tr. fr. de Cl. Imbert, Paris, Le Seuil, 1971.

1882 *Über den Zweck der Begriffsschrift.* tr. fr. in *ELP*, Paris, Le Seuil, 1971.

1884 *Die Grundlagen der Arithmetik. Eine logisch-mathematische Untersuchung über den Begriff der Zahl*, Breslau : W. Koebner, 1884 (rééd. Christian Thiel, Hamburg, Felix Meiner Verlag, 1988). – Traduction française de Cl. Imbert, *Les fondements de l'arithmétique*, Paris, Le Seuil, 1969. – Traduction anglaise de J.L. Austin, *The foundations of arithmetic*, Oxford, Basic Blackwell, rééd. 1980.

1884 *Dialog mit Pünjer über Existenz*, in *NS*, 1969.

1885 *Über formale theorien der Arithmetik*, réimpr. in *KS*, 1967.

1891 *Funktion und Begriff*, réimpr. in *KS* 1967, tr. fr. in *ELP*, Paris, Le Seuil, 1971.

1892 *Über Sinn und Bedeutung*, réimpr. in *KS* 1967, tr. fr. in *ELP*, Paris, Le Seuil, 1971.

1892 *Über Begriff und Gegenstand*, réimpr. in *KS* 1967, tr. fr. in *ELP*, Paris, Le Seuil, 1971.

1894 *Rezension von : E.G. Husserl, Philosophie der Arithmetik I.*, réimpr. in *KS* 1967, tr. fr. in *ELP*, Paris, Le Seuil, 1971.

1895 *Kritische Beleuchtung einiger Punkte in E. Schröder Vorlesungen über die Algebra der Logik*, réimpr. in *KS* 1967, tr. fr. in *ELP*, Paris, Le Seuil, 1971.

[1892-95] *Ausführungen über Sinn und Bedeutung*, in *NS*, 1969.

1895 *Le nombre entier*, réimpr. in *KS* 1967, tr. fr. in *ELP*, Paris, Le Seuil, 1971.

1893-1903 *Grundgesetze der Arithmetik, Begriffsschrift abgeleitet*, volume , Iena, H. Pohle, 1893. rééd. avec le volume II, Hildesheim, George Olms, 1962.

– Traduction anglaise partielle de M. Furth, *The basic laws of arithmetic*, University of California Press, 1964.

[1897] *Logik*, in *NS*, 1969.

1903 *Über die Grundlagen der Geometrie*, réimpr. in *KS* 1967, tr. fr. in *ELP*, Paris, Le Seuil, 1971.

1903 *Über die Grundlagen der Geometrie II*, réimpr. in *KS* 1967, tr. fr. in *ELP*, Paris, Le Seuil, 1971.

1904 *Was ist eine Funktion ?*, réimpr. in *KS* 1967, tr. fr. in *ELP*, Paris, Le Seuil, 1971.

[1914] *Logik in der Mathematik*, in *NS*, 1969.

1918 *Logische Untersuchungen*, erster Teil : *Der Gedanke*, réimpr. in *KS*, 1967, tr. fr., in *ELP*, Paris, Le Seuil, 1971.

1918 *Logische Untersuchungen*, zweiter Teil : *Die Verneinung*, réimpr. in *KS*, 1967, tr. fr. in *ELP*, Paris, Le Seuil, 1971.

1919 *Aufzeichnungen für Ludwig Darmstaedter*, in *NS*, 1969.

1923 *Logische Untersuchungen*, dritter Teil : *Gedankengefüge*, réimpr. in *KS* 1967, tr. fr. in *ELP*, Paris, Le Seuil, 1971.

1967 *Kleine Schriften*, heraugegeben und mit nachbemerkungen zur Neuauflage versehen von Ignacio Angelelli, Hildesheim, Georg Olms Verlag , 2e éd., 1990.

1970 *Nachgelassene Schriften*, éd. de H. Hermes, F. Kambartel, F. Kaulbauch, Hambourg, Felix Meiner – *Ecrits posthumes*, traduction française sous la direction de C. Tiercelin et Ph. de Rouilhan, Nîmes, Rayon Philo, Jacqueline Chambon, 1999. Traduction anglaise : *Posthumous writings*, de Peter Long et R. White, Oxford, Basic Blackwell, 1979.

1972 *Conceptual Notation and related articles*, traduction anglaise de T.W. Bynum, Oxford, Clarendon Press, 1972.

1976 *Wissenschaftlicher Briefwechsel*, éd. de G. Gabriel, H. Hermes, F. Kambartel, C. Thiel, A. Veraart, Hambourg, Felix Meiner – Traduction anglaise partielle in H. Kaal, *Philosophical and mathematical correspondence*, Oxford, Basic Blackwell, 1980. Traduction française par G. Granel de la correspondance entre Frege et Husserl, *Frege-Husserl Correspondance*, Mauvezin, T.E.R. bilingue, 1987.

Bibliographie critque sur G. Frege

1967 Angelelli I., *Studies on Gottlob Frege and traditional philosophy*, Dordrecht.

1967 Van Heijenoort J., *From Frege to Gödel*, Harvard University Press.

1967a Van Heijenoort J., *Logic as calculus and logic as language*. Synthese vol. 17, p. 324-330.

1968 Klemke E.D., éd., *Essays on Frege*, University of Illinois Press.

1970 Largeault J., *Logique et philosophie chez Frege*, éditions Nauwelaerts, Paris-Louvain.

1970 Patzig G., *Sprache und Logik*, Göttingen, Van den Hoeck, U. Ruprech.

1973 Dummett M., *Frege philosophy of language*, Londres, Duckworth, 2e éd., 1981.

1974 Van Heijenoort J., *Subject and predicat in western logic*, Philosophy East and West, vol. 24, p. 253-268.

1975 Sinaceur H., *Bolzano est-il le précurseur de Frege?*, Archives für Geschichte der Philosophie, 57, Heft 3, p. 286-303.

1976 Schirn M., éd., *Studien zu Frege*, 3 vol., Stuttgart et Bad Canstatt.

1976 *Frege F.L.G. : Zur Aktualität seines Werkens*, Iena, Friedrich Schiller Universität, 79 p.

1977 Van Heijenoort J., *Sense in Frege*, Journal of Philosophical Logic VI, p. 93-102.

1977 Van Heijenoort J., *Frege on Sense Identity*, Journal of Philosophical logic, p. 103-108.

1979 Bell D., *Frege's theory of judgment*, Oxford University Press.

1979 Revue internationale de philosophie, *Frege* (1879-1979) n° 130, Paris, PUF.

1980 *Frege Mill and the Foundations of Arithmetic* (77), *in* The Journal of philosophy, p. 65-81.

1980 Kluge, Eike-Henner W., *Frege, Leibniz and the notion of an Ideal Language*, Studia Leibniziana XII, p. 140-154.

1980 Kluge, Eike-Henner W., *Bolzano and Frege : Some Conceptual Parallels*, Grazer Philosophische Studien X, p. 21-41.

1980 Sluga H., *Gottlob Frege*, Londres, Rutledge and Fegan Paul.

1981 Dummett M., *The interpretation of Frege's philosophy*, Londres, Duckworth.

1982 Bouveresse J., *Frege, Logic, and the theory of knowledge*, The Monist LXV, p. 52-67.

1982 Mendelsohn R.L, *Frege's "Begriffsschrift" theory of Identity*, Journal of the History of Philosophy XX, p. 279-299.

1984 Baker G.P. & Hacker P.M.S, *Frege : Logical Excavations*, Oxford University Press, Basic Blackwell.

1984 *Frege Conference 1984 :* proceedings of the international conference held at Schwerin (GDR), sept. 10-14-1984, edited by Gerd Wechsung, Belin, Akademie Verlag, 408 p.

1984 Hintikka J., *A Hundred Years later : The rise and Fall of Frege's Influence in Language Theory*. Sunthese LIX, p. 27-49.

1985 Engel P., *Identité et référence*, Pens, Philosophie, 196 p.

1985a Van Heijenoort J., *Frege on Vagueness*, « Frege synthetized : Studies of the philosophical and foundational work of Gottlob Frege », Dordrecht, Reidel, p. 31-45.

1985 Haaparanta, L., *Frege's doctrine of Being*, Helsinki, The philosophical society of Finland (Acta philosophica Fennica, Bd. 39), 182 p.

1985 Haaparanta L., *Frege's context principle; in* J. Hintikka / F. Vandamme (Hg) : « Logic of discovery and Logic of discourse », New York, p. 83-96.

1986 Proust J., *Questions de forme. Logique et proposition analytique de Kant à Carnap*, Paris, Fayard.
1986 Haaparanta L. & Hintikka J. (Dir.), *Frege synthetized*, vol. 181, D. Reidel publishing Company, Pays Bas.
1986 Milne P., *Frege's Contexte Principle*, Mind, XCV, n° 380, octobre 1986, p. 491-496.
1986 Parsons T., *Why Frege should not have said. The concept "horse" is not a concept,* History of philosophy quaterly III, p. 449-465.
1986 Ricketts T., *Objectivity and objecthood : Frege's Metaphysics of Judgement*, *in* L. Haaparanta and J. Hintikka, éd., Frege synthetized, Dordrecht, D. Reidel, p. 65-95.
1987 Fuhrman, André, *Fregean Sense Overlap*, Philosophical Quaterly XXXVII, p. 412-420.
1987 Van Heijenoort J., *Système et métasystème chez Russell*, Logic Colloquium 85, Amsterdam, North-Holland, p. 111-122.
1987 Simons P.M., *Frege's Theory of Real Numbers*. History and philosophy of Logic VIII, p. 25-44.
1987 Sluga H., *Frege against the booleans*, Notre Dame Journal of Formal Logic, vol. 28, 80-98.
1988 De Rouilhan P., *Frege les paradoxes de la représentation*, Propositions, Paris, Les éditions de Minuit.
1988 Pavel T., *The Foundations of Frege's Logic*, Berlin, XVI, 303 p.
1988 Tascher W., *Would a Fregean be Puzzled by Pierre ?,* Mind, XCVII, n° 385, janv. 1988, p. 99-105.
1989 Von Kutschera F., *Gottlob Frege*, Berlin and New York.
1990 Bell D., *How "Russellian" was Frege ?,* XCIX, n°394, avril 1990.
1990 Weiner J., *Frege in perspective*, Ithaca, Cornell University Press.
1991 Coffa J.A., *The semantic tradition from Kant to Carnap : to the Vienna Station*, Cambridge University Press.
1991 Tiles M., *Mathematics and the image of reason*, London and New York.
1991 Dummett M., *Frege and other philosophers*, New York, Oxford Clarendon Press.
1991 Dummett M., *Frege Philosophy of mathematics*, Londres, Duckworth.
1992 Rivenc F., de Rouilhan P. (Dir.), *Logique et fondements des mathématiques*, anthologie, Institut d'Histoire et de philosophie des sciences et des Techniques, Paris, Payot.
1992 Burge T., *Frege on knowing the third Realm*, Mind, 101, p. 633-650.
1993 Sluga H., *Sense and reference in Frege's philosophy*, New York, Garland 1993, 367 p.
1995 Demopoulos W. (Dir.), *Frege's philosophy of mathematics,* Londres, Harvard University Press.
1995 Weiner J., *Realism bei Frege : Reply to Burge*, Synthese, 102/3, p. 363-382.
1995 Kenny A., *Frege*, London, Penguin Books.

1995 Myerson G., *Hypothetical dialogue and intellectual history : Frege, Freud, and the disarming of negation*, in History of the human sciences, vol. 8, n°4, p. 1-17.
1996 Tait W.W.,éd., *Has Frege a philosophy of language ?, Early analytic philosophy : Essays in honor of Leonard Linsky*, Chicago, Open Court.
1996 Mayer V., *Gottlob Frege*, Munich, Beck'sche Reihe Denker.
1997 Benmakhlouf A., *Frege logicien philosophe*, Paris, PUF.
1998 Marion M. et Voizard A. (dir.) *Frege logique et philosophie*, Paris, Harmattan.
2000 Benmakhlouf A., *Le vocabulaire de Frege*, Paris, Ellipses.

INDEX DES NOMS PROPRES

INDEX DES NOTIONS

TABLE DES MATIÈRES

ACHEVÉ D'IMPRIMER
EN FÉVRIER 2002
PAR L'IMPRIMERIE
DE LA MANUTENTION
A MAYENNE
N° 39-02

Dépôt légal : 1er trimestre 2002